कल्पना का उर्वशी वि

कल्पना का उर्वशी विवाद

सम्पादक

गोपेश्वर सिंह

वाणी प्रकाशन

प्रकाशन के उत्कृष्टतम 62 वर्ष

सजिल्द पहला संस्करण : 2010
सजिल्द दूसरा संस्करण : 2025

vaniprakashan.com

वाणी प्रकाशन
4695, 21-ए, दरियागंज, नयी दिल्ली-110 002
फ़ोन : + 91 11 23273167, 23275710
शाखाएँ
अशोक राजपथ, पटना-800 004, बिहार
कॉफ़ी हाउस कैम्पस, महात्मा गांधी मार्ग, प्रयागराज-211 001, उत्तर प्रदेश
महात्मा गांधी अन्तरराष्ट्रीय हिन्दी विश्वविद्यालय, वर्धा-442 001, महाराष्ट्र
sales@vaniprakashan.in
vaniprakashan@gmail.com

Kalpana Ka Urvashi Vivad
Edited by Gopeshwar Singh

ISBN : 978-93-5000-488-3
Criticism

मूल्य : ₹ 425

जी.एस. ऑफ़सेट, दिल्ली-110 095 में मुद्रित

वाणी प्रकाशन का लोगो मक़बूल फ़िदा हुसैन की कूची से

'कल्पना' के संस्थापक-संपादक
स्व. बदरी विशाल पित्ती
की
पावन स्मृति को

अनुक्रम

भूमिका

उत्तर छायावादकाल, दिनकर और 'उर्वशी'

बच्चन और दिनकर आधुनिक हिंदी कविता के श्रेष्ठ और सर्वाधिक लोकप्रिय कवि हैं। सन् 2007 तथा 2008 आधुनिक हिंदी के इन दो बड़े कवियों के जन्मशती वर्ष थे। लेखकों की जन्म शताब्दियाँ आती हैं तो सरकारी-गैरसरकारी स्तर पर रस्म अदायगी के तौर पर कुछ आयोजन होते हैं। पत्र-पत्रिकाओं में लेख छपते हैं। आकाशवाणी-दूरदर्शन पर चर्चाएं होती हैं। लेकिन इनके जरिए उन रचनाकारों को देखने के रूढ़िबंद्ध नजरिए में कुछ बुनियादी अंतर आते हों, इसके उदाहरण कम मिलते हैं। इसके अपवाद ये कवि भी नहीं रहे, जिनकी जन्मशताब्दियों के समारोह दिल्ली में भी हुए और दिल्ली के बाहर भी। समारोहों में या तो जयकार के घोष सुनाई पड़े या आलोचना का वही पुराना राग कि इन पर सार्वजनिकता का प्रभाव अधिक था, जिसकी वजह से वे न तो सामाजिक यथार्थ की जटिलता को ठीक से समझ सके और न मनुष्य का एकांत देख सके। कहने की जरूरत नहीं कि आलोचना की यह दृष्टि 1960 के दशक वाली प्रगतिशील और आधुनिक शिविरबद्ध परियोजना की उपज थी और जो मूलरूप से शीतयुद्ध की देन थी।

हिंदी-आलोचना के रवैये को देखते हुए यहाँ यह कहना पड़ रहा है कि लोकप्रियता ही बच्चन-दिनकर जैसे कवियों की जान की दुश्मन हो गयी। ऐसे काव्य-निकष विकसित हुए, जिनके लिए लोकप्रियता घटिया तत्त्व थी। लोकप्रियता को घटिया बताकर हिंदी कविता विश्व-विजय पर निकली और कविता को कठिन तथा विश्वस्तरीय बनाने का अभियान शुरू हुआ। इस विश्व-विजय अभियान में निकले प्रगतिशील शिविर को प्रगतिशीलता के जो तत्त्व हाथ लगे वे 'प्रगतिशील लेखक संघ' के घोषणा पत्रों के जरिए बाहर से आयात किये गये थे। इसी तरह हिंदी कविता को आधुनिक बनाने की जो शुरूआत अज्ञेय के पौरोहित्य में हुई, वह एजरा पाउंड—इलियट आदि से अधिक प्रभावित थी। इन दोनों शिविरों ने एक दूसरे को विदेश का नकलची कहा और अपने को हिंदी-जन और जमीन का सच्चा वारिश

बताया। हिंदी-आलोचना प्रगतिशीलता बनाम आधुनिकता के विवाद में और अपने मूल्यों की स्थापना के नशे में इतनी गर्क थी कि अपने सिवा उसे कुछ भी सार्थक नहीं दिख रहा था। रामविलाश शर्मा ने बच्चन-दिनकर पर कभी-कभार लिखा जरूर, लेकिन यथार्थवाद संबंधी उनका जो निकष था, उसमें वे देर तक और दूर तक नहीं चल सके, वहाँ सुरक्षित जगह नागार्जुन-केदार के लिए ही थी। साही ने जिस 'लघुमानाव' की प्रतिष्ठा 'नयी कविता' में की, उसके अनुसार तो उनके पहले की सारी हिंदी कविता ही महामानव की थी। नामवर जी प्रगतिशीलता और नयी समीक्षा के मेल से कविता का जो नया प्रतिमान गढ़ रहे थे, उसमें ये कवि पुराने मूल्यों के लग रहे थे। अज्ञेय तो खैर दिनकर को आधुनिक कवि ही मानने को तैयार नहीं थे। पता नहीं बच्चन के बारे में उनकी क्या राय थी?

प्रगतिशील और आधुनिक शिविरों के दावों और दलीलों के बावजूद हिंदी पाठक को उनमें वह अपनापन नहीं दिखा जो उसे बच्चन-दिनकर की कविताओं में मिल रहा था। कांग्रेस के नेतृत्व में लड़ा जा रहा राष्ट्रीय मुक्ति महासंग्राम, भगत सिंह और अन्य क्रांतिकारियों की शहादत, भारतीय नवजागरण, भारत में आयी नयी समाजवादी हवा, यू.पी.-बिहार में चलने वाले किसान आंदोलन आदि ऐसी घटनाएँ थीं, जिनसे देश की चेतना नये सिरे से आंदोलित थी। यह चेतना दीवानगी, फक्कड़पन, विद्रोह, बलिदान, नया देश-समाज बनाने के स्वप्न से आंदोलित थी। देश में नया मध्य-वर्ग उभर रहा था, जिसमें राष्ट्र और राष्ट्रभाषा के लिए नया जज्बा था। बच्चन-दिनकर जैसे कवि इसी चेतना से आंदोलित वातावरण की उपज थे, जिनकी कविताओं में भारतीय मध्यवर्ग के सपनों को वाणी मिल रही थी। वे उसी मध्यवर्ग के सोच, स्वप्न और जद्दोजहद को उसकी भाषा-शैली में गा रहे थे। वे अपने दौर के संघर्ष, उसकी चेतना और स्वप्न को समग्रता में वाणी देने वाले रचनाकार थे। उनकी दृष्टि आधुनितावादियों और प्रगतिशीलों की तरह खंडित नहीं थी। वे प्रगतिशील भी थे, प्रयोगशील भी। वे विश्व साहित्य के घनघोर पाठक तो थे, लेकिन उससे अधिक अपने लोक से जुड़े थे। उनकी प्रयोगशीलता, प्रगतिशीलता, देश-प्रेम, जन-प्रेम, विश्व-दृष्टि आदि कहीं से आरोपित और ओढ़ी हुई नहीं लगती थी। यही कारण था कि स्वतंत्रता आंदोलन और भारतीय नवजागरण के असर से पैदा हुए मध्यवर्ग ने इन्हें सिर माथे पर बिठा लिया और इन कवियों ने लोकप्रियता का नया कीर्तिमान बनाया।

बच्चन-दिनकर ने बड़ा काम यह किया कि छायावादी कविता की तत्सम प्रधान भाषा की जगह सहज-सरल हिंदी-उर्दू मिश्रित बोलचाल की भाषा को काव्यभाषा बनाया। इसी के साथ एक बड़ा काम यह किया कि बातचीत की गद्यात्मक शैली को अपनी काव्यशैली बनाया। लेकिन इसका मतलब यह नहीं कि भाषा की सरलता बोध की भी सरलता थी। दिनकर ने लिखा है कि हम पंत के सपने को मैथिलीशरण की भाषा में लिखना चाहते हैं। उन्होंने रिल्के के स्वप्न को तुलसीदास की सरलता

से भी लिखने की बात की है। बच्चन ने शिक्षा भले अंग्रेजी की ली हो, उनके प्रिय तो तुलसी ही थे। पंत ने लिखा है कि बच्चन जब 'निशा निमंत्रण' लिख रहे थे, तब 'विनय पत्रिका' उनके सिरहाने हुआ करती थी।

कविता के क्षेत्र में जैसी लोकप्रियता इन कवियों ने प्राप्त की, वैसी ही गद्य-लेखन के क्षेत्र में भी। 'संस्कृति के चार अध्याय' और बच्चन की आत्मकथा ने स्वतंत्रता प्राप्ति के बाद गद्य पुस्तकों में लोकप्रियता का नया रिकार्ड बनाया। ऐसा रिकार्ड जिसे किसी उपन्यास ने भी शायद ही तोड़ा हो। इसका प्रथम और बड़ा कारण सरल और प्रौढ़ हिंदी गद्य का वह रूप था, जो जनता के भाषायी संस्कार के अनुरूप था। कर्त्ता, कर्म और क्रिया के क्रमानुसार लिखे जाने वाले गद्य का सबसे सुंदर और सुष्ठु रूप बच्चन-दिनकर के गद्य लेखन में खासकर इन कृतियों में दिखाई पड़ा। न सिर्फ भाषा की दृष्टि से बल्कि विचारों की दृष्टि से भी वे कृतियाँ प्रौढ़ और नयी हैं। 'संस्कृति के चार अध्याय' पर अज्ञेय ने नेहरू की छाया देखी, पर वे यह भूल गये कि सामासिक संस्कृति की वकालत के बावजूद 'संस्कृति के चार अध्याय' पर भारत विभाजन की छाया है और विभाजन के मूल की गहरी पड़ताल है। बच्चन की आत्मकथा सिर्फ उनकी आत्मकथा भर नहीं है, वह छायावादोत्तर हिंदी कविता को समझने की कुंजी भी है, जिसमें प्रगति-प्रयोग के समानांतर लिखी जा रही कविता की भी आलोचनात्मक कथा है। बच्चन ने लिखा है कि छायावादी किले पर पहला गोला 'मधुशाला' ने दागा था। क्या यह सही नहीं है?

बच्चन-दिनकर को सार्वजनिक कविता के हवाले करके तथा नहेरू से उनके संबंधों को लेकर उन्हें इतना लांक्षित-तिरस्कृत किया गया कि उसके गहरे प्रभाव से हिंदी—आलोचना आज भी मुक्त नहीं है। नंदकिशोर नवल, मैनेजर पांडेय आदि के अपवाद स्वरूप एक-दो लेखों को छोड़कर मुझे हिंदी आलोचना में इन कवियों की और उनकी लोकप्रियता को नये सिरे से समझने की कोई नयी पहल शताब्दी वर्षों में नहीं दिखायी पड़ी। नामवर सिंह, केदारनाथ सिंह और अशोक वाजपेयी के वक्तव्यों को सुन-पढ़कर तो यही लगा कि हिंदी आलोचना की पुरानी पीढ़ी 1960 के दशक के आलोचनात्मक सोच से अभी मुक्त नहीं है। इन्हें 'निशा निमंत्रण' और 'हारे को हरिनाम' में उनका श्रेष्ठ दिखता है।

2

यहाँ पुनः कहने दीजिए कि बच्चन और दिनकर आधुनिक हिंदी के सबसे लोकप्रिय कवि हैं। यह लोकप्रियता उनकी श्रेष्ठता में बाधक नहीं है। वे लोकप्रिय के साथ श्रेष्ठ कवि भी हैं। वे अपने समय में ही अखिल भारतीय प्रतिष्ठा पाने में सफल हुए। 'मधुशाला' के कवि बच्चन और 'हुंकार' के कवि दिनकर को अलग-अलग कारणों से व्यापक लोकप्रियता मिली। ऐसी लोकप्रियता जैसी कवि जीवन के प्रारंभ में किसी

अन्य कवि को न मिली। यद्यपि हाला, साकी आदि के कारण बच्चन का प्रारंभ में विरोध भी हुआ, लेकिन दिनकर की लोकप्रियता निर्विवाद रही। स्वाधीनता आंदोलन की लहर पर सवार इस कवि को राष्ट्रीयता प्रधान कविताओं के कारण जनता ने सिर माथे पर उठा लिया। दिनकर के गाँव सिमरिया में एक समारोह में बोलते हुए आलोचक मैनेजर पांडेय ने दिनकर को 'हिंदी कविता का युवा हृदय सम्राट' कहा था। उन्होंने कहा था और सही कहा था कि 1940 के दशक में पं. जवाहरलाल नेहरू राजनीति में युवा हृदय सम्राट थे तो हिंदी कविता में युवा हृदय सम्राट दिनकर थे। मैनेजर पांडेय ने हिंदी कविता के युवा हृदय सम्राट के रूप में सिर्फ दिनकर का नाम लिया था, लेकिन मैं बच्चन और दिनकर दोनों को ही 1940 के दशक की हिंदी-कविता का युवा हृदय सम्राट मानता हूँ। उस दौर में दोनों की कविता का जादू युवकों के सिर चढ़कर बोलता था; बल्कि बच्चन का कुछ ज्यादा ही बोलता था। इन दोनों कवियों ने कविता के नए पाठक और श्रोता तैयार किए और आधुनिक काल में लोकप्रियता का अपूर्व और नया कीर्तिमान तैयार किया। लेकिन आजादी के बाद जहाँ कवि बच्चन की रचनाशीलता और लोकप्रियता का क्षरण हुआ, वहीं दिनकर रचनाशीलता और लोकप्रियता का नया शिखर निर्मित करने में कामयाब हुए। दिनकर ने क्रांति को 'विपथगा' कहा है। 'विपथगा' नाम से उनकी कविता भी है। उसमें एक पंक्ति है—'पड़ते जिस ओर चरण मेरे भूगोल उधर दब जाता है।' यहाँ मैं कहना चाहता हूँ कि जिस तरह क्रांति के चरण जिधर पड़ते हैं, उस ओर का भूगोल दब जाता है, उसी तरह दिनकर के प्रवेश के साथ ही पाठक के लिए हिंदी कविता का भूगोल उस ओर झुक गया, जिधर दिनकर चले। 'हुकार' से लेकर 'उर्वशी' तक उनकी काव्य-यात्रा इसका प्रमाण है।

दिनकर की काव्य-यात्रा को लक्षित और प्रशंसित करने में हिंदी पाठक ने कभी कोताही नहीं की। इसके मूल में किसी साहित्येतर कारण की जगह उनकी काव्य-शक्ति की दीप्ति और प्रभाव है। यही कारण है कि नयी कवितावादी कवियों-आलोचकों द्वारा निदिंत और उपेक्षित किए जाने के बावजूद दिनकर की लोकप्रियता के ग्राफ में कोई कमी नहीं आती। इसकी सबसे अच्छी मिसाल 'उर्वशी' है, जिसका प्रकाशन तब हुआ था जब नयी कविता का सूर्य मध्यान्ह में तप रहा था। यह दिनकर की काव्य-शक्ति ही थी जिसने अपनी कविता के लिए अनुकूल अवसर न होने के बावजूद 'उर्वशी' के रूप में लोकप्रियता का तो नया कीर्तिमान स्थापित किया ही, आलोचना और विवाद का भी नया कीर्तिमान स्थापित किया।

दिनकर के काव्य में वैचारिक द्वन्द्व निरंतर विद्यमान है। रवीन्द्र और इकाबल, मार्क्स और गाँधी, हिंसा और अहिंसा, युद्ध और शांति, धरती और स्वर्ग, पत्नी और प्रेयसी आदि शब्द-युग्म दिनकर के वैचारिक द्वन्द्व के प्रमुख आधार हैं। वे मार्क्स के लाल रंग में गाँधी का सफेद रंग मिलाकर अपना वैचारिक रंग तैयार करते हैं।

'उर्वशी' उनके वैचारिक द्वन्द्व का ही रचनात्मक परिणाम है। मनुष्य और देवता, धरती और स्वर्ग, मानवी और अप्सरा तथा पत्नी और प्रेयसी का द्वन्द्व इसके केन्द्र में है। इन शब्द युग्मों पर ध्यान दें तो पता चलेगा कि दिनकर यथार्थ और स्वप्न दोनों के कवि हैं। मनुष्य, धरती, मानवी और पत्नी हमारा यथार्थ है तो देवता, स्वर्ग, अप्सरा और प्रेयसी हमारा स्वप्न। देखने की बात यह है कि द्वन्द्व के बावजूद दिनकर का जोर मनुष्य, धरती, मानवी और पत्नी पर है।

3

'उर्वशी' का प्रकाशन सन् 1961 ई. में हुआ। सज-धज के साथ। रायल डिलक्स साइज में। उम्दा कागज पर। अनेक चित्रों और रेखाचित्रों से सुसज्जित यह भव्य काव्य-कृति 'अप्सरा-लोक के कवि'—सुमित्रानंदन पंत को समर्पित थी। आवरण पृष्ठ प्रसिद्ध कलाकार ज्योतीश भट्टाचार्य ने तैयार किया था। कवि का रेखाचित्र इन्द्र दुग्गड़ ने बनाया था। 'उर्वशी' के चार मौलिक कलात्मक चित्र काव्य-पुस्तक में थे, जिसे दिनकर जी के अनुरोध पर अपने समय के प्रसिद्ध कलाकार और दिनकर के मित्र उपेन्द्र महारथी ने बनाये थे। एक मौलिक चित्र ज्योतीश भट्टाचार्य का था और उन्हीं की बनाई प्राचीन प्रस्तर मूर्तियों की कुछ प्रतिकृतियाँ भी थीं। काव्य-पुस्तक का प्रकाशन स्वयं दिनकर ने किया था। 'उदयाचल' पटना से। 'उदयाचाल' दिनकर जी का अपना प्रकाशन गृह था। मुद्रण का काम 'जनवाणी प्रिंटर्स एंड पब्लिशर्स प्रा. लि.', कलकत्ता, ने किया। पुस्तक का मूल्य बारह रुपए था। बारह रुपए कीमत तब लोगों को बहुत ज्यादा लगी थी। कुल मिलाकर यह कि 'उर्वशी' अपनी पूरी भव्यता में प्रकाशित हुई थी। तब के हिसाब से उसका प्रोडक्शन इतना भव्य था कि पुस्तक हाथ में लेने पर पाठक कविता पढ़ने के पूर्व देर तक उसे देखने को विवश हो जाए।

दिनकर तब राज्यसभा के सदस्य थे। भारत के तत्कालीन प्रधानमंत्री पं. जवाहरलाल नेहरू के अत्यंत करीबी। 'संस्कृति के चार अध्याय' की भूमिका नेहरू ने लिखी थी। पुस्तक 'सामासिक संस्कृति की साकार प्रतिमा राष्ट्रपति डाक्टर राजेन्द्र प्रसाद जी के पुनीत कर-कमलों में समर्पित थी। इस पुस्तक पर दिनकर को साहित्य अकादेमी का पुरस्कार मिला था। साहित्य-संस्कृति संबंधी भारत सरकार के नीतिगत फैसलों में उनकी करीब की भागीदारी थी। सरकारी-गैर सरकारी दर्जनों संस्थाओं से वे सम्बद्ध थे। विदेश में जाने वाले भारतीय सांस्कृतिक दल के तब वे अनिवार्य सदस्य-नेता थे। कुल मिलाकर यह कि सांसारिक उपलब्धि के हिसाब से, हिंदी का एक कवि जो उपलब्ध कर सकता है, दिनकर उस उपलब्धि के शिखर पर थे। वे साहित्यिक-सांस्कृतिक सत्ता प्रतिष्ठान के भीतर तक धँसे हुए सदस्य थे।

दिनकर एक सामान्य किसान परिवार में पैदा हुए थे। बचपन अभावों में गुजरा था। अभाव का हाल यह था कि पढ़ने जब स्कूल जाते थे, तब गर्मी के महीने में

गंगा की तपती रेत पर नंगे पाँव जाना पड़ता था। जूते नहीं थे। उस अभावग्रस्त जीवन और सिमरिया गाँव से निकलकर दिनकर सबरजिस्ट्रारी से होते हुए बिहार विश्वविद्यालय, मुजफ्फरपुर के लंगट सिंह कॉलेज में हिंदी के अध्यापक नियुक्त हुए। किसी कॉलेज में अध्यापक होने के लिए सम्बद्ध विषय में एम.ए. होना जरूरी था। लेकिन तत्कालीन बिहार सरकार ने शिवपूजन सहाय, रामधारी सिंह 'दिनकर', आरसी प्रसाद सिंह और जानकी वल्लभ शास्त्री जैसे लेखकों—कवियों को विशेष प्रावधान के तहत उनकी साहित्यिक सेवाओं और उपलब्धियों को ध्यान में रखते हुए विभिन्न कॉलेजों में अध्यापक बनाया था। अध्यापन छोड़कर, बिहार के तत्कालीन मुख्यमंत्री श्रीकृष्ण सिंह के अनुरोध पर, दिनकर ने राज्यसभा का चुनाव लड़ा और जीतकर दिल्ली आ गए। पं. नेहरू से सम्पर्क-साथ तभी हुआ और उनके करीब जाने का अवसर भी मिला।

निष्कर्ष यह कि 'उर्वशी' का प्रकाशन जब हुआ, तब दिनकर सांसारिक उपलब्धिय के शिखर पर थे। 'उर्वशी' दिनकर की रचनात्मक उपलब्धि का भी शिखर थी। उनकी काव्य-महत्वाकांक्षा का भी। और साथ ही साहित्य-जगत में उनकी प्रतिष्ठा और विरोध का भी शिखर थी। 'उर्वशी' को पाठकों का जैसा प्यार मिला और आलोचकों की जितनी तीखी मार मिली, वह आधुनिक हिंदी कविता के इतिहास में अनुपम है। समर्थन और विरोध का इतना तूफानी इतिहास आधुनिक युग में किसी अन्य काव्य-कृति का नहीं है।

यों तो हर कृति रचनाकार की आत्मा का रस ही होती है लेकिन कोई-कोई कृति उसके स्वप्न का सगुण-साकार रूप होती है, जिसमें उसकी आत्मा का सर्वाधिक रस मिला होता है। 'उर्वशी' दिनकर की ऐसी ही काव्य-कृति है। वह उनका स्वप्न थी। वे वर्षों 'उर्वशी' को जीते और रचते रहे थे। इसके जरिए वे अपने कवि-जीवन के शिखर को छूना चाहते थे। इसके जरिए उस शिखर को छूने में वे सफल भी हुए। 'उर्वशी' उनकी काव्य उपलब्धि का शिखर बनी।

दिनकर उत्तर छायावादकाल के शिखर कवि हैं। उनकी काव्य-कृति 'उर्वशी' न सिर्फ उनकी बल्कि हिंदी कविता की भी महत्तम उपलब्धि है। इसका प्रकाशन और इसकी लोकप्रियता आधुनिक हिंदी कविता के इतिहास का बहसतलब अध्याय है। इसके जरिए दिनकर की काव्यशक्ति की वह भास्वरता प्रकट होती है, जो नयी कविता के उत्कर्ष के जमाने में, अपने अलग सामाजिक मूल्य और काव्य-गुण के बावजूद, बहस और लोकप्रियता का अलग और बड़ा 'स्पेस' बनाती है।

4

इसमें कोई दो राय नहीं 'उर्वशी' का प्रकाशन समारोहधर्मा था। उसके प्रकाशन के साथ ही उसकी समीक्षाएँ पत्र-पत्रिकाओं में प्रकाशित होने लगी थीं। उन समीक्षाओं

में 'उर्वशी' की महानता का शोर-सा था। इसके मूल में लोगों ने दिनकर की सचेत अप्रत्यक्ष भूमिका भी महसूस की। मौखिक अफवाहों को छोड़ भी दें तो 'कल्पना' में प्रकाशित नेमिचंद्र जैन एवं धर्मवीर भारती के वक्तव्यों को क्या कहेंगे! उनसे पता चलता है कि 'उर्वशी' का प्रचार जोर-शोर से हुआ था। नेमिजी ने लिखा है : "यदि इसको लेकर बड़े-बड़े दावे न किये गये होते, उसके प्रकाशन के साथ इश्तिहारबाजी के स्तर की प्रशंसात्मक सम्मतियाँ न वितरित की गयी होतीं तो शायद उसके प्रति पाठकों का ध्यान भिन्न प्रकार से आकर्षित होता।" भगवतशरण जी की समीक्षा की आक्रामकता की वजह बताते हुए भारती ने लिखा : "इसके लिए वे दर्जनों स्वर जिम्मेवार हैं जो 'उर्वशी' के प्रकाशित होते ही एक 'कोरस' में गूँज उठे थे। उसकी एक ज्यादा खतरनाक प्रतिक्रिया यह हुई थी कि साल भर के अंदर जितनी जोर से वह चर्चा उठी थी, उतनी ही तेजी से विलीन भी हो गयी। जिस कृति के बारे में 'कामायनी' को पछाड़ देने का दावा किया जाता था, उस कृति पर चर्चाएँ लिखकर, पढ़कर और छापकर लोग साल भर में ही थक गये और चुप हो कर बैठ गये।"

निराला शमशेर, नागार्जुन, त्रिलोचन आदि की तरह दिनकर सिर्फ कवि ही नहीं, सांसारिक और व्यावहारिक मनुष्य भी थे। वही क्यों उस पीढ़ी के बच्चन, सुमन आदि सभी सफल सांसारिक मनुष्य थे। वे अपना नफा-नुकसान समझने वाले कवि थे। वे मस्ती और फक्कड़पन का गीत तो गाते थे, लेकिन जीवन में वैसे मस्त और फक्कड़ न थे। औरों की बात जाने दीजिए, दिनकर को ही देखें तों पायेंगे कि वे 1942 के क्रांति नायक जयप्रकाश पर भी कविता लिख सकते थे और 'लोकदेव नेहरू' जैसी पुस्तक भी। विरुद्धों में सामंजस्य बिठाना उन्हें खूब आता था। अपनी इस व्यवहारकुशलता के चलते दिनकर सत्ता के केन्द्र में थे। इस कारण सत्ता से बाहर के रचनाकारों के लिए वे उपेक्षा, निंदा, ईर्ष्या और आलोचना के विषय भी थे। 'उर्वशी' जब प्रकाशित हुई तो हिंदी का काव्य परिवेश उसके अनुकूल न था। नयी कविता के उत्कर्ष के दिन थे। नये रचनाकारों-आलोचकों द्वारा न सिर्फ पूर्ववर्ती पीढ़ी को खारिज किया जा चुका था, बल्कि नयेपन के दर्प में पुरानी हर चीज पर हमला बोला जा रहा था। दिनकर को अपनी स्थिति का ज्ञान था। उन्हें मालूम था कि उनके और उनकी पीढ़ी के प्रति नयी कविता वालों का रूख क्या है! इसलिए 'उर्वशी' के प्रकाशन और चर्चा को लेकर वे अतिरिक्त रूप से सावधान और सजग थे।

दिनकर का सत्ता के केंद्र में होना, 'उर्वशी' का समारोहपूर्वक प्रकाशित और प्रचारित-प्रसारित होना तथा उसका तथाकथित आधुनिक काव्य-चेतना से रहित होना कुछ ऐसे मुद्दे थे जिनकी प्रतिक्रिया होनी ही थी। प्रायः लोगों को लगा कि दिनकर सामाजिक प्रतिष्ठा के जरिए साहित्यिक प्रतिष्ठा हासिल करना चाहते हैं। हैदराबाद से निकलने वाली उस समय की सबसे प्रतिष्ठित पत्रिका 'कल्पना' (अपैल 1963, अंक-138) में भगवतशरण उपाध्याय की लम्बी ध्वंसात्मक समीक्षा छपी। जून 1963

यानी अंक 140 में उपाध्याय जी की समीक्षा के विरोध में कुछ पत्र छपे। आगे की कहानी यह कि उस समीक्षा ने ऐसा दबाव बनाया कि मुक्तिबोध, रामविलास शर्मा समेत उस समय के बहुत–से प्रसिद्ध लेखक उस बहस में शामिल होने को विवश हुए।

'कल्पना' के जनवरी 1964(147) अंक में बाइस लेखकों की समीक्षाएँ और प्रतिक्रियाएँ प्रकाशित हुईं। भगवतशरण जी की समीक्षा से असहमति प्रकट करने के बावजूद ज्यादातर लेखकों ने 'उर्वशी' की प्रतिकूल आलोचना की। यहाँ उसके विस्तार में न जाकर इतना ही कहना काफी है कि प्रायः सबने भगवतशरण जी की समीक्षा को गैर साहित्यिक और गैर वाजिब माना। लेकिन यह मानने के बावजूद सब 'उर्वशी' के प्रति अति कठोर रहे। मुक्तिबोध ने उसे 'कृत्रिम मनोविज्ञान' पर आधारित काव्य-रचना माना। इसके साथ उन्होंने उसके पूरे रचना-विधान को 'समारोही' करार दिया। उर्वशी की भाषा की भी कड़ी आलोचना की। और इस तरह उन्होंने 'उर्वशी' को पूरी तरह खारिज करके अप्रासंगिक की श्रेणी में खड़ा कर दिया। नेमिचंद्र जैन ने 'उर्वशी' की कुछ अंशों में प्रशंसा तो की, लेकिन उसे 'आधुनिक चेतना का काव्य' मानने से इन्कार किया। मुक्तिबोध और नेमिजी के बीच बाकी और लोग भी थे, 'उर्वशी' के प्रति जिनके विचार कमोबेश इसी तरह के थे। देवी शंकर अवस्थी को दिनकर के 'खरा कवि' होने में ही संदेह था। उन्हें यह भी लगता था कि दिनकर में 'काव्यानुभूति की कमी' है, जिसे वह 'वक्तृत्व से पूरा' करते हैं। उनके अनुसार 'उर्वशी' में व्यक्त दर्शन 'आधुनिक संवेदना' को सहारा देने वाला दर्शन नहीं था।

'कल्पना' में प्रकाशित भगवतशरणजी की समीक्षा के पूरे तेवर और ट्रिटमेंट से असहमति के बावजूद बहस में शामिल प्रायः सभी लेखकों ने, चाहे वे मार्क्सवादी हों या आधुनिकतावादी, 'उर्वशी' को आधुनिक संवेदना की काव्य-रचना मानने से इंकार किया। उसके रचना-विधान, उसकी भाषा आदि की समीचीनता पर भी उन्हें संदेह था। इस पूरी बहस में अपवाद रामविलाश शर्मा और भारत भूषण अग्रवाल थे। रामविलास जी ने 'उर्वशी' को 'कुंठावादी मरुप्रदेश में आस्था के स्वर' के रूप में चिन्हित किया। भारत जी ने 'उर्वशी' को 'एक प्रौढ़ कवि की प्रौढ़ कृति' बताते हुए उसे 'हिंदी काव्य की प्रौढ़ता' का प्रमाण माना। आगे चलकर 'कल्पना' में चली 'उर्वशी' संबंधी सारी बहस को ध्यान में रखकर नामवर सिंह ने अलग से एक लेख लिखा "मूल्यों का टकराव : 'उर्वशी'–विवाद"। यह लेख उनकी पुस्तक 'कविता के नये प्रतिमान' में है। नामवर जी ने इस पूरी बहस को 'पुराने और नये मूल्यों के सर्जनात्मक टकराव' के रूप में देखा। रामविलास शर्मा और मुक्तिबोध इस पूरी बहस में दो छोर पर थे। इसे नामवर जी 'केवल संयोग की बात नहीं' मानते। उन्होंने लिखा–"एक के लिए जो भाषा उदात्त है, दूसरे के लिए कोरा वागाडम्बर है। एक को जहाँ आस्था का स्वर सुनाई देता है, दूसरे को थोथी दार्शनिकता। दोनों ही तारसप्तक के कवि हैं और साथ ही प्रगतिशील विचारधारा से सम्बद्ध भी, फिर

भी काव्य बोध में इतना अंतर! स्पष्ट ही यह व्यक्तिगत रुचि-भेद मात्र नहीं बल्कि दो भिन्न सुसंगत मूल्य प्रणालियों का अंतर है, जिनके सीधे टकराव में सार्थक एवं प्रसंगानुकूल मूल्यों के विकास की सम्भावना निहित है। सम्प्रति नई पीढ़ी ने मुक्तिबोध में रचनात्मक सम्भावना का पुनराविष्कार कर प्रमाणित कर दिया है कि उस टकराहट में मुक्तिबोध की ही दिशा ठीक थी।"

निष्कर्ष यह कि 'कल्पना' की पूरी बहस दिनकर और 'उर्वशी' के प्रति लगभग नकार की थी। काव्य परिदृश्य बदल चुका था। काव्य-रुचि में परिवर्तन आ चुका था। नयी काव्य-रुचि वाले कवियों-आलोचकों की नयी जमात मैदान में थी। दिनकर को इसका अहसास था। वे नयी जमात के साथ अपने को 'मिसफिट' पा रहे थे। उन्होंने अपने को कुछ बदलने की भी कोशिश की, लेकिन बदलना आसान नहीं था। ऐसे समय में वे 'उर्वशी' के रूप में अपनी सबसे बड़ी रचनात्मक उपलब्धि लेकर सामने आए। पुरानी पीढ़ी के आलोचकों—हजारीप्रसाद द्विवेदी, रामविलास शर्मा आदि को तो 'उर्वशी'—पसंद आयी, लेकिन बाद की पीढ़ी को नहीं।

'कल्पना' का 'उर्वशी'-विवाद ऐसा ऐतिहासिक दस्तावेज है, जिसके पृष्ठों पर स्वस्थ, सार्थक एवं खुली बहस के साहित्यिक साक्ष्य भरे पड़े हैं। यहाँ साहित्यिक मूल्यों की टकराहट से उत्पन्न वे चिनगारियाँ हैं जिनके आलोक में एक समय में दो भिन्न काव्य-धाराओं की पहचान तो होती ही है, यह सच भी सामने आता है कि एक ही समय में कैसे उनका सार्थक सह-अस्तित्व भी बनता है और उनके बीच सार्थक संवाद भी संभव हो पाता है।

इस पूरी बहस को देखने के बाद आज भी मेरे सामने यह प्रश्न है कि परवर्ती पीढ़ी के प्रायः सभी महत्त्वपूर्ण कवि—आलोचकों द्वारा नापसंद किये जाने और खारिज किये जाने के बावजूद 'उर्वशी' पाठकों के बीच इतनी लोकप्रिय क्यों हुई? उसकी लोकप्रियता के मूल में दिनकर की सामाजिक प्रतिष्ठा एक कारण हो सकती है। उसके भव्य प्रकाशन और प्रचार-प्रसार में भी उनकी सामाजिक प्रतिष्ठा की भूमिका हो सकती है। इससे तात्कालिक लाभ किसी कृति को मिल सकता है, लेकिन इससे उसका स्थायी महत्व भी हो जाए, यह कतई जरूरी नहीं। यदि 'उर्वशी' हिंदी की श्रेष्ठ उपलब्धि है, तो उस कृति का जीवन-दर्शन और काव्य-गुण ही प्रमुख कारण होंगे। उम्मीद थी कि शताब्दी समारोहों के दौरान 'कल्पना' के 'उर्वशी' विवाद पर पुनर्विचार होगा और उसके साहित्यिक मूल्य की भी छानबीन होगी। लेकिन दुर्भाग्य से ऐसा नहीं हुआ। विजेन्द्र नारायण सिंह, नंद किशोर नवल और कृष्णदत्त पालीवाल जैसे कुछ आलोचकों ने अवश्य ही 'उर्वशी' का पुनर्मूल्यांकन किया। उन्होंने न सिर्फ मुक्तिबोध के बड़े आरोपों के उत्तर दिये, बल्कि 'उर्वशी' को सही परिप्रेक्ष्य में देखे जाने के संकेत भी दिये।

दिनकर उत्तर छायावादी चेतना के कवि थे। जैसे गुप्तजी का 'साकेत' छायावाद के अवसान काल में प्रकाशित हुआ था, वैसे ही 'उर्वशी' नयी कविता के उत्कर्ष काल

में प्रकाशित हुई। इसलिए 'उर्वशी' को नयी कविता की कसौटी पर नहीं देखा जा सकता। नवलजी ने अपने एक लेख में ठीक ही लिखा है कि–'उर्वशी' को आधुनिक हिंदी कविता की उस परम्परा में रखकर ही देखा जा सकता है, जिसमें उसकी रचना हुई।' दिनकर का 'उर्वशी' में जीवन-दर्शन उस परम्परागत भारतीय गार्हस्थ जीवन के मेल में है, जिसमें नारी जीवन की सार्थकता और सुंदरता उसके मातृत्व में है। नवल जी का पुनर्मूल्यांकन 'उर्वशी' के इसी जीवन-दर्शन पर बल देता है।

दिनकर पुरुरवा और उर्वशी की कथा के माध्यम से सनातन नर और नारी के प्रबल आकर्षण और प्रेम का वर्णन करते हैं। पाठक का पूरा ध्यान इस कथा के आकर्षण पर केन्द्रित रहता है। लेकिन दो कथाएँ और हैं, जिस पर कम ध्यान दिया जाता है। पुरुरवा की पत्नी औशीनरी कथा का दूसरा आयाम है। ऋषि च्यवन और उनकी पत्नी सुकन्या कथा के तीसरे आयाम हैं, जहाँ गार्हस्थ और संन्यास का अद्भुत मेल है। औशीनरी पति द्वारा उपेक्षित है। उर्वशी अप्सरा है। अप्सरा को यदि हम प्रतीक मान लें तो कह सकते हैं कि नारी में अप्सरापन की खोज नर की सनातन आकांक्षा है। लेकिन नारी का वास्तविक महत्त्व पत्नी होने और माता बनने में है। यह मूल जीवन दर्शन है, जो 'उर्वशी' का रचनाकार इसके माध्यम से बतलाना चाहता है।

दिनकर नारी के दो रूप देखते हैं। एक अप्सरा वाला रूप जो छलना का रूप है, दूसरा पत्नी का रूप। दिनकर को नारी का छलनामय रूप पसंद नहीं। समाज के पतन में नारी के इस रूप की वे बड़ी भूमिका मानते हैं। 'कल्पना' की सारी बहस 'उर्वशी' के मनोविज्ञान, रचना-विधान, भाषा आदि पर केन्द्रित थी। किसी ने यह प्रश्न नहीं उठाया कि नारी के यह दो रूप किसने तय किये? किसी ने इस तथ्य पर ध्यान नहीं दिया कि 'उर्वशी' का सारा जीवन-दर्शन पितृसत्तात्मक सोच से संचालित है। दिनकर औशीनरी यानी पत्नी की पीड़ा को देखते तो हैं, लेकिन नारी जाति को दो रूपों में देखना नहीं भूलते। वे उस परंपरागत सोच से मुक्त नहीं हैं कि छलनामयी स्त्री ही गार्हस्थ जीवन में दरार पैदा करती है। मुझे लगता है कि 'कल्पना' की पूरी बहस में यह तथ्य अन्नदेखा रहा कि 'उर्वशी' का सारा जीवन-दर्शन पितृ सत्तात्मक सोच से संचालित है। 'उर्वशी' को सही प्ररिप्रेक्ष्य में देखे जाने पर जोर देने वाले नवल जी जैसे आज के आलोचक भी आज की तारीख में इसे भूल जाते हैं। मेरे सामने प्रश्न है कि 'उर्वशी' का यदि आज कोई स्त्री-पाठ तैयार करता है तो उसके निष्कर्ष क्या होंगे?

बहरहाल, मेरे सामने यह प्रश्न आज भी है कि 'उर्वशी' इतनी लोकप्रिय क्यों हुई? मुझे लगता रहा है और जैसा कि मैंने ऊपर कहा भी है कि दिनकर उभरते भारतीय मध्यवर्ग के यथार्थ और सपनों कवि हैं। वे उसकी भाषा-शैली में उसके यथार्थ और स्वप्न को कविता में ढालने वाले कवि हैं। 'उर्वशी' आजादी के गर्भ से निकले भारतीय मध्यवर्ग के यथार्थ और स्वप्न में चलते द्वन्द्व और घमासान की

कविता है। पति-पत्नी और प्रेमिका उभरते भारतीय मध्यवर्ग की समस्या थी। साठ के दशक के मध्यवर्गीय युवा को प्रेमिका का उर्वशी रूप आकर्षिक तो करता था, लेकिन वह अपने गार्हस्थ को भी नहीं भूलता था। मुझे लगता है कि अपने पौराणिक वितान में 'उर्वशी' भारतीय मध्यवर्गीय युवा मन का ही आंतरिक संगीत है। इसमें दिनकर की शक्तिशाली काव्यभाषा, ओज आदि का योगदान तो है ही।

5

इस पुस्तक की योजना का विचार मन में तब आया जब मैं सन् 2000 से 2004 तक हैदराबाद के केन्द्रीय विश्वविद्यालय में अध्यापन कार्य करता था। वहाँ आदरणीय बदरी विशाल पित्ती से परिचय हुआ। परिचय आत्मीय संबंध में बदला। उनसे ढेरों विषयों पर बातें होती थीं। मैं उनके जरिए, उनकी आँखों से, जे.पी. लोहिया के जमाने के समाजवादी आंदोलन को, 'कल्पना' के प्रकाशन के पीछे के सक्रिय सोच को देखने-समझने की कोशिश करता था। एम. एफ. हुसैन के बनाये राम-कथा से संबंधित उन चित्रों की भी बात होती थी, जो तब भी उनके पास थे और उनके लिए कोई स्थायी चित्रशाला निर्मित करने की उनकी योजना थी। उन्हीं दिनों उनके रामबाग स्थित मंदिर-प्रांगण में 'उर्वशी' का नाट्य-मंचन देखा। दिनकर से अपने संबंधों की उन्होंने विस्तार से चर्चा की। 'कल्पना' के 'उर्वशी' विवाद की भी कथा उन्होंने बतायी।

पित्ती जी ने 'कल्पना' की निजी लाइब्रेरी की किताबें हमारे विश्वविद्यालय को दे दी थीं। वहीं मुझे 'उर्वशी' की वह प्रति मिली जो दिनकर जी ने पित्ती जी को भेंट की थी। उस पर लाल रोशनाई से लिखा हुआ था—'भाई श्री बदरी विशाल पित्ती के योग्य'। नीचे 'दिनकर' हस्ताक्षर था और 17.7.61 की तारीख थी। वहीं मैंने 'कल्पना' की सारी फाइलें देखीं। 'उर्वशी' विवाद वाले अंशों को पढ़ा। तब तक मैंने उस विवाद की चर्चा भर सुनी थी। विचार आया कि उस पूरे विवाद को सामने लाना चाहिए। मैंने पित्तीजी से चर्चा की। वे प्रसन्न हुए। और उस तरह की और कई बातों की ओर हमारा ध्यान खींचा, जो 'कल्पना' के स्तम्भों के आधार पर तैयार हो सकती थीं।

कायदे से इस पुस्तक को 2008 में आ जाना चाहिए था। लेकिन मेरी व्यस्तता और आलस्य में यह काम समय से न हो सका। पुस्तक अब छप रही है तो मुझे आदरणीय पित्तीजी की बेतरह याद आ रही है। अब वे इस संसार में नहीं हैं। वे होते तो इस सामग्री को पुस्तकाकार देखकर बहुत खुश होते। यह पुस्तक उनके हाथों में देकर उनका आशीर्वाद मैं नहीं ले सका, इसका मुझे दुःख है। यह पुस्तक उनकी स्मृति को समर्पित करके मैं अपने उस दुःख को थोड़ा कम करना चाहता हूँ।

नयेपन, स्तरीयता और निष्पक्ष साहित्य-विवेक के लिए पहचानी जाने वाली

पत्रिका 'कल्पना' में प्रकाशित 'उर्वशी'-विवाद से गुजरना हिंदी कविता के इतिहास की एक जरूरी बहस से गुजरना है। हिंदी कविता पर चलने वाली बहसों और इसके इतिहास में रुचि रखने वाले ऐसे पाठक के लिए, जिसका विश्वास संवाद में है और जो बहस को विकास की जरूरी सीढ़ी मानता है, 'कल्पना' के 'उर्वशी'-विवाद की सामग्री ऐसा दस्तावेज है, जिसकी तुलना आधुनिककाल की किसी अन्य काव्य कृति सम्बन्धी बहस से नहीं हो सकती।

यहाँ 'कल्पना' में प्रकाशित सारी सामग्री एक जगह रख दी गयी है। भगवतशरण उपाध्याय की समीक्षा, उस पर छपे पत्र और फिर बाइस लेखकों की समीक्षाएँ एवं प्रतिक्रियाएँ सब कुछ यथावत् है। परिशिष्ट में नामवर सिंह का लेख दे दिया गया है। यह लेख 'कल्पना' में प्रकाशित नहीं हुआ था। लेकिन चूँकि यह उस विवाद पर केन्द्रित है, इसलिए उस विवाद के परिप्रेक्ष्य में इसे देखना जरूरी है। नामवरजी समेत उन सबका मैं आभारी हूँ, जिनकी सामग्री यहाँ ली गयी है।

हैदराबाद विश्वविद्यालय की लाइब्रेरी से सारी सामग्री मुझे मेरे तब के एम. फिल. के छात्र राम निवास राम ने सुलभ करायी। वे मेरे स्नेह के हकदार हैं। उन्हें धन्यवाद क्या दूँ! वाणी प्रकाशन के संचालक अरुण माहेश्वरी ने इसके प्रकाशन में रुचि ली, इसके लिए उनको धन्यवाद। आशा है इस पुस्तक के प्रकाशन से साहित्य के उस विद्यार्थी के सामने वह बहस मूर्त रूप में आयेगी जिसने उसका नाम भर सुना है।

गोपेश्वर सिंह
1 जून 2010

हिंदी विभाग
दिल्ली विश्वविद्यालय
दिल्ली—7

?

'दिनकर' की 'उर्वशी'

भगवतशरण उपा याय

'उर्वशी' को हाथ में ले कर प्रसन्न हुआ। सुन्दर, मोटा काग़ज़, नयनसुख छपाई ने मोहा। मुखपृष्ठ की ओर लौटा कि देखूँ इस सज्जा का मूल्य क्या है। देखा, 12 रुपये। सोचने लगा कि क्या यूरोप में, अमरीका तक में यदि टी. एस. इलियट का-सा मेधावी और यशस्वी कवि भी अपना काव्य 12 रुपये कीमत में बेचना चाहे, तो क्या बेच सकेगा?

अरविन्द आश्रम की संचारिणी शक्ति 'माँ' के पति, दर्शन के पण्डित और साहित्य के पारखी दिवंगत पाल रिशार ने एक बार बहस के प्रसंग में कहा था कि कला, कला के लिए का अर्थ है वस्तुतः कला कलाकार के लिए। लगता है, जैसे वह दृष्टि सर्वशः 'दिनकर' की इस कृति के सम्बन्ध में सत्य हो गयी है। इस कृति में न केवल स्ववृत्ति का निरूपण है, बल्कि उसका पण-पक्ष भी सिद्ध है, काव्य में प्रस्तुत अद्वैत के रूप में ही (लेखक-प्रकाशक के एक होने से जिसे 'सभी स्वत्व लेखक के अधीन' उल्लेख सम्पुष्ट कर रहा है), जिस दिशा में काव्य के तूलिकाजनित चौदह चित्रों में सबसे पहला स्वयं कवि का चित्र है, यद्यपि वह चित्र कवि के आज के दर्शन से कम से कम युग पूर्व प्रौढ़ का है, पचासोत्तर आयु का नहीं, और वह सम्भवतः इसलिए कि जिस 'काम' को काव्य में चित्रतः साधा गया है, उसके साथ, उसके अपने चित्र की भी संगति बैठ सके।

कुछ साल पूर्व जब कवि ने, संस्कृति के आचार्य के रूप में यशोलाभ के लिए, अपने 'संस्कृति के चार अध्याय' के साथ हिन्दी के क्षेत्र में पदार्पण किया, तब 'नेशनल हेरल्ड' के सम्पादक चलपति राव के, 'हेरल्ड' में उसकी आलोचना लिखने के अनुरोध को मैंने अस्वीकार कर दिया था, केवल इस कारण नहीं कि उस महान् व्यक्तित्व ने उस ग्रन्थ की भूमिका लिखी है जिसका मैं आदर करता हूँ, जिसने उस ग्रन्थ को पढ़े बग़ैर भूमिका लिखी है, और जिसका वस्तुतः आलोचन बग़ैर उस भूमिका-लेखक की इस नैतिकता पर विचार किये न लिख सकूँगा, बल्कि इस कारण भी कि मुझे

पिछली सदी में घटी एक घटना याद आ गयी। प्रसिद्ध जर्मन गणितज्ञ-अर्थशास्त्री डुहरिंग ने मार्क्स के 'दास कैपिटल' के दृष्टिकोण पर कुछ लेखों द्वारा प्रहार किया। तब मार्क्स 'नियो-ज़ाइतुंग' नामक पत्र निकाल रहे थे, और लोगों को आशा थी कि वे तत्काल अपने यशस्वी पत्र में उन प्रहारों का उत्तर देंगे पर मार्क्स ने उनका उत्तर नहीं दिया, उत्तर दिया एगेल्स ने, वह भी लेखों द्वारा नहीं, प्रत्यालोचन में एक समूची किताब लिख कर, जिसका नाम था 'एण्टी डुहरिंग'। इसकी भूमिका में एगेल्स ने लिखा कि लोगों ने मुझसे पूछा है कि आप डुहरिंग के विरोध में लिखने जा रहे हैं, पर आपने क्या उसे पढ़ा भी है? और मैंने उन्हें जवाब दिया है, जैसा यहाँ भी लिख रहा हूँ, कि मैंने डुहरिंग को पढ़ा तो नहीं पर मैं डुहरिंग मानव को जानता हूँ, लेखों से परे मानव को, आर-पार। मुझे ठीक वही उत्तर याद आया और मैंने 'संस्कृति के चार अध्याय' की आलोचना नहीं की, क्योंकि मैं उस दिशा में लेखक के ज्ञान और पराक्रम से परिचित था, और जानता था कि चूहे के बिल में विभिन्न अन्नों का हिमालय खड़ा किया गया होगा!

पर, यह काव्य-ग्रन्थ है, लेखक कवि है, कवि-हृदय है, छन्द-गायक है, अधिकारी है। इससे उसकी अभिनव कृति 'उर्वशी' की आलोचना कर रहा हूँ। उसकी चेष्टा, पराक्रम और उपलब्धि कितनी है, यह अलग बात है, जिस पर इस आलोचना की प्रक्रिया में विचार करना होगा। वैसे, न केवल काव्य का कलेवर अनेक समर्थ साधनों से सजाया गया है, जो अर्थहीन पर शक्तिमान कवियों को अनुपलब्ध हुआ करता है, बल्कि रचना के साथ ही लोगों के मूल्यांकन के संकेत भी, सुना है पत्रिकाओं तथा आलोचकों को भेज दिये गये हैं जिससे आलोचना में प्रकाशक के अनुकूल तथ्य प्रस्तुत हो सकें। आधुनिक युग के जितने विशेष साधन हैं, उनका सांगोपांग उपयोग हुआ है। इसका प्रभाव भी पड़ा है, जो कवि के कवि—भिन्न पद का वस्तुतः परिण ाम है, कि किसी ने 'उर्वशी' को छायावादोत्तर काल का प्रबलतम काव्य कहा है, किसी ने रामचरितमानस के बाद के शून्य को भरने वाला इसे ही माना है। इन दूसरे सज्जन ने इलाहाबाद में हुए लेखकों के एक सम्मेलन में कहा था कि मैं आलोचना अलग से लिखता हूँ, पर जब कोई अपनी रचना ले कर आता है, तब उसकी प्रशंसा करता हूँ क्योंकि जो कोई मिठाई ले कर मेरे पास आए, तो कैसे कह दूँ कि वह मिर्च है? सच है, इस मिठाई के विविध रूप हैं। उसकी बड़ी बिसात है, जिसने एक बार उसी आलोचक को कारणवश 'इन्तुमती' जैसे भोंडे उपन्यास पर होमर के काव्य का साधुवाद करने को बाध्य किया था।

मैं इस पृष्ठभूमि के साथ 'उर्वशी' काव्य की आलोचना करने को उद्यत हुआ हूँ जबकि जानता हूँ कि कवि के सारे शक्तिम साधन मेरे विपक्ष में हैं, और कि महाभारत के अनैतिक कर्णधारों के समक्ष मेरी बिसात शायद मात्र विकर्ण की-सी है। पर विकर्ण की ही आस्था से, हिन्दी का सेवक होने के नाते, मैं इस ग्रन्थ के सम्बन्ध में अपनी बात कह रहा हूँ जिसे कहने के लिए ही मुझे इतनी लम्बी, पर

अत्यन्त आवश्यक और अनिवार्य भूमिका देनी पड़ी है।

अन्य काव्यों की ही भाँति 'उर्वशी' के भी तीन पक्ष हैं जिनकी यहाँ चर्चा करना चाहूँगा—रूप, शब्द, और तथ्य।

रूप : 'उर्वशी' का रूप सजीला है, हिन्दी के प्रकाशकों में जैसे उर्वशी की ही तरह, जिसका चित्र ऊपर-नीचे दोनों ओर खड़ी-अँगड़ाती अप्सरा की आकृति में मुद्रित है। इनके बीच काव्य में चौदह चित्र ओर हैं जिनमें पहला, एतदर्थ प्रमुख, स्वयं कवि का है, चार श्री उपेन्द्रनाथ महारथी के लिखे मौलिक चित्र हैं, शेष श्री ज्योतीष भट्टाचार्य द्वारा प्रस्तुत प्राचीन प्रस्तर मूर्तियों की प्रतिकृतियाँ हैं और उन्हीं का लिखा एक मौलिक चित्र भी है। प्रस्तर मूर्तियों की प्रतिकृतियाँ विषयों के अनुकूल ही खजुराहो की अप्सराओं तथा सुर-सुन्दरियों की परम्परा में हैं। कथा-काल और इन प्रतिमूर्तियों के निर्माण-काल के बीच तीन हजार वर्षों से अधिक का अन्तर होने के बावजूद, दोनों में एक ऐसी समसरता है कि उसका एकस्थ सन्दर्भ अनुचित नहीं। खजुराहो, उड़ीसा के मन्दिरों का वह प्रसार है जिसका आरम्भ मध्यकाल में, एलोरा के शृंगार प्रधान चित्रों से हुआ था और जिसका बीज भारतीय देवालयों की देवदासियों और मध्यपूर्व की मिलत्ता आदि के देवस्थानों की पृष्ठभूमि में अंकुरित हुआ था। मनस् का पराक्रम कुछ ऐसा होता है जो सदियों के व्यवधान को लाँघ जाया करता है, और समान को समान वर लिया करता है। कवि ने भी तान्त्रिक यौन साधकों के समानार्थक प्रतीकों को अपनी चित्रित व्यवस्था में उनकी मूर्तियों की प्रतिकृतितः स्थापना को आदर्श माना है। इससे भी हमें कोई विरोध नहीं, यद्यपि छठी सदी ईस्वी के उड़ीसा के वज्र-महेन्द्र पर्वत के, भवभूति के 'मालतीमाधव' में संकेतित, वज्रयानियों को निश्चय ही विरोध हो सकता है कि उनकी अग्रभूमि पर उनके पृष्ठवर्ती दैत-अद्वैत दर्शन का कृत्रिम, भोंडा, काल-विरुद्ध असत्य 'विमान' क्यों खड़ा किया गया?

इन चित्रों में चार, जो कवि के 'ऑर्डर' के अनुकूल चित्रकार ने प्रस्तुत किये हैं, उल्लेखनीय हैं। पहले में उत्तान नारी के हारव्यंजित नग्न स्तनों पर पेट के बल पड़ा पुरुष उन्मुख है और नारी का निरावृत निम्नांग रेखाओं के छन्दस् में खो गया है। इसे कवि ने काल के आदि मूल को छू कर बहने वाली चेतना माना है (पृ. 59 के सामने)। दूसरे चित्र में निमीलित चक्षुओं वाला पुरुष, निमीलित चक्षुओं वाली नारी के पक्ष-विवर में सिर डाल मूढ़ हो गया है, जिस स्थिति की कवि ने मृत्यु के पथिक का विश्रान्ति स्थल माना है (पृ. 89 के सामने), गोया जो पथिक स्तनों के बीच के इस कारवाँ-सराय में नहीं ठहरते, वे मरते नहीं। तीसरा मौलिक चित्र रेखाजनित धूमायित मेघों में प्रच्छन्न तैरते शिशु का है जो सम्भवतः उस नारी के निम्नांग से अभी बहिर्गत हुआ है जो अपने शरीरयष्टि को ऊपर फेंक पुल बन गयी है, जिसकी नग्न स्तन चित्र के प्रतिवर्त बन गये हैं और जिसकी नग्न क्रिया की ओर ऊपर से मेघ-निर्मित मुष्टि की तर्जनी संकेत कर रही है। चित्र की नारी का यह धड़ मात्र है

जिसमें न सिर है, न भुजाएँ हैं, न नितम्ब से नीचे के अंग हैं, मात्र वह नग्नता है जिस सम्बन्ध में पुनरुत्थान अप्रतिम चित्रकार लियोनार्दो दा विंची ने कहा था कि यदि कामायित मिथुन का काम प्रबल न हो, और उससे भी बढ़ कर, उनके रूप स्पृहणीय न हों, तो शेष अंग और काम-प्रक्रिया तो इतनी घिनौनी है, कि परस्पर आकर्षण के अभाव में, कुछ अजब नहीं जो मानव सृष्टि का ही अन्त हो जाये! चित्र कवि के प्रहत दर्शन की सूक्ष्मता के अनुरूप ही, मात्र उन अंगों को, एलग्रेको, तिशियन आदि की नग्न कृतियों से भी कहीं अधिक, साहसिक रूप में व्यवस्थित करता है जिससे वे अंग प्रकृत न हो आकाश में प्रक्षिप्त पुल का मेहराब बन गये हैं। निस्सन्देह कवि का अभिप्रेत वहाँ नारी के उन अंगों से नहीं जिन्हें उसने मेघायित रेखाओं से ढक दिया है। काव्य का अन्तिम चित्र मिथुन का है जिसमें निरावृत्त नारी अपने सारे अंगों को सर्वतः खोल, शिथिल कर, कुच-कन्दुकों को विशेष उभाड़, पैरों को प्रत्यालीढ मुद्रा में डाले समुद्र के जल में लम्बी पड़ी उसकी तरंगों पर कनिष्टिका द्वारा उस नौका को धारणा किये हुए है जिसके डगमग वक्ष पर डाँड धारे पुरुष उसे सँभालता नंगा खड़ा है। चित्र के नारी और पुरुष दोनों निस्पन्द हैं, निर्जीव, चेष्टाहीन, नितान्त सपाट। उसकी विशेषता ऊपर से यह है कि जहाँ गिरधारी ने गोवर्धन को केन्द्र से उँगली पर धारण किया था, चित्र की नारी पुरुषवाहिनी नौका को, उसके एकान्त छोर को, उँगली पर धारण करती है, जिसका दूसरा छोर चित्र के दाहिने अंग में प्रदर्शित है। कवि लिखता है (देखिए पृ. 163 के सामने चित्र के नीचे) 'छिगुनी पर धारे समुद्र को ऊँचा किये हुए हैं।' चित्र साथ ही यह द्वन्द्व भी उपस्थित करता है कि नारी अपनी 'छिगुनी' पर समुद्र को धारे हुए है या नौका को, यह बात अलग है कि अकेली उँगली में यदि चुम्बक का भी आकर्षण हो तो उसके एक छोर को उठाने से नौका का दूसरा छोर उठा नहीं रहेगा, जैसे यह भी दूसरी बात है, कि 'छिगुनी' का अर्थ छोटी छड़ी है या कानी उँगली, या 'छाँगुर' के सन्दर्भ में छह उँगलियों में से एक। जहाँ तक मुझे पता है, छिगुनी खड़ी बोली का नहीं, भोजपुरी का शब्द है जो छाँगुर से न बन कर (क्योंकि उसका अर्थ उँगली के प्रति संकेत के बावजूद इस स्थल के सन्दर्भ में ग़लत हो जाएगा) सम्भवतः 'छीकुन' से बना है जिसका मतलब शायद बाँस की छड़ी या छोटी छड़ी है।

काव्य पाँच अंकों में रचा गया है। उसके पात्र कथोपकथन करते हैं, और उसका प्रारम्भ सूत्रधार तथा नटी के नाटकवत् सम्भाषण से शुरू होता है, फिर जहाँ-तहाँ (जैसे, पृ. 6, 8, 19, 20, 26, 29, 39, 43, 105, 119, 120, 124, 129, 130, 133, 136, 139, 140, 143, 150, 153, 166 पर) उसमें रंगमंचीय निर्देश भी हैं और स्थान-स्थान पर गीतों का समावेश किया गया है। प्रगट है कि प्रयत्न गीति-नाटक, लिखने का हुआ है और सुमित्रानन्दन पन्त के 'रजत रश्मि' आदि के पिछले आयोजन को स्तम्भित करने का प्रयास भी परोक्ष नहीं है, और इसका भी कुछ राज़ है कि काव्य समर्पित भी अप्सरा-लोक के कवि श्री सुमित्रानन्दन पन्त को हुआ

है। उक्ति है—अप्सरा-लोक के कवि श्री सुमित्रानन्दन पन्त के योग्य, यह अटकल लगाना आसान नहीं कि अपनी इस कृति को कवि क्या इस स्तर का समझता है जो पन्त के योग्य हो सकती है, या कि पन्त को उस कृति के योग्य मानता है, या उनके अभिमत को उनके द्वारा सम्प्राप्त न हो सकना समझ कर, इस काव्य द्वारा स्वयं उसे प्रस्तुत कर देने की क्षमता की ओर संकेत करता, पन्त को चुनौती देता है, या कि पुरानी चिट्ठियों की तरह 'लिखी पत्री सुमित्रानन्दन पन्त के जोग' का पुनरावर्तन करता है? जो भी हो, काव्य, सर्गों की जगह, अंकों में विभाजित है और प्रत्येक अंक के पहले विविध संस्कृत ग्रन्थों के मूल उद्धरण दिये गये हैं। ग्रन्थ के आरम्भ में भी संस्कृत के कुछ उद्धरण हैं। निस्सन्देह इनका बोझ सुधी पाठक पर पड़ेगा और कवि के 'ऋग्वेद' से 'कथासरित्सागर' तक की आधिकारिक दृष्टि का वह कायल होगा और शायद उनमें विरला ही कोई हो जो एगेल्स की तरह कह सके कि मैंने डूहरिंग को पढ़ा नहीं है, पर मैं आदमी को जानता हूँ। 'विक्रमोर्वशी' के उदाहरण सम्भवतः स्थानोचित (स्थाने खलु) भी हैं क्योंकि समूची कहानी कालिदास के उसी नाटक से उठायी हुई है, पोर-पोर, प्रायः अन्त को छोड़। कहानी कालिदास ने भी उठायी है, 'ऋग्वेद' के दसवें मण्डल के सूक्त 85 से, पर पोर-पोर नहीं, बीज मात्र, और कहानी अपने ढंग से कही है, अत्यन्त नये तथ्यों को गढ़ कर। (इसी प्रकार, कभी सन् चालीस में एक कहानी संग्रह 'सवेरा' भी छपा था जिसमें 'विक्रमोर्वशी' कहानी भी छपी थी, जिसको प्रमाणतः कवि जानता है।) 'उर्वशी' के कवि ने प्रायः अंक-अंक कालिदास की कथा ले ली है, उसके पात्र निपुणिका, औशीनरी, कंचुकी तक ले लिये हैं, (सूत्रधार और नटी के नाम गिनाने की तो आवश्यकता ही नहीं), जिन्हें कालिदास ने स्वयं गढ़ा है। 'उर्वशी' का कवि 'विक्रमोर्वशी' के पात्रों—सहजन्या, रम्भा, मेनका, चित्रलेखा—को भी प्रत्यक्ष उठा लेता है जिनका उल्लेख 'ऋग्वेद' के पुरूरवा प्रसंग में नहीं है, पर जिन्हें कालिदास ने पुराणादि से लिया है। 'उर्वशी' का कवि उन छोटे स्थलों को भी कालिदास के 'विक्रमोर्वशी' से उठाने से नहीं चूकता (जैसे, रानी का व्रतविन्यास, चित्रलेखा का छिप कर रनिवास का हाल जानना, गन्धमादन का 'हनीमून' आदि), जिनकी भलीभाँति उपेक्षा की जा सकती थी। वस्तुतः कवि जब कालिदास की उस कृति से सन्दर्भ उठाता है तब निश्चय अप्रकाश में समझ नहीं पाता कि क्या उठाना उचित है, क्या अर्थहीन, और वह समूचा एक साथ हर लेता है। न तो कोई 'कॉपीराइट' कानून उसके इस कार्य में बाधक हो सकता है और न ही 'अयं निजः परोवेति गणना लघुचेतसाम्' को प्रमाण मानने वाले कवि को ही कालान्तर के इस हरणकार्य से किसी प्रकार का असन्तोष हो सकता है। ग़रज़ कि हिन्दी 'उर्वशी' संस्कृत 'विक्रमोर्वशी' का कथानुवाद है।

शब्द : सार्थक शब्द से भाषा बनती है और भाषा से बनता है साहित्य। शब्दों का समुचित संचयन साहित्य की पहली इकाई है। शब्दों के समुचित उपयोग में चूक जाने से साहित्य दूषित हो जाता है। साधारणतः 'उर्वशी' का कवि प्रवहमान भाषा

का प्रयोग करता है और अनेक स्थल इससे मधुर भी हो उठे हैं। पर, जो पचासा पार कर चुका है और चौथाई सदी तक कवि कर्म करता रहा है, उससे रवाँ भाषा के उपयोग की अपेक्षा करना तो न्यूनतम है, यद्यपि इस पराक्रम में भी वह अनेकधा और अकसर चूक गया है।

पहले शब्दों का भाव-पक्ष लें। पहले ही पृष्ठ पर एक वर्णन है जो दूसरे पृष्ठ तक चला गया है—प्रथमे ग्रासे मक्षिकाप्रातः—कवि 'द्वादशी चन्द्रमा' के 'निर्मेघ गगन' का वर्णन कर रहा है—खुली नीलिमा पर विकीर्ण तारे यों दीप रहे हैं, चमक रहे हों नील चीर पर बूटे ज्यों चाँदी के, तारों-भरे गगन में...

चन्द्रमा द्वारा दीपित शुक्लपक्ष की द्वादशी का आकाश क्या तारों भरा हो सकता है? क्या तब गगन के ऊपर इतने तारे 'दीपते' हैं कि लगे कि 'नील चीर पर चाँदी के बूटे हों'? सम्भवतः तब तो ज्वलन्त नक्षत्र भी चन्द्रमा के तेज से अभिभूत हो मलिन पड़ जाते हैं। पृष्ठ 24 पर कवि अप्सरा चित्रलेखा के 'मन पर सोने के तार मढ़' रहा है! तार चाहे सोने का ही क्यों न हो, 'मढ़ते' समय कीलों और हथौड़े की आवश्यकता निश्चय ही पड़ेगी, और तब मन पर उनकी चुटीली मार से कवि हृदय विरत हो जायेगा। दो पृष्ठ पहले एक पंक्ति है :

एक घाट पर किस राजा का रहता बँधा प्रणय है?

'घाट-घाट का पानी पीना' निश्चय ही मुहावरा है, पर घाट बँधना केवल गधे के सम्बन्ध में ही सार्थक हो सकता है, या उस कुत्ते के सम्बन्ध में जो न घर का होता है न घाट का, यद्यपि मुहावरे की ध्वनि के अनुकूल वह दोनों से बँधा रहता है, घर से भी घाट से भी, अथवा घर से या घाट से। पृष्ठ 37 पर 'जोहा करती हूँ मुख को' मुहावरे को 'सुख' से तुक मिलाने के लिए 'मुँह' से भिन्न कर देना शायद मुनासिब न था! असफलता में चाहे आदमी को 'माँ का वक्ष' याद आता हो पर 'संकट में युवती का शैय्याकक्ष याद आता है' यह कल्पना कवि की अपनी हो सकती है किन्तु सामान्य नर की क़तई नहीं है। वस्तुतः 'असफलता में नहीं, संकट में नहीं माँ का वक्ष, या बेहतर माँ याद आती है, युवती का 'शैय्याकक्ष' वस्तुतः संकट में भूल जाया करता है (पृ. 38)। पृष्ठ 43 पर एक निर्देश है—गन्धमादन पर्वत पर पुरूरवा और उर्वशी। पुरूरवा गन्धमादन पर उर्वशी के साथ खुला विहार करता है, इतना अलानिया कि कंचुकी द्वारा अपनी रानी को उसका सारा माहौल कहला भेजता है, इस व्यंग्य के साथ कि तब तक रानी व्रतों का आचरण करे। प्रगट ही यह 'अभिसार' नहीं है, जिसका उल्लेख पुरूरवा पृष्ठ 43 की इस पंक्ति में करता है :

'जब से हम-तुम मिले, न जाने, कितने अभिसारों में।'

अभिसार रात के अँधेरे में हुआ करते थे, कभी-कभी शायद उजेली रात में भी, जैसा 'शुक्लाभिसारिका' शब्द से प्रगट है, और तभी उसके छिपाव के कारण पति के प्रति भरत और वात्स्यायन की 'शठ' संज्ञा सार्थक होती थी। इस लाक्षणिक शब्द का प्रयोग, कहना न होगा, ग़लत है। इसी प्रकार, नसों के खून में नाव चलाना भी

कष्ट-कल्पना है, चाहे वह नाव कवि की 'स्वर्णतरी' ही क्यों न हो और 'शोणित' में ही क्यों न खेई जाती हो (पृ. 21)। एक शिथिल पंक्ति पृष्ठ 14 पर है :

मिल भी गयी उर्वशी यदि तुमको इन्द्र की कृपा से।

(जरा पढ़ कर यति सुनिए) जैसे नीचे की दो और हैं, असर में सपाट, प्रायः बाज़ारू...

लगता है यह जिसे, उसे फिर नींद नहीं आती है,
दिवस रुदन में, रात आह भरने में कट जाती है।

इन पंक्तियों में 'लगना' का प्रयोग प्रणय रूपी रोग के सम्बन्ध में हुआ है, भूत के सम्बन्ध में नहीं। पृष्ठ 52 पर शोणित में स्वर्णतरी चलाने के ही अनुरूप कवि रुधिर में सोने के सहस्रों साँप रेंगने की कल्पना करता है। पीड़ा की उपमा अनन्त बिच्छुओं के डंक मारने से तो दी जाती है, और साँप का उपयोग भी 'डँसने' के प्रसंग में हुआ करता है, पर यहाँ रुधिर में साँप रेंगते हैं, 'सहस्रों' साँप, और वह भी 'सोने' के। मैं नहीं समझता कि प्रणय का कोई राज़ इस उपमा से खुलता है सिवाय इसके कि साँप बजाय दर्द का कारण बनने के, जब वह डँसता नहीं, एक घिनौनापन, विकार पैदा करता है। साँप का रेंगना, प्रणय के सम्बन्ध में, कुछ मुनासिब अनुभूति नहीं उत्पन्न करता। इसी प्रकार 'त्वचा की नींद' टूट जाना (पृ. 47) विशिष्ट व्यंजना नहीं कहला सकता। पृष्ठा 91 पर 'वक्ष के कुसुम कुंज' की उत्प्रेक्षा भी समझ में नहीं आती। विद्यापति और सूरदास ने नाभि-विवर निकली रोम-नामिनी को ऊपर जा कर स्तनों के बीच खो जाना तो लिखा है पर वहाँ कुसुम-कुंज की भी कोई सम्भावना हो सकती है, यह उन्हें नहीं सूझी। कुछ अजब नहीं जो अपार्थिव-शरीर उर्वशी के वक्ष में कुसुम-कुंज की-सी सम्पुंजित कोई केश-विधा रही हो!

जिसके भी भीतर शिशु की पवित्रता जीवित है।
उस अदोष नर के हाथों में कोई मैल नहीं है। (पृ. 115)

इसका भाव समझना भी कुछ आसान नहीं क्योंकि शिशु की पवित्रता वाले अदोष अन्तर के नर के हाथों के मैल का एकत्र सन्दर्भ एक रहस्य प्रस्तुत कर देता है जिसका उद्घाटन सम्भव नहीं। कवि पूछता है (पृ. 126) कि 'स्पर्श-सुख की जो रोमांचक सनसनी त्वचा-जाल, ग्रीवा, कपोल में, उँगली के पोरों में समा गयी है, उसे क्या आकाश गंगा का सलिल भी कभी धो पायेगा?' आकाश-गंगा का पावन जल पाप धोने के लिए चाहे उपयुक्त होता हो, उसका उपयोग इस तरह की 'सनसनी' को धोने के लिए शायद नहीं किया जाता। वस्तुतः यह प्रयोग असाधारण होने के अतिरिक्त विदेशी भी है और 'मैक्बेथ' से उठाया जान पड़ता है, जहाँ लेडी मैक्बेथ के हाथों के रक्त को समूचे अरब के इत्र भी नहीं धो पाते! पृष्ठ 135 पर प्राणों में 'स्मृति' का 'निषण्ण' होना न किसी भाव की मधुर व्यंजना है, न इससे अलग कोई अर्थ ही रखता है कि प्राणों में याद जा बैठी, और याद का अगर कोई खास अर्थ

भी रखता हो तो निस्सन्देह वहाँ उसका 'निषण्ण' होना तो बस 'सरस सरुरिह' की जगह 'शुष्क काष्ठम्' पाठ प्रस्तुत कर देता है!

कविवर 'दिनकर' ने काम-केलि की विविधताओं का, उनके नंगे रूपों का, जो वर्णन किया है, वह बड़ों की 'विपरीत रति' की ही भाँति, सन्त-सान्निध्य है, जैसे इस प्रसंग में काम के लोकोत्तर प्रतिपादन है, वन्दनीय हो गया है। काम की वन्दना के सन्दर्भों की ओर संकेत किये बिना रह सकना सम्भव नहीं जान पड़ता।

कवि की चुम्बन-चेतना बड़ी सजग है। पृष्ठ 71 का वह 'चुम्बन की झंकार' की बात कहता है, और वह झंकृति उसके कानों में इतनी गहरी 'अनहद' बन गयी है कि उसका सम्बन्ध निश्चय रूप से 'ऊपर' से ही नहीं है, कारण कि वह दर्पण सदृश कपोलों की नहीं, मन की भूख है जिसकी 'क्षुधा' जल्दी मरती नहीं। पृष्ठ 75 पर तो वही चुम्बन की अरूप झंकृति 'फुहार' बन गयी है—'भरी चुम्बनों की फुहार'—फुहार से सम्भवतः कवि का आशय थूक की उन नीहारिकाओं से है जो शायद कामदग्ध गवासीन पुंगव छोड़ता है, सभ्य मानव नहीं। इसी प्रकार, कवि पृष्ठ 126 पर जिन विगत चुम्बनों के चिह्नों की ओर अपनी पंक्ति—रोमांचित सम्पूर्ण देह पर चिह्न विगत चुम्बन के—में संकेत करता है, उन्हें सम्भवतः वात्स्यायन अथवा कालिदास चुम्बन न कह 'दन्तक्षत' कहते, क्योंकि 'चिह्न' दन्तों के ही पड़ा करते हैं, चुम्बनों के नहीं। सभ्य चुम्बन द्वारा त्वचा का स्पर्श मात्र होता है, अनेक बार स्थानान्तर से, उसका शक्तिम प्रयोग भी, पर शिष्ट (जो निस्सन्देह पुरूरवा रहा होगा) का चुम्बन न 'फुहार' है, न 'दन्तक्षत', और न 'पान',—मात्र चुम्बन है। चुम्बन द्वारा जगाना-सुलाना तो खैर उर्वशी के सन्दर्भ में कुछ अजब नहीं, पर चुम्बन का एक रूप जो चुनौती के रूप में उछाल कर कवि सामने रखता है वह पृष्ठ 99 पर खूब ही बन पड़ा है :

ओ शून्य पवन में मुझे देख चुम्बन अर्पित करने वालो!

बेशक, ऐसा नहीं कि आज की यूरोपी संस्कृति के अधकचरे नौजवान स्टेशन पर जानी-अनजानी सुन्दरी को छूटती रेल के सामने होठों पर हाथ रख कर चुम्बन उछाल देते हों, उर्वशी के उस ऋग्वैदिक काल में भी अप्सराओं के प्रति चुम्बन उछाल देने की विधि से भारतीय छैला वंचित न था! आखिर आज की यूरोपी दाय का पुरूरवा इण्डो-यूरोपी सन्तति स्वयं पुरूरवा ही तो था।

पृष्ठ 53 पर पुरूरवा की आत्मश्लाघा रावण की याद दिला देती है...

यह शिला-सा वक्ष, ये चट्टान-सी मेरी भुजाएँ,
सूर्य के आलोक से दीपित, समुन्नत भाल,
मेरे प्राण का सागर अगम, उत्ताल, उच्छल है।
सामने टिकते नहीं वनराज, पर्वत डोलते हैं,
काँपता है कुण्डली मारे समय का व्याल,
मेरी बाँह में मारुत, गरुड़, गजराज का बल है।

जैसा यह अपना विरुद पुरूरवा ने स्वयं गाया है वैसा तो भारतीय अभिलेखों

की परम्परा में भी, बन्दियों-वैतालिकों-चारणों के साहित्य में भी, दुर्लभ है, क्योंकि राजाओं का अधिकतम शौर्य शत्रुओं की विजय तक ही सीमित रहता है। यहाँ तो, अपनी कही वाणी में पुरूरवा के सामने पर्वत डोलते हैं, समय का व्याल कुण्डली मारे काँपता है, और उसकी बाँह में ('बाहु' शायद बेहतर होता) 'मारुत, गरुड़, गजराज का बल है।' यदि क्रोध के समय आदमी अन्धा हो जाता है तो सम्भवतः आत्मप्रशंसा के समय वह मूढ़ हो जाता है, क्योंकि, हो सकता है, वक्ष पुरूरवा का, जैसा वह कहता है, 'शिला-सा' रहा हो। पर, 'ये चट्टान-सी मेरी भुजाएँ' तो निश्चल ही पाठक को चकित कर देंगी, क्योंकि भुजाएँ चट्टान-सी नहीं होतीं। चट्टान संज्ञा चौड़ाई की है और भुजाओं का राज़ तो उनकी लम्बाई में है, आजानुभुज में। और यह आत्मश्लाघा जब अपने 'चरम' को पहुँच जाती तब जैसे उसका सत्य धुएँ-सा उड़ भी जाता है क्योंकि अगली ही पंक्तियों में पुरूरवा मिथ्या वासना में बोलने लगता है—अपने सम्भवतः 'दिनकर' के रूप में :

मर्त्य मानव की विजय का तूर्य हूँ मैं,
उर्वशी! अपने समय का सूर्य हूँ मैं।
अन ा तम के भाल पर पावक जलाता हूँ,
बादलों के सीस पर स्यन्दन चलाता हूँ।

(पृ. 53)

बात यह है कि पुरूरवा की चाहे यह अपनी स्थिति न रही हो, तत्त्व मीमांसा को प्रदर्शित करने वाला कवि उस व्याख्या की अपनी जानकारी क्यों न प्रदर्शित कर दे जिसका सम्बन्ध काव्य के सूक्ष्म अर्थान्तर से नहीं होता। और यह 'अपने समय' क्या बला है? पुरूरवा का समय क्या उसका 'अपना समय' नहीं है? फिर पुरूरवा इस प्रकार अपना शौर्य बखान कर भी अपने समसामयिक राजधर्म के विपरीत—जब कि अनधिगत पर अधिकार राजा का पहला धर्म माना जाता था—यह कैसे कह पाता है? :

नहीं बढ़ाया कभी हाथ पर के स्वाधीन मुकुट पर,
न तो किया संघर्ष कभी पर की वसुधा हरने को।
तब भी प्रतिष्ठानपुर वन्दित है सहस्र मुकुटों से,
और राज्य-सीमा दिन-दिन विस्तृत होती जाती है।

बग़ैर 'हाथ बढ़ाए' राजा की राज्य-सीमा का दिन-दिन विस्तृत होते जाना, जब कि बग़ैर लड़े चप्पा भर ज़मीन भी, सुई की नोक जितनी भूमि भी, तब कोई देने को तैयार न होता था, एक पहेली ही है, जिसका उलझाव और भी बढ़ जाता है जब, पुरूरवा के ही कथनानुसार, उसकी राजधानी हज़ार मुकुटों से मण्डित-बन्दित है। ऐसा तो नहीं कि जिस 'विक्रमोर्वशी' से स्थल उठाये गये हैं, उसी की पृष्ठभूमि अनायास इस सन्दर्भ में उठ आयी है? पढ़िए मूल :

सामन्तमौलिमणिरंजितपादपीठ-

मेकातपत्रमवनेर्न तथा प्रभुत्वम्।

आशा करता हूँ, संस्कृत उद्धरणों की काव्यारम्भ में भरमार करने वाला कवि मूल को समझ लेगा, इससे उसका अर्थ बताने की मैं आवश्यकता नहीं समझता।

मुहावरों को कवि ने तत्सम के लालच से अकसर बदल दिया है। उसका एक उदाहरण ऊपर दिया जा चुका है, एकाध और :

'प्रीति जब प्रथम-प्रथम जगती है' (पृ. 34)

कहना न होगा कि मुहावरा 'पहले पहल' का है। अगर यहाँ पहले पहल भी रख दिया जाता तो शायद मात्रा में वैषम्य निश्चय हो जाता पर बात बैठ जाती; वैसे जहाँ-तहाँ स्वयं मात्रा के वैषम्य के भी उदाहरण काव्य में उपलब्ध हैं, जैसे 'पहले प्रेमस्पर्श होता है, तदनन्तर चिन्तन भी (पृ. 62)। इसी प्रकार 'क्षीरमुख शिशु' (पृ. 19), 'पयमुख' (पृ. 129) आदि भी 'दूध मुँह' की जगह प्रयुक्त हुए हैं।

अंग्रेजी अनुवाद के एकाध स्थल ऊपर दिये जा चुके हैं; कुछ और नीचे दिये जा रहे हैं–'वाणी रजत मौन कंचन' (पृ. 156) निस्सन्देह एलोक्वेन्स इज़ सिल्वर बट साइलेंस इज़ गोल्ड' का अनुवाद है जैसे 'डाल न दे शत्रुता सुरों से हमें दनुज बाँहों में' (पृ. 147), शायद 'थ्रोइंग इन्टू दी रैंक्स ऑफ़ दि एनिमी' का ही भाषान्तर है, जैसे पृष्ठ 62 का 'कवि प्रेमी एक ही तत्त्व है,' शेक्सपियर की प्रसिद्ध उक्ति का सीधा अनुवाद है जिसमें कवि और प्रेमी दोनों के साथ अपने सन्दर्भ में कहीं घट न उठे, इस डर से जानबूझ कर श्री 'दिनकर' ने उस सन्दर्भ का 'ल्यूनेटिक' (पागल) शब्द छोड़ दिया है!

प्राचीन कथानक लिखने वाले हिन्दी के साहित्यकारों में तत्सम के प्रति एक बड़ी दुःखदायिनी कमज़ोरी आ जाती है। आवश्यक-अनावश्यक सभी स्थलों पर प्राचीनता का आभास उत्पन्न करने के लिए गिरा को गम्भीर बनाने के ब्याज से, अथवा जबान के राज़ को न पकड़ पाने के कारण, वे भाषा को तत्सम के कुयोग से भरकम बना देते हैं। इसी प्रवृत्ति का परिणाम है जो कवि के पल्ले पड़ मुहावरे बदल गये हैं, यद्यपि यदि वे साधु अनुकरण करना चाहें, तो उनके सामने नमूने की, 'मॉडल' की कमी नहीं है। तीन विविध सदियों में होने वाले अंग्रेज़ी के तीन महाकवियों–शेक्सपियर ड्राइडन, और शॉ–ने प्रायः एक ही प्रसंग को, विकास में बाल भर बदली भाषा के अन्तर से, एक ही प्रकार से अपने नाटकों–'एन्टेनी एण्ड क्लियोपेट्रा', 'ऑल फ़ॉर लव' और 'सीज़र एण्ड क्लियोपेट्रा' में लिखा है।

तत्सम के प्रति 'दिनकर' का भी इतना उन्मद आकर्षण है कि वे संस्कृत में भी साधारणतः दुर्लभ सन्नारी (पृ. 35), 'बिअल्लोक' (पृ. 145), 'असक श्रवण' (पृ. 159) लिखते हैं, जिससे कभी-कभी उस प्रवृत्ति का भी गोचर हो जाना कुछ अजब नहीं जिससे प्रभावित आज के तीव्र तत्समवादी भी 'धूमपान' की जगह 'धूम्रपान' कहते-लिखते हैं। इस प्रकार के दो उदाहरण 'उर्वशी' में भी उपलब्ध हैं–'घूर्णिमान सिर' (पृ. 152)–दोनों

शब्दों की संयुक्त रवानी पर ज़रा गौर कीजिए—'महार्ध' (पृ. 154); यद्यपि यह दूसरा, कुछ अजब नहीं जो, मुद्रण-दोष से सम्भव हो गया हो। तत्समों पर निस्सन्देह हिन्दी का अधिकार है पर निश्चय ही उन्हीं पर जो हिन्दी के क्षेत्र में आ गये हैं (शब्द की व्युत्पत्ति का भाव भी यही है), ध्वनि-लाभ अथवा अद्‌भुत और प्रभाव के लिए उनको संस्कृत से उठाया नहीं जा सकता, वरना अनुचित प्रयोगों से भाषा बिगड़ जायेगी जैसे इस काव्य की भी जहाँ सर्वत्र बिगड़ गयी है जहाँ 'स्पर्श' (पृ. 37, 46, 56, 100, 106, 120, 137), 'मृत्ति' (पृ. 10, 46, 56, 62, 73) 'उड्डीन' (पृ. 53), 'स्यात्' (पृ. 61, 81, 87, 93, 100, 143, 164) आदि शब्दों का उपयोग हुआ है। 'स्पर्श' की जगह प्रायः सर्वत्र 'परस' शब्द का इस्तेमाल हो सकता था जिससे उसकी कठोरता कोमल हो जाती और उसे खींच कर पढ़ने की भी आवश्यकता न होती। 'स्यात्' का तो इतना उपयोग हुआ है—एक जगह 'स्यात्-स्यात्' का भी (पृ. 87)—कि लगता है जैसे, कवि इस पुनरुक्ति-मोह द्वारा 'स्याद्‌वाद' की व्याख्या कर रहा हो। कुछ अजब नहीं, यह विशिष्टता राजधानी के राष्ट्रकवि से ली हो, जिसके काव्यों में 'स्यात्' शब्द की भरमार है और जिसका उत्तराधिकार हमारा नायक कवि धीरे-धीरे स्वायत्त कर चला है (उपाधि-वितरण में प्रवीण बिहार में 'देशमान्य', 'देशरत्न' आदि के साथ ही, कवि के लिए 'राष्ट्र-कवि' का उपयोग होने लगा है)। इस तृष्णा से यदि कवि मुक्त होता तो 'उद्‌गमस्थली अदृश्य' (पृ. 163) जैसे सैकड़ों कर्ण कटुस्थलों से काव्य की रक्षा हो गयी होती। इसके विरुद्ध कवि ने जहाँ-तहाँ ग्राम्य-उपयोग भी किये हैं, जैसे 'रार रोपेगा' (पृ. 129), 'प्राण-प्यारी' (पृ. 12), 'महारानी' (पृ. 100) आदि। इसी परम्परा में कुछ और भी प्रयोग हुए हैं, जैसे, 'प्रेमदेवता जी को' (पृ. 17), 'देह करेंगी ढीली' (पृ. 19), जो शालीन कथानक के सन्दर्भ में अक्षम्य होंगे। कुछ शब्दों को कवि ने जान-बूझकर, अथवा अपने विचार में शायद नरम करने के लिए बिगाड़ भी दिया है, जैसे 'चाँदनियाँ' (पृ. 7, 26), 'अप्सरियाँ' (पृ. 7, 56, 110, 111) आदि। यह परम्परा हिन्दी में सम्भवतः सोहनलाल द्विवेदी ने चलायी थी, जो, मैं समझता था, शायद उठ गयी, पर वस्तुतः लगता है, अब चल गयी। इतने बड़े काव्य में 'मलीन' शब्द का 'मलिन' (पृ. 14) हो जाना कुछ अजब नहीं, यद्यपि, शायद, उसे कवि ने अपने वर्ग के अधिकार से लिखा है। एकाध नमूने अनावश्यक पुनरावृत्ति के भी उपलब्ध हैं, जैसे 'विद्रुम-प्रवाल' (पृ. 24, 91), 'श्रमित श्रान्ति' (पृ. 38) आदि। पृष्ठ 168 के 'दुबारे' की जगह अगर 'दुबारा' होता तो शायद कुछ बिगड़ता नहीं।

कवि ने सर्वत्र 'हम हरी-हरी हैं', 'हम भरी-भरी हैं', 'हम भरती हैं', 'हम फिरती हैं' (पृ. 9), 'हम बरसाती फिरती' (पृ. 10), 'हम लौट रही थीं', (पृ. 12), 'हम नहीं सँजोतीं', 'हम उमंग भरती हैं', 'हम आलिंगन करती हैं', 'हम मिलतीं, 'रंग देतीं', 'हम पचतीं' (पृ. 15) 'हम हो जाती हैं' (पृ. 164), 'हम रचेंगी', 'हम चलीं',

(पृ. 165), 'हम रुकती हैं', (पृ. 166) आदि का प्रयोग किया है। मैं समझता हूँ कि यह खड़ी बोली का प्रयोग नहीं है, कम से कम उस खड़ी बोली का जो उसके केन्द्र मेरठ जनपद में बोली जाती है। वैसे, बिहार और पूर्वी उत्तर प्रदेश में ऐसा प्रयोग स्वाभाविक रूप से होता है, जो, यदि हम मेरठ जनपद को प्रमाण मानें तो, मुनासिब नहीं जान पड़ता। उसकी जगह उपयोग नारी हो कर भी नारी 'हम कहते हैं, भरते हैं, फिरते हैं' आदि करती है। 'समारोह-प्रांगण' (पृ. 68) गलत तो नहीं है पर राजधानी के 'मार्च-पास्ट' आदि का स्मारक है जिनमें शामिल होने का इस प्रवासी कवि को पर्याप्त अवसर मिला करता है।

दो पंक्तियों का उल्लेख यहाँ और करना चाहूँगा। एक इस प्रकार है 'अमृत-अभ्र कैसे अनभ्र ही मुझ पर बरस पड़ा है'? (पृ. 141) नहीं जान सका कि अमृत का 'अभ्र' जब उसके साथ ही जुड़ा हुआ है तब अमृत की वर्षा 'अनभ्र' कैसे हुई? दूसरी पंक्ति है—'सुख से देती छोड़ कनक-कलशों का उष्ण करों में' (पृ. 15)। मेरा तो तात्पर्य यहाँ वास्तव में समूची पंक्ति से नहीं, केवल उसके प्रतिवर्त 'कनक-कलश' से है। मैं समझता हूँ, संस्कृत के इस दोष का वहन हिन्दी ने बहुत काल तक किया। संस्कृत के अनुकरण में, तत्सम के प्रयोग के जोश की ही तरह, हिन्दी कवि 'कुच-कलश' की बात कहते हैं। कलश द्वारा स्तनों की उपमा नितान्त गँवारू है, चाहे उसका प्रयोग कालिदास तक ने क्यों न किया हो। कुच-कलश हो कर फिर कुच नहीं रह जायेगा; वक्ष पर नहीं, तब उसे सिर पर धारण करना पड़ेगा और फिर कवि उसे हाथ में भी न ले सकेगा, उसके लिए वाहक साथ रखना पड़ेगा, जिससे रस भंग होगा। लड़की तो जाने दें, कोई प्रौढ़ा भी घड़े द्वारा अपने स्तनों की उपमा से खीझ उठेगी। वस्तुतः इसका अर्थ मातृपदीय है, वैसे ही इसका व्यवहार भी होना चाहिए। फिर, कलश चाहे मिट्टी का हो, चाहे 'कनक' का, है वह घड़ा ही। 'कनक' का होने से तो उसे गरम हाथ में लेने वाले की कठिनाई बढ़ ही जायेगी, क्योंकि गरम हाथों को आवश्यकता धातु कलश की नहीं, ऐसे पदार्थ के कलश की है जिसके स्पर्श से उष्ण कर ठण्डे हों, जैसे साहित्य में, काम की परम्परा में, गर्मी में भी नारी शीतल हो कर उन्मुख नर को, उष्ण कर को, ठण्डा करती है।

तथ्य : इसमें चार प्रसंगों पर विचार करना होगा—1. कथानक, 2. चरित्र-चित्रण, 3. दर्शन और 4. कालविरुद्ध दोष पर। हम सबसे पहले अन्तिम प्रसंग पर विचार करेंगे।

'उर्वशी' का गीतिनाट्य यद्यपि शुद्ध ऐतिहासिक नहीं है, पर उसका कथानक पुराणसम्मत होने के कारण उसका रूप ऐतिहासिक ही है। पुराणों के वंशक्रम के अनुसार पुरूरवा ऐतिहासिक व्यक्ति भी है जो स्वयं ऐल वंश का है और चन्द्रवंश उसी से प्रारम्भ होता है। 'ऋग्वेद' में राजा के रूप में पुरूरवा ऐतिहासिक व्यक्तित्व रखता है। इससे 'उर्वशी' को ऐतिहासिक दृष्टि से भी तनिक देख लेना अनुचित न होगा। यह आवश्यक नहीं कि ऐतिहासिक साहित्य अथवा इतिहास के तथ्य को नाटक

या कथा का आधार बनाने वाला साहित्यकार सर्वथा इतिहास की लीक पर चले। यदि वह चाहे, तो जहाँ इतिहास मूक है, वहाँ अपनी मेधा का अनुसरण कर सकता है, यदि विषय विवादास्पद हों, तो उस पर अपना सुचिन्तित पथ ग्रहण कर सकता है। पर, उसे साधारणतः दो बातें नहीं करनी चाहिए। एक, जो स्पष्ट ऐतिहासिक सत्य है उसके विपरीत नहीं जाना चाहिए। दूसरे, कृति में कालविरुद्धदूषण का परिहार करना चाहिए! दोनों के अर्थ साहित्यकार को अपने विषय का, इतिहास के सन्दर्भ में, भरपूर अध्ययन करना चाहिए। 'प्रसाद' के नाटकों के सम्बन्ध में, और चाहे जो कहा जाए, यह स्वीकार करना पड़ेगा कि प्रतिपाद्य विषय का वे बड़ी सावधानी से अध्ययन करते थे जिससे उनकी रचनाओं में कालविरुद्धदूषण अत्यन्त कम है। 'उर्वशी' का कवि संस्कृति का आचार्य है। इससे आशा तो यह की जाती है कि उसकी रचना में कालविरुद्ध दोष नहीं होंगे पर हक़ीक़त यह है कि जानकार के लिए कालविरुद्ध दोषों का 'उर्वशी' में साधारण पारायण में भी एक समूचा जंगल मिलेगा। इस दिशा में 'प्रसाद' और 'दिनकर' में संख्यातीत गुणतः अन्तर है।

मम्मट ने, लोक विश्वास के अनुसार, नैषधकार से कहा था कि बेटे, तुम अब तक कहाँ थे? अगर तुमने अपनी रचना मुझे पहले दिखा दी होती, तो मेरी कृति के दोष-सम्बन्धी प्रकरण के उदाहरणों के लिए इतना परिश्रम नहीं करना पड़ता, एक ही जगह सब मिल गये होते। जहाँ तक कालविरुद्ध दोषों का विषय है, वही बात 'दिनकर' की इस कृति के सम्बन्ध में भी कही जा सकती है। अब जरा उन दोषों पर विचार कीजिए। संसार जानता है कि 'यवन' शब्द आयोनिया के ग्रीकों के लिए प्रयुक्त हुआ करता था और सिकन्दर से पहले के संस्कृत साहित्य में कम से कम उनके प्रभाव से प्रजनित, स्टेज कर्टेन यानी पर्दे के लिए, 'यवनिका' शब्द का उल्लेख नहीं हुआ है। यह शब्द संस्कृत नाटकों से भिन्न साहित्य में अन्यत्र कहीं नहीं, और 'ऋग्वेद' संस्कृत के प्राचीनतम नाटक से कम से कम दो हजार वर्ष पुराना है। आश्चर्य है कि उसका चरित्र पुरूरवा 'यवनिका' शब्द का इस्तेमाल स्वाभाविक रूप से करता है (पृ. 148)।

कवि, इसी प्रकार, लेखन का भी उल्लेख करता है, 'पत्रक पर अंकन' (69) का, जो सर्वथा कालविरुद्ध है। मात्र कालिदास का उदाहरण इसे सही नहीं कर सकता, कारण कि आज हम अनेक सन्दर्भों में कालिदास से कहीं अधिक इतिहास का ज्ञान रखते हैं। ऋग्वैदिक समाज में अभी लेखन का प्रचलन नहीं हुआ था जिस कारण उस समूची संहिता में कहीं भी लिखने, लिखे हुए को पढ़ने, अथवा केवल पढ़ने, कलम-स्याही आदि किसी वस्तु का उल्लेख नहीं हुआ है। और कवि तो न केवल संदिग्ध रूप से लेखन का, बल्कि स्पष्ट रूप से 'लिपिका' का उल्लेख करता है (पृष्ठ 61)। पृष्ठ 6 पर जो कविता की 'पंक्तियों' का उल्लेख हुआ है, वह भी उसी दिशा का दोष है, क्योंकि पंक्ति का परिचय अथवा बोध मात्र लिखी रेखाओं द्वारा होता

है। और कवि वस्तुतः लिपि तक ही नहीं रुकता, बल्कि 'ग्रन्थ' और उससे भी बढ़ कर उस 'मुद्रित पृष्ठ' (पृ. 134) का उल्लेख करता है जो लिखने और ग्रन्थ-निर्माण के हज़ारों साल बाद की स्थिति है, जिस कला का निर्माण चीनियों ने ईसा के बाद की सदियों में किया और जिसका सही रूप यूरोप ने पुनरुत्थान काल में, आज से कुछ क़रीब पाँच सौ साल पहले प्रस्तुत किया। इसी प्रकार कुछ लाक्षणिक शब्दों के प्रयोग हैं, जो सर्वथा कालविरुद्ध है।

'भट्टारक-भट्टारिका' (पृ. 39) शब्द संस्कृत में बहुत प्राचीन नहीं हैं और अधिकतर गुप्तकालीन तथा उसके आसपास के ही साहित्य में व्यवहृत हुए हैं। कवि ने उन्हीं के साथ 'कंचुकी' (पृ. 40) शब्द का भी निर्बन्ध व्यवहार किया है। 'विक्रमोर्वशी' में इन तीनों शब्दों का व्यवहार कालिदास के नाटकों में तत्कालीन ज्ञान की कमी के कारण यदि हुआ भी है तो कोई वजह नहीं, कि भारतीय इतिहास की खोजों की उपलब्ध अनन्त सम्पदा के बावजूद, हमारी संस्कृति का यह आचार्य भी उनका उपयोग करे। यह क्षम्य नहीं। नाटक होते ही रचना उस शब्द के व्यवहार की अधिकारिणी नहीं हो जाती जिसका कथानक के समय अस्तित्व भी न था।

इसी प्रकार, 'महामात्य' (पृ. 133) बहुत प्राचीन पदाधिकारी नहीं है। ऋग्वैदिक काल में महामात्य तो क्या, साधारण मन्त्री पद का भी अभाव था, जिसकी पूर्ति राजा के अन्य दरबारी-पुरोहित, सेनापति, महिषी आदि करते थे। 'पौरजनों' (पृ. 146) का अस्तित्व 'पुर' की सम्भावना से ही सम्भव था। 'ऋग्वेद' में यदि 'पुरों' का उल्लेख हुआ भी है तो निश्चय ही आर्यों के 'पुरों' का नहीं, अनार्यों के 'पुरों' का, जिनका विध्वंस करने से आर्यों के देवता इन्द्र का नाम 'पुरारि' पड़ा था। 'पौर-जानपद' रामायण-महाभारत वीरकाव्यों की राजनीति के प्रसंग हैं।

'मणि-कुट्टिम' (57) पच्चीकारी का प्राचीन संस्कृत नाम है जिसका उपयोग भारतीय वास्तु में बहुत पीछे हुआ है। 'मणि', एक प्रकार के क़ीमती पत्थर को कूट कर फ़र्श में वज्रलेप (एक प्रकार का सीमेण्ट) के साथ बिछा दिया जाता था। वैसे, सम्भवतः उत्तरी इराक़ के असूरिया के असुर सम्राटों के राजप्रासादों में इस प्रकार की पच्चीकारी का उपयोग भी हुआ था जिनके वास्तुविशारद मय ने, भारतीय शिल्प परम्परा के अनुसार, उसका इस देश में प्रचलन किया। परन्तु वास्तव में 'मणि-कुट्टिम' का पहला ऐतिहासिक उपयोग रोमनों ने किया जिसका एक नमूना पहली सदी ईसवी में भूकम्प से विध्वस्त नगर पाम्पेई में मिला है, दूसरा चौथी सदी ईस्वी के रोमन सम्राट कोंस्तानतीन की ईसाई माता द्वारा इज़रायल में गैलिली सागर के तट पर बनवाये गिरजे की बची फ़र्श के अवशेष में सुरक्षित है। हमारे कवि ने 'मणि-कुट्टिम' शब्द को निस्सन्देह कहीं सुन लिया है और प्रदर्शन द्वारा उपलब्ध यश के लोभ को संवरण न कर सकने के कारण उसका कालविरुद्धदूषित उपयोग वह कर ही बैठा।

इसी ज्ञान-प्रदर्शन के लोभ से ही एक व्यापक कालविरुद्धदोष 'उर्वशी' में उस

प्रसंग में बन पड़ा है जहाँ कवि अत्यन्त निर्द्वन्द्व हो कर कला के सम्बन्ध में अपने विचार व्यक्त करता है :

मैं कला-चेतना का मधुमय, प्रच्छन्न स्रोत,
रेखाओं में अंकित कर अंगों के उभार,
भंगिमा, तरंगित वर्तुलता, वीचियाँ लहर,
तन की प्रकान्ति रंगों में लिए उतरती हूँ।
पाषाणों के अनगढ़ अंगों को काट-छाँट
मैं ही निविडिस्तनता, मुष्टिम यमा,
मदिरलोचना, कामलुलिता नारी
प्रस्तरावरण कर भंग
तोड़ तम को उन्मत्त उभड़ती हूँ।

भारतीय कला के समीक्षकों के समक्ष पहली प्रमाणित आत्मसिद्धि यह है कि समूचे पूर्व वैदिक काल में कला का सर्वथा अभाव है, इतना कि आज तक देश में मिले लाखों भग्नावशेषों में कहीं भी उस काल का चित्रण, अथवा मूर्तिकला का संकेत तक उपलब्ध नहीं। और हमारे कवि ने इस इतमीनान के साथ तत्कालीन कला का उर्वशी के मुख से वर्णन कराया है कि बस व्यंग्यकार पोप की एक उक्ति अनायास याद आ जाती है, पर उसका उल्लेख नहीं करूँगा इस इशारे के साथ अक्लमन्दों के बूझने के लिए छोड़ दूँगा। यह समूचा वर्णन उत्तर मध्यकालीन भारतीय कला का है, मूर्ति के सम्बन्ध में। वैसे, कवि ने अपने इस ज्ञान को दो भागों में बाँट दिया है जिसमें पहली चार पंक्तियों का सम्बन्ध तूलिका और लम्बकुर्च द्वारा अंकित चित्रालेख्यों से है, पिछली पाँच काकोरी जाने वाली मूर्तियों से। वस्तुतः इसका भी एक राज़ है जो शायद कवि स्वयं नहीं जानता, मैं बताए देता हूँ...उसका सारा जो यह काव्यगत यौन व्यापार है, उसका सम्बन्ध कामांकन करने वाली उस मूर्तिकला से है जो पिछले मध्यकाल में उड़ीसा और खजुराहो में अभिव्यक्त हुई और जिसकी अप्सराओं, अथवा कवि के शब्दों में अप्सरियों, का जादू कवि के सिर चढ़ भरपूर बोला है। लगता है, कवि को लगा कि गणिका होने के कारण उर्वशी को कला-चेतना होनी ही चाहिए, फिर, उसकी कला को वह नर्तन तक ही सीमित क्यों रखे, उसने उसका परिवेश चित्रण नर्तन तक फैला कर उल्वण कर दिया।

'अयस्कान्त' (पृ. 45) संस्कृत में चुम्बक को कहते हैं। 'ऋग्वेद' में 'अयस्' का प्रयोग तो हुआ है पर लोहे के अर्थ में नहीं यह प्रायः निर्विवाद है। सम्भवतः वह ताँबे का द्योतक था। अयस् का लोहे के अर्थ में संस्कृत में प्रयोग पीछे हुआ और उससे भी पीछे अयस्कान्त का चुम्बक के अर्थ में। पर हमारा कवि अयस्कान्त के भी सपने ऋग्वैदिक काल में ही देख रहा है! 'शरभ' (पृ. 96) संस्कृत कवि परम्परा और लौकिक प्राचीन जनविश्वास को व्यक्त करता है। यह आठ पैरों का उछलने वाला पशु माना गया है जिसका वर्णन, अन्य कवियों के अतिरिक्त, कालिदास ने

भी 'मेघदूत' में किया है। इस शब्द का प्रयोग 'ऋग्वेद' में नहीं हुआ है जिससे उस काल के जन-विश्वास का भी यह परिचायक नहीं हो सकता। केवल संस्कृत कवियों द्वारा, वह भी अपवाद रूप में, प्रयोग हिन्दी के कवि को बाध्य नहीं करता कि उसका उपयोग बरबस वह भी करे।

कवि के दर्शन की बात तो मैं उसके दर्शन के प्रसंग में कहूँगा, यहाँ उसके दर्शन सम्बन्धी कालविरुद्धदोष की चर्चा करूँगा, वह भी अत्यन्त संक्षेप में, क्योंकि कवि की दार्शनिक ज्ञान के प्रदर्शन की कमज़ोरी इतनी बड़ी है कि वह आत्मा-परमात्मा, ईश्वर-परमेश्वर, कर्म-अकर्म, प्रकृति-पुरुष, द्वैत-अद्वैत, विधि-निषेध, माया आदि सबका वर्णन इस स्वच्छन्दता से करता है कि इसकी भी परवाह नहीं करता कि उन शब्दों का प्रयोग अथवा उन दार्शनिक तथ्यों का ज्ञान तब सम्भव भी था या नहीं। यहाँ हम केवल कालविरुद्धदोष के रूप में कवि की कुछ धारणाओं का उल्लेख करेंगे। आरम्भ में ही कह देना चाहूँगा कि कवि के लिए जितना विगत है वह सारा प्राचीन है, और उसकी प्राचीनता इतनी अखण्ड है कि उसमें किसी प्रकार का पूर्वपर का विभाजन नहीं। द्वैत-अद्वैत (पृ. 70 की) बकवास जो 'उर्वशी' के पृष्ठों पर आर-पार छायी हुई है, उसका ज्ञान 'ऋग्वेद' के पण्डितों को नहीं था। यह सही है कि 'ऋग्वेद' में 'द्वा सुपर्णा सुयुजा सखाया' द्वैत का बीज मन्त्र है जिसमें ऋषि प्रकृति, ईश्वर और पुरुष के द्विधा रूप की कल्पना करता है, उन पक्षियों के रूप में जो पीपल (प्रकृति) पर बैठे हैं और जिनमें से एक (आत्मा) उसका गूदा (फल) खाता है, दूसरा (परमात्मा) मात्र देखता है। एकमात्र यही उदाहरण वहाँ मिलता है, पर यह केवल बीज रूप में है जिसका विकास सहस्त्राब्दियों बाद भारतीय दर्शन में हुआ। वस्तुतः भारत में अद्वैतवाद की सनक का प्रचार व्यापक रूप से नवीं सदी ईस्वी में शंकर के दार्शनिक अभियान के बाद हुआ, उस मिस्त्री फ़राऊन इख़नातून के कोई सवा दो हज़ार साल बाद, जिसने 13वीं सदी ईस्वी पूर्व में सूर्य बिम्ब के पीछे देवत्व की एकमात्र (अद्वैत) सत्ता देखी थी। पुरूरवा-उर्वशी का दर्शन विलास, और वह भी अद्वैत दर्शन सम्बन्धी, उस काल कोई अर्थ नहीं रखता, नितान्त स्थानभिन्न है। फिर, बीज रूप में भी द्वैत का यह स्वरूप पुरूरवा को ज्ञात हो, समकालीन होने के बावजूद, यह कुछ आवश्यक नहीं, क्योंकि जो 'ऋग्वेद' हमें आज उपलब्ध है, उसके अनेक स्तर हैं, अनेक निर्माण काल हैं, और वह समस्त वेद बिखरी ऋचाओं की 'संहिता' है, एक मेधा से प्रसूत नहीं, जिससे वहाँ किसी ज्ञान का होना सबकी जानकारी का आधार माना जाए। उसका ज्ञान संहिताकार व्यास, पैल, वैशंपायन आदि को हो सकता था। पर ऋग्वेद के व्यक्ति पुरूरवा को नहीं। पर कवि तो इस हद तक अद्वैतवाद के मोह से आक्रान्त है कि सुभाषित की याद आ जाती है :

प्रासादे सा पथि पथि च सा पृष्ठतः सा पुरः सा।
सा सा सा सा जगति सकले कोऽयमद्वैतवादः।।

प्रकृति और पुरुष को जो स्वरूप कवि ने प्रस्तुत किया है (पृ. 77, 81) वह बहुत

पीछे कपिल के सांख्य दर्शन में निरूपित हुआ, और वहाँ पुरुष मात्र आत्मा है, प्रकृति का पति ईश्वर नहीं। वस्तुतः वह काल बहुदेववादी होने के कारण विभिन्न देवों को जानता था और प्रत्येक देव की उपासना के समय देवाधिदेव कह कर उसे पूजता था। दार्शनिक ईश्वर का तब तक नाम ही कोई नहीं जानता था, ईश्वर, परमेश्वर (पृ. 77, 81, 83) आदि शब्द दार्शनिक रूप से नितान्त अनजाने थे। इसी प्रकार 'माया' (पृ. 78) शब्द का प्रयोग भी 'ऋग्वेद' में दार्शनिक शंकरादि वाले सत्याभास के अर्थ में कहीं नहीं हुआ है, दैत्यों के जादू आदि के अर्थ में हुआ है। हमारा कवि 'माया' को शुद्ध दार्शनिक रूप में लेता है।

'आत्मा' की देह से भिन्न स्थिति ऋग्वैदिक परम्परा की नहीं, उपनिषदों और उससे दुही भगवद्‌गीता की है। आत्मा का तो सम्भवतः 'ऋग्वेद' में उल्लेख तक नहीं। वह कवि का अपना क्षेत्र है (पृ. 122) जिसके साथ ही वह गीता सम्बन्धी अन्य विचारों को भी अपने दार्शनिक लपेट में ऋग्वेदकालीन पुरूरवा के सन्दर्भ में खींच ले जाता है। 'कर्म-अकर्म' की व्याख्या (पृ. 80), 'निष्काम कामसुख' (पृ. 86) आदि स्थल, गीता के ही विषय हैं जो 'उर्वशी' की कालभूमि से सहस्रों योजन दूर हैं। उसी प्रकार पृष्ठ 80 पर 'विधि-निषेध' का निरूपण भी तब तक सार्थक नहीं हो सकता जब तक कवि उन धर्मसूत्रों-गृह्यसूत्रों-कल्पसूत्रों का काल-संज्ञक वर्णन न कर रहा हो, जिनमें प्राचीनतम छठी-पाँचवीं सदी ईस्वी पूर्व के बौद्धायन और आपस्तम्ब के हैं। पृष्ठ 87 पर तो कवि ने मध्यकालीन और उससे पूर्व की गीताकालीन, साथ ही उसके पश्चात् प्रायः आज की शोधित वैष्णव धर्म की, व्याख्या प्रस्तुत कर दी है–

सत्य, स्यात्, केवल आत्मार्पण, केवल शरणागति है। उसके पद पर, जिसे प्रकृति तुम, मैं ईश्वर कहता हूँ।

स्यात् के बावजूद, जो इन पंक्तियों में वैष्णव विश्वास की असंदिग्ध शक्ति है, उसके परे आज की बहस की भी ध्वनि कवि ने निचली पंक्ति में प्रकृति और ईश्वर के भेद द्वारा प्रस्तुत कर दी है। वस्तुतः उस धोरण (स्टैण्ड) को भी जो 18वीं सदी में प्रकृति (नेचर) के सम्बन्ध में डेइस्ट वोल्तेयर ने लिया था। और पृष्ठ 82 की यह 'आदि भित्ति' क्या बला है? लगता है, जैसे, कवि उस अवर्णनीय 'आदि भित्ति' के भी आर-पार देख लेता है, यद्यपि उसकी इबारत को वह पेंच दे कर दार्शनिक विज्ञप्ति की तरह प्रस्तुत करता है–और, अन्त में, अनारव्येय जो आदिभित्ति आती है।

काश कि कवि अपना यह 'ज्ञान का केंचुल' उतार फेंकता जिसका उल्लेख उसने पृष्ठ 165 पर बड़ी सूझबूझ से किया है। दर्शन के सम्बन्ध में कवि ने जो बकवास, विशेषकर पृष्ठ 77-92 पर प्रायः 15 पृष्ठों के परिमाण में, की है वह वागाडम्बर और शब्दजाल का अद्‌भुत उदाहरण है, मात्र प्रलाप, असीम कीचड़!

इसी सिलसिले में काव्य में दार्शनिक दृष्टिकोण की भी कुछ चर्चा मुनासिब होगी। पहले तो प्रश्न यह है कि क्या काव्य में जीवन दर्शन से भिन्न मात्र चिन्तन दर्शन अपेक्षित है? हिन्दी में इधर कुछ विशेष काव्य-साहित्य में दर्शन लिखने की प्रकृति

ही नहीं, जैसे लाचारी भी, जग पड़ी है। यह न तो पूर्व की परम्परा है, न पश्चिम की। न संस्कृत की और न हिन्दी के ही सूर, तुलसी आदि विशिष्ट कवियों की। साहित्य दर्शन से भिन्न रस द्वारा अभिव्यंजित रचना-विधा है। दर्शन उसमें रसभंग उत्पन्न करता है। मुझे लगता है कि काव्य यदि दर्शन के कारण विशिष्ट है, तो निश्चय ही उसका काव्यत्व निकृष्ट है, वैसे ही यदि दार्शनिक कृति अपने काव्यगुण के कारण विशेष प्रशंसित है तो निश्चय ही उसका दर्शन निकृष्ट है। दर्शन की ही तथाकथित विशिष्टता प्रसाद की 'कामायनी' का मानदण्ड बन गयी है; उसके दर्शन की ही अधिक, काव्य की कम, चर्चा हुआ करती है। 'कामायनी' काव्य की दृष्टि से घटिया कृति है, और जहाँ तक दर्शन की बात है, मुझे एंगेल्स की बात दुहरानी पड़ेगी। वैसे, दर्शन पढ़ने के लिए 'कामायनी' की अपेक्षा दर्शन की दिशा में सर्वथा शून्य व्यक्ति ही करेंगे। यही बात 'उर्वशी' के सम्बन्ध में भी कहना चाहूँगा, यानी कि वह भी अधिकतर दर्शन के प्रदर्शन के लिए ही, और इस दिशा में 'कामायनी' से बाज़ी मार ले जाने के लिए लिखी गयी है। फ़र्क इतना है कि जहाँ उसमें भाषा की रवानी 'कामायनी' से बेहतर है, 'कामायनी' का तथाकथित दर्शन उसकी भाषा के साथ कसा हुआ है। 'उर्वशी' में अप्रासंगिक रूप से, इस क़दर घटिया, अकारण कथानक के सन्दर्भ के परे का, प्रकृति-पुरुष, आत्मा-परमात्मा का अति सामान्य उद्गिरण हुआ है कि यदि उसे काव्य से सर्वथा निकाल दिया जाये तो भी जो 'उर्वशी' का यत्किंचित् काव्यत्व है उसका रंचमात्र भी क्षति न पहुँचे।

पर प्रश्न तो यह है कि उच्छिष्टवमन की आवश्यकता क्या थी? इस अनन्त चर्वितचर्वण के बिना काव्य का कौन-सा उल्लास अपूर्ण रह जाता? अज्ञानियों के ऊपर सम्भवतः इससे कुछ प्रभाव पड़ जाये पर जो दर्शन और साहित्य को जानने वाले हैं, उनके लिए तो 'उर्वशी' अत्यन्त भोंडा और फूहड़ तत्त्वबोध, तत्त्वबोध अगर वह है, प्रस्तुत करती है।

फिर प्रश्न यह है कि अप्सरा उर्वशी का यह रूप क्यों? उसकी तो सृष्टि ही पौराणिक परम्परा में इसलिए की गयी है कि मृत्यु के परे भी 'अभिलाख' का जीवन जिया जा सके। वह जीव्य-कामना की व्याप्ति के सन्दर्भ में रची गयी है। इस देश का सारा साहित्य, रवीन्द्र तक, इसी कारण उसके मांसल छलिया रूप को साधता है, उसी वंचक रूप की ओर 'ऋग्वेद' ने भी संकेत किया है। उसकी कामैकता और रससृजन की अनन्यता के साथ 'उर्वशी' के कवि 'दिनकर' ने अपने बृहन्नलासम्भव पुरूरवा की भाँति ही व्यभिचार किया है। फ्रांस में एक कहानी कही जाती है। रूसो ने अपने प्रेयसी से, उसके सामाजिक प्रश्नों को यह कह कर चुप कर दिया था कि 'मदाम, मेज पर तर्क, पर्यंक पर केलि, कृपया!' मैं पसन्द करता अगर पुरूरवा की लफ़्फ़ाजी उर्वशी इस एक वाक्य से बन्द कर देती।

ना, पर हमारा कवि क्यों चूके और इस दर्शन के देश में, दर्शन की बहती गंगा में अपने हाथ भी क्यों न धो ले? शब्द में गाँठ दे कर बोलने की तो यहाँ परिपाटी ही रही है, कवि स्वयं कहता भी है :

स्पष्ट शब्द मत चुनो, चुनो उनको जो धुँधियाले हैं (पृ. 92); अब बताइए, जहाँ यह संकल्प और 'प्रतिज्ञा' है, वहाँ 'पूर्वपक्ष' झख न मारे तो और क्या करे? इसी कारण कवि पुरुष को पुरुष नहीं मानता, नारी को नारी नहीं मानता (पृ. 63, 150, और 'ख'), बल्कि 'पुरुष के भीतर एक पुरुष' और 'नारी के भीतर एक नारी' मानता है। समझदार दार्शनिक एक सादी-सी बात पूछेगा कि जो पुरुष के भीतर पुरुष है वही उसके पुंस्त्व का परिचायक पदार्थ क्यों नहीं, और जो नारी के भीतर नारी है वही उसके नारीत्व का परिचायक पदार्थ क्यों नहीं? दोनों का स्वभाव ही उनके अपने-अपने अनुकूल रूप का स्रष्टा क्यों न माना जाए, जिससे यह दो चेहरे वाली बात कहने की जरूरत न पड़े? पर मुश्किल तो यह है कि दो चेहरों को हमारा कवि दोष न मान कर, अनिवार्य आवश्यकता मानता है—'युक्ति तो यही कहती है कि नक़ाब पहन कर असली चेहरे को छिपा लेने से पुण्य नहीं बढ़ता होगा, फिर भी हर आदमी नक़ाब लगाता है, क्योंकि नक़ाब पहने बिना घर से निकलने की, समाज की ओर से मनाही है (पृ. 'ज') (यहाँ क्या यह पूछना मुनासिब होगा कि कवि ने वह नक़ाब हटाने का स्वयं कितना प्रयत्न किया है?) वस्तुतः काव्य का, लगता है, कवि की राय में, अंकगत अंश जितने महत्त्व का है उतने ही महत्त्व की उसकी 'भूमिका' है। पर भूमिका की ओर से हाथ खींच लेना ही मुनासिब है वरना उसको तार-तार कर देना समीक्षक का कर्त्तव्य हो जायेगा। बस इतना ही कह देना पर्याप्त है कि जो दृष्टिकोण 'फ़िज़िकल को लाँघ कर मेटा-फ़िज़िकल' (पृ. 'ङ') में प्रतिष्ठित होता है वह उस प्रतिष्ठा की ओर इशारा न कर कवि के छलवाद की ओर इशारा करता है।

चरित्र-चित्रण : 'उर्वशी' के प्रधान पात्र तीन हैं, स्वयं उर्वशी, पुरूरवा और औशीनरी। इनमें पुरूरवा और उर्वशी नायक-नायिका हैं और औशीनरी राजा की, दोनों द्वारा वंचिता, रानी है। शेष सारे चरित्र वस्तुतः चरित्र नहीं, मात्र सूचना के अवलम्ब हैं—निपुणिका, अप्सराओं से कंचुकी तक। वैसे, काव्य का रूप नाटक का-सा होने के कारण मंच पर उनका साकार दिख जाना स्वाभाविक है। उर्वशी अन्य अप्सराओं से तनिक भी भिन्न नहीं, सिवाय इसके कि वह उनका लम्बीकृत व्यक्तित्व है, जैसे रटाया हुआ तोता। पर उस दृष्टि से उससे कहीं बड़ा तोता पुरूरवा है, जो पहले कामविद्ध सहज कपोत है फिर विरत किन्तु प्रगल्भ तोता हो कर रह जाता है।

औशीनरी हतभागिनी है और इस देश के समूचे इतिहास में नारी के उस ऋग्वैदिक अत्यन्त प्रकर्ष काल में नितान्त उपेक्षिता है, जो स्थिति संस्कृति के जानकार को अमान्य होगी। जहाँ पौलोमी की तरह पत्नी अपनी सपत्नियों को प्रताड़ित कर दृप्त वाक्य बोलती है—अहं केतुरहं मूर्धा अहंमुग्राविवारुचिनी, जहाँ संसार के साहित्य में अप्रतिम वाक् घोषित करती है—अहं रुद्रायधनुरातनोमि ब्रह्मद्विषै शरवे हन्तवाउ, अहं जनाय समदंकृणोमि अहं द्यावा पृथिवी आविवैश। वहाँ औशीनरी पातिव्रत का रोना रोती है, नारी के दुर्भाग्य को कोसती है, चान्द्रायण और पतिप्रसादन व्रत करती है (देखिए पृ. 29, 33, 40)। शायद यह इस कारण कि कालिदास ने इन सारी स्थितियों

का वर्णन किया है। यद्यपि जहाँ 'उर्वशी' का अशिष्ट और कृतघ्न पुरूरवा अपने गन्धमादन के विलास के अवकाश में औशीनरी को, उसके दुःख में, अपने सुख संवाद भेज उस पर निर्मम व्यंग्य करता है, कालिदास का राजा अपनी परिस्थिति से मजबूर, जैसे लजा कर, अत्यन्त कोमल पदावली में अपनी पत्नी का दुःख आंशिक रूप से हरता है :

अनेन कल्याणि मृणालकोमलं
व्रतेन गात्रं ग्लपयस्कारणम्।
प्रसादमाकाङ्क्षति यस्तवोत्सुकः
स किंत्वया दासजनः प्रसाद्यते।।

और हमारा कवि, इसके बावजूद, नारी के स्वभाव का विश्लेषण करने का प्रयत्न करता है (पृ. 155, 158, 163, 164), उसके अधिकारों को गँवा देने पर आँसू डालता है (पृ. 164) और, हास्यास्पद रूप से, जैसे अंग्रेज़ी के माध्यम से, उसके 'स्वर्णिम भविष्य' (पृ. 165) की पवित्र कामना करता है!

कथानक : इस प्रसंग पर कुछ विशेष नहीं कहना है, क्योंकि बहुत कुछ ऊपर दूसरे सन्दर्भों में यह अनायास आ गया है। इतना ही कह देना काफ़ी होगा कि कथानक 'ऋग्वेद' के दसवें मण्डल, 95वें सूत्र से चल कर कालिदास की 'विक्रमोर्वशी' और सन् 40 में प्रकाशित संग्रह 'सवेरा' के 'विक्रमोर्वशी' कहानी की राह भटकता 'उर्वशी' तक पहुँचा है। पुरूरवा का काममद, उसके कामोत्तेजक बीज, अथवा कारण के प्रति जिज्ञासा—उससे उसकी विरक्ति नहीं—मानव के झंजायित क्षणिक सुखवाद, प्रसाधन में 'लीलाकमल' आदि का एकान्त वर्णन हिन्दी की उस 'विक्रमोर्वशी' कहानी में हुआ—जिसके मूल सन्दर्भों को 'उर्वशी' के प्रकाश में उद्धृत करने के लिए, इस लम्बी समीक्षा के बाद, न तो अवकाश है न कामना।

('कल्पना'—138, अप्रैल 1963 ई.)

पत्र

डॉ. भगवतशरण उपाध्याय की समीक्षा पर 'कल्पना' कार्यालय को ढेरों पत्र मिले। उनमें से कुछ पत्रों को संपादक मंडल ने प्रकाशन-योग्य माना और 'कल्पना' के अगले अंकों में प्रकाशित किया। जिन पत्रों का स्वर अधिक तीखा और गाली-गलौज के स्तर का था, उन्हें छोड़ दिया गया। 'उर्वशी'-समीक्षा से सम्बन्धित पाँच पत्र यहाँ दिए जा रहे हैं। देवदत्त, गोपालराय और शैलेन्द्रनाथ श्रीवास्तव के पत्र एक ही अंक में प्रकाशित हुए, जबकि विष्णु किशोर बेचन दुष्यंत कुमार के पत्र बाद के अंक में पत्रों को प्रकाशित करते हुए संपादक-मंडल ने उन पर एक संक्षिप्त टिप्पणी भी लिखी। उस टिप्पणी समेत 'उर्वशी'-समीक्षा से सम्बन्धित वे पाँचों पत्र यहाँ प्रस्तुत हैं। पत्रों के लिए 1, 2, 3, 4 और 5 की संख्या हमारी ओर से दी गई है। जो पत्र शीर्षकों के साथ प्रकाशित हैं, उन्हें शीर्षक-सहित दिया जा रहा है। दुष्यंत कुमार ने 'उर्वशी'-समीक्षा के बाद 'कल्पना' (सितम्बर 1963) में प्रकाशित तीन कविता संग्रहों की भगवतशरण उपाध्याय लिखित समीक्षा पर चुटीली टिप्पणी की है और उनके काव्यबोध का मजाक उड़ाया है। उस पत्र में कुछ अवांतर प्रसंग भी हैं, लेकिन उनसे उस समय की पुस्तक-समीक्षा तथा 'कल्पना' सहित दूसरी पत्रिकाओं की बेबाक आलोचना सामने आती है, इसलिए उस पत्र को ज्यों का त्यों दिया जा रहा है।

-संपादक

यह अंक

कल्पना 138 में प्रकाशित श्री दिनकर की 'उर्वशी' पर श्री भगवतशरण उपाध्याय का आलोचना-निबन्ध, कहते हैं, काफ़ी चर्चा और विवाद का विषय बना हुआ है। इस अंक में प्रकाशित पत्रों में तीन पत्र इसी सम्बन्ध के हैं। हमारे यहाँ आलोचना और निन्दा को पर्यायवाची मानने की आदत है। तुरन्त लोग नीयत पर पहुँच जाते हैं। जिस चीज़ की बहस सार्वजनिक मंच से—पत्रिका भी एक सार्वजनिक मंच है—होनी चाहिए, वह दलीय निन्दा-गोष्ठियों की भोज्य बन कर ज़हर फैलाती रहती है। 'उर्वशी' जैसे काव्य-ग्रन्थ पर तो एक-दो अंक नहीं, एक-दो महीने नहीं, वर्षों तक आलोचना-प्रत्यालोचना चलनी चाहिए—लेकिन सार्वजनिक रूप से।

('कल्पना' के संपादक-मंडल की टिप्पणी)

1

दिनकर की 'उर्वशी' की आलोचना पर

...आलोचना 'उर्वशी' के अन्तरंग से न शुरू हो कर 'सभी स्वत्व लेखक के अधीन' से ही शुरू हुई है। यह कवि की लोकप्रियता का ही प्रतीक है कि वह अपना कॉपीराइट बेचता नहीं फिरता। फिर प्रश्न आता है कवि के चित्र का जो इन्द्र दूगड़ जैसे कलाकर का अंकन है और काम, सधे या न सधे अपना अंगे गलितं पलितं मुण्डम् चित्र तो उपाध्यायजी भी नहीं पसन्द करेंगे।...

अब उर्वशी पर आइये। 'उर्वशी' का रूपांकन, प्रस्तुत ग्रन्थ में तूलिका के धनियों द्वारा ही किया गया है अतः मौलिक चित्रों के विषय में कुछ भी यहाँ नहीं कहूँगा। उपाध्यायजी कला-पारखी हैं। मूर्तिचित्र उन्होंने तुरन्त पहचान लिये, पर मजबूरी है। भारतीय काव्यशास्त्र की तरह भारतीय तक्षणकला में भी प्रेक्ष्य-विधान की एक परम्परा रही है। कथाकाल से प्रतिमूर्तियों के बीच समय का व्यवधान तो है ही, आज से

?

और मूर्ति निर्माण काल के बीच भी बहुत बड़ा व्यवधान है, पर जब रस का त्रिनेत्र भावुक के मन में खुलता है तो यह समय भस्म हो जाता है। मूर्तियाँ हमारी कल्पना को एक समक्ष बिम्ब प्रदान करती हैं। चार मौलिक चित्रों पर भगवतशरण जी ने खूब प्रभाव लादा है। मात्र तीसरे चित्र की ही चर्चा करें तो चित्र की वर्णना आलोचक ने जिस उत्साह के साथ की है, चित्र उतना सन्दर्भहीन नहीं सिद्ध हो सका है। चित्र की नग्नता सदा अश्लीलता का प्रतीक नहीं हुआ करती, नहीं तो भारतीय शिल्प का एक विशाल भाग सामाजिक नैतिकता की भेंट चढ़ जाता। जीवन के काम प्रतीक और मानव-देह भारतीय दर्शन और साधना की परम्परा में एक अदृश्य विधान के भी प्रतिपादक रहे हैं और आजकल तो उन्हें प्रहत्त दर्शन कह कर ही बुरा-भला कहना साहित्यिक फ़ैशन हो गया है।

अब काव्यांग पर उतरिए। यह सच है कि आप यदि विक्रमोर्वशीयम, रवीन्द्र की और अरविन्द की उर्वशी शीर्षक कविताओं को पढ़ें तो आपको उर्वशी का काफ़ी अंश इनसे ही लिया गया लगेगा पर इसे कवि का दोष नहीं माना जा सकता, कथानक में कोई नवीनता न उत्पन्न करके कवि ने रसिकों को चौंका देने वाला कोई कार्य नहीं किया, इसके लिए उसे बधाई ही दी जायेगी।

आलोचक की सबसे सार्थक आलोचना है शब्दों की, द्वादशी चन्द्रमा से युक्त निर्भेद्य गगन में तारों का दीपना, सचमुच कैमरे की पकड़ में आने वाली चीज़ नहीं; पर जो कलाकार हैं उनकी दृष्टि कुछ और होती है और वे पिकासो के चित्रों में आदमी के तीन सिर देख कर आश्चर्य नहीं करते। तारों का चमकना या चन्द्रमा का मद्धिम होना हमारे भाव के आलम्बन से अधिक साम्य रखता है उपादान से कम।

इसी तरह आलोचक विभिन्न भाव बिम्बों का भी रस ग्रहण करने में असमर्थ रहा है। नयों को तो वह कष्ट कल्पना ही कहता रहा है—कलश की उपमा कुचों से, यह अर्थ नहीं कि नाप-जोख कर किसी सौन्दर्य प्रतियोगिता में यह तय कर दिया गया हो कि कुच इतने इंच के आयतन के ही होने चाहिए—कलश से तात्पर्य यहाँ घनत्व, सुडौलता आदि से है और कनक शब्द भी 22 या 14 कैरट का स्वर्ण नहीं, उस आभा का प्रतीक है जो कनक में पायी जाती है।

प्राचीन राजा के धर्म और आचरण के विषय में श्री विद्यानिवास मिश्र की वह टिप्पणी (कल्पना 137) याद आती है जिसमें उन्होंने आलोचक को गहरा जवाब दिया है। राजा का धर्म बराबर युद्ध करना नहीं, मैत्री और करुणा भी रहा है।

अब महज़ एक...कालविरुद्ध दोष की चर्चा करूँगा। आलोचक अपने को वेद का सर्वमान्य जानकार मान बैठे हैं। उन्होंने जो वेद में देखा वही वेद में है, इसी प्रतिष्ठा के आधार पर काल दोष को वेदाधारित बनाने का प्रयत्न किया गया है। पर उर्वशी 20वीं शती की रचना है, वह वेद मन्त्रों का हिन्दी अनुवाद नहीं है। वह

पाठकों को भाव-बोध कराने का साधन है। इसी कारण चुन-चुन कर वैदिक शब्दों का प्रयोग काव्य कला का सबसे बड़ा उपहास होता।

जहाँ तक दर्शन का सवाल है। 'उर्वशी' मार्क्स या ऐसे ही किसी दिग्गज के शब्दों की साहित्यिक अभिव्यक्ति नहीं बन कर आयी है।...यह तो भारतीय सीमाओं के पूर्ण विलास का आनन्दमय दृष्टिकोण प्रस्तुत करती है। मैं यह स्वीकार करता हूँ कि उपाध्यायजी की क़लम में ज़ोर है पर उसका उपयोग 'हूट' करने में कहाँ तक करना चाहिए। 'उर्वशी' की तमाम खामियों को मैं भी गिना सकता हूँ पर अभी नहीं। आशा है, यह पत्र उन लोगों को प्रेरणा देगा जो उपाध्यायजी की बात को ब्रह्मलेख नहीं मान बैठे हैं।

–देवदत्त, पाण्डिचेरी

2

मैं समझता था–यों सन्देह तो मन में कभी-कभी उठता ही था–कि 'कल्पना' के सम्पादकों में सम्पादन की तमीज़ है, पर अप्रैल '63 के अंक में डॉ. भगवतशरण उपाध्याय का 'दिनकर की उर्वशी' शीर्षक बेहूदगी से भरा निबन्ध पढ़ कर यह निश्चय हो गया कि 'कल्पना' के सम्पादक अपना उत्तरदायित्व नहीं समझते, या कि, उन्हें गालियों से विशेष प्रेम है। इस निबन्ध के प्रकाशन से 'कल्पना' अपने स्तर से नीचे गिरी है–जो क्रम पिछले साल भर से लागू है–इसमें तनिक भी सन्देह नहीं।

डॉ. भगवतशरण उपाध्याय सहृदय भावुक या काव्य मर्मज्ञ हैं, इसकी पुष्टि, कम से कम, उनके इस निबन्ध से नहीं होती। 'उर्वशी' की आलोचना में उन्होंने, ऐसा प्रतीत होता है, सहृदयता, शिष्टता, उदारता और सामान्य बुद्धि को ताक पर रख दिया है। यदि तटस्थ विश्लेषण, भावुकता और संयत भाषा आलोचना के अनिवार्य अंग हैं, तो इस निबन्ध को, पता नहीं, 'कल्पना' के सम्पादक किस कोटि में रखते हैं!...

मेरे पास पूरे निबन्ध की असंगतियों और बेहूदगियों को दिखाने का न तो समय है, न मैं इसे आवश्यक ही समझता हूँ। केवल नमूने के लिए दो-एक बातों का संकेत कर देना ही पर्याप्त समझता हूँ।

पृष्ठ 55 पर 'एक घाट पर किस राजा का रहता बँधा प्रणय है' पंक्ति की आलोचना करते हुए आलोचक कहते हैं, 'घाट पर बँधना किसी गधे के सम्बन्ध में ही सार्थक हो सकता है, या उस कुत्ते के सम्बन्ध में जो न घर का होता है न घाट का, यद्यपि मुहावरे की ध्वनि के अनुकूल वह दोनों से बँधा रहता है, घर से भी घाट से भी, अथवा घर से या घाट से।'...क्या 'घाट' और 'बँधना' शब्द तत्सम्बन्धी मुहावरों से इतने बँध गये हैं कि इनका स्वतन्त्र महत्त्व ही समाप्त हो गया है और कोई व्यक्ति इन शब्दों की सहायता से अन्य अर्थछायाओं को व्यक्त कर ही नहीं

सकता?...मुझे तो दिनकर की उपर्युक्त पंक्ति में व्यंजना का वह सौन्दर्य दिखाई पड़ता है, जो काव्य का प्राण है। इस प्रसंग में मुझे निराला की वे पंक्तियाँ याद आती हैं.. .'बाँधो न नाव इस ठाँव बन्धु। पूछेगा सारा गाँव बन्धु।' इसी प्रकार, नौका-विहार का आनन्द लेते हुए किसी राजा का घाट पर खड़ी किसी सद्यःस्नाता के सौन्दर्य पर रीझ कर उससे प्रणय निवेदन करने और बाद में उसे भूल जाने का चित्र क्या इस पंक्ति से व्यंजित नहीं होता? पर यह तो अपनी-अपनी समझ है।...

पृष्ठ 57 पर दिनकर की 'चुम्बन चेतना' (यह डॉ. उपाध्याय का शब्द है) और 'भरी चुम्बनों की फुहार' वाक्यांश के सम्बन्ध में विचार करते हुए डॉ. उपाध्याय फ़रमाते हैं, 'भरी चुम्बनों की फुहार—फुहार से सम्भवतः कवि का आशय थूक की उन नीहारिकाओं से है जो शायद कामदग्ध गवासीन पुंगव छोड़ता है, सभ्य मानव नहीं। इसी प्रकार कवि पृष्ठ 126 पर जिन बिगत चुम्बनों के चिह्नों की ओर अपनी पंक्ति—रोमांचित सम्पूर्ण देह पर बिगत चिह्न चुम्बन के—में संकेत करता है, उन्हें सम्भवतः वात्स्यायन या कालिदास चुम्बन न कह 'दन्त क्षत' कहते, क्योंकि 'चिह्न' दाँतों के ही पड़ा करते हैं, चुम्बनों के नहीं। सभ्य चुम्बन द्वारा त्वचा का स्पर्शमात्र होता है, अनेक बार स्थानान्तर से, उसका शक्तिम प्रयोग भी, पर शिष्ट (जो निस्सन्देह पुरूरवा रहा होगा) का चुम्बन न फुहार है, न दन्त-दक्ष और न पान—मात्र चुम्बन है।' इस आलोचना को पढ़ कर बस यही कहने को जी चाहता है कि 'इस सादगी पे कौन न मर जाय ऐ खुदा।' इससे ज्ञात होता है कि डॉ. उपाध्याय या तो पचासाधिक (यह डॉ. उपाध्याय का शब्द है) अवस्था में भी कुमार हैं (वास्तविक अर्थों में) या एक अव्यावहारिक...। यदि चुम्बन की प्रक्रिया में त्वचा का स्पर्शमात्र न कर 'दन्त-क्षत' और 'पान' का आनन्द लेने वाले सभी व्यक्ति असभ्य हैं, तो मेरा दावा है, संसार के 99 प्रतिशत व्यक्ति 'असभ्य' की सीमा के अन्तगर्त आ जायेंगे। डॉ. उपाध्याय की उपर्युद्धृत आलोचना से ऐसा आभास मिलता है, जैसे 'दन्त-क्षत' चुम्बन से सर्वथा अलग सम्भव होते हों।...चुम्बन के अनेक प्रकार होते हैं, और कामावेश स्थिति में दाँतों के चिह्न त्वचा पर पड़ जाया करते हैं। इस दृष्टि से विचार करने पर दिनकर की पंक्तियों में—'रोमांचित सम्पूर्ण देह पर विगत चिह्न चुम्बन के' अथवा 'भरी चुम्बनों की फुहार'...कोई असंगति नहीं दिखाई पड़ती। 'ओ शून्य पवन में मुझे देख चुम्बन अर्पित करने वाली' पंक्ति की डॉ. उपाध्याय कृत आलोचना भी, इसी प्रकार अनर्गल प्रलापमात्र है।

पृष्ठ 57 पर डॉ. उपाध्याय लिखते हैं, "पर ये चट्टान-सी मेरी भुजाएँ तो निश्चय ही पाठक को चकित कर देंगी, क्योंकि भुजाएँ चट्टान-सी नहीं होतीं। चट्टान संज्ञा चौड़ाई की है और भुजाओं का राज तो उनकी लम्बाई में है, आजानुभुज में।" डॉ. उपाध्याय का लक्षण-ज्ञान इतना बचकाना है, इसे मैं नहीं जानता था।...भुजाएँ

चट्टान-सी हैं, इससे भुजाओं की कठोरता व्यक्त होती है, लम्बाई नहीं। यह सीधी-सी बात डॉ. उपाध्याय के दिमाग़ में कैसे नहीं घुसी, यह आश्चर्य की बात है।

पृष्ठ 63 पर डॉ. उपाध्याय ने पुरूरवा द्वारा प्रयुक्त 'अयस्कान्त' 'शरभ' आदि शब्दों की अनुपयुक्तता सिद्ध करते हुए कहा है कि ऋग्वैदिक काल में ये शब्द अस्तित्व में आये ही नहीं थे, अतः इनका प्रयोग पुरूरवा के मुख से कराना उचित नहीं। पर यदि ऐसी बात हो तो कल डॉ. उपाध्याय यह भी कहने लगेंगे कि वैदिक काल में हिन्दी भाषा का अस्तित्व नहीं था, इसलिए पुरूरवा से हिन्दी बुलवाना अनुपयुक्त है। पता नहीं फिर दिनकर को अप्सराओं के लिए किस भाषा का प्रयोग करने की सलाह डॉ. उपाध्याय से लेनी पड़ती।

...यह निबन्ध असंगतियों तथा छिछले विवेचन का ऐसा अम्बार है, जिसकी आलोचना करना समय और श्रम का अनावश्यक अपव्यय है। मुझे इस लेख के लेखक पर उतना आश्चर्य नहीं होता—क्योंकि साहित्य में उनकी गति एक सामान्य पाठक की भी नहीं है—जितना 'कल्पना' के सम्पादकों की बुद्धि पर, जो साहित्य के मर्मज्ञ और आलोचक कहे जाते हैं।

—गोपाल राय

पुनश्च : श्री युगेश्वर लिखित 'विश्वविद्यालयीय और विश्वविद्यालयेतर साहित्यकार' शीर्षक टिप्पणी तथा हरिशंकर परसाई लिखित 'और अन्त में...' बुद्धि तथा मन को छूने वाले हैं। काश 'कल्पना' में ऐसे ही गम्भीर, युक्तिसंगत और संयत लेख तथा टिप्पणियाँ प्रकाशित होतीं। 'और अन्त में...' में उद्धृत पंक्ति 'संसकिरित है कूप जल भासा बहता नीर' तुलसी की पंक्ति नहीं, कबीर की पंक्ति है। इस अंक में प्रकाशित कविताओं का स्तर निश्चय ही ऊँचा है। डॉ. उपाध्याय के निबन्ध को पढ़ कर मन जितना ही खट्टा हुआ था, इन कविताओं को पढ़ कर मन उतना ही मीठा हो गया। यदि इन कविताओं को पढ़ कर मैं यह पत्र लिखने बैठा होता तो शायद इसका लिखना सम्भव नहीं हुआ होता। अफ़सोस कि मूल पत्र पहले ही लिख चुका था। 'पुनश्च' कविताओं को पढ़ने के बाद लिख रहा हूँ।

—गोपाल राय, पटना

19.4.63

(मूल पत्र में पत्र-लेखक ने 'कल्पना' पर रोष की जहाँ अतिरिक्त वृष्टि की है, उन अंशों को प्रसंगविरत मान कर हमने छोड़ दिया है—छापा नहीं है।—सम्पादक)

3

'कल्पना' 138 में डॉ. भगवतशरण उपाध्याय ने दिनकर की 'उर्वशी' की जो

?

आलोचना प्रस्तुत की है, वह उन्हीं के योग्य है। साहित्य के अतिरिक्त संस्कृत, पुरातत्व और इतिहास के पाण्डित्य के कारण डॉ. उपाध्याय की अन्तर्दृष्टि 'उर्वशी' में उन खामियों को भी ढूँढ़ने में सफल हुई है, जो सहज ही, हिन्दी के सामान्य आलोचक को परिलक्षित नहीं हो सकती थीं। वैसे, 'उर्वशी' का प्रकाशन हिन्दी जगत में एक महत्त्वपूर्ण घटना है। अब तक इस सम्बन्ध में जो लिखा गया, वह प्रशंसात्मक ही था। यह बात दूसरी है कि व्यक्तिगत चर्चाओं में यत्र-तत्र दिनकर और 'उर्वशी' के विरुद्ध भली-बुरी बातें कही गयीं और इन चर्चा करने वालों में उस साहस का अभाव था कि वे अपनी प्रतिक्रियाओं को लिखित रूप दे सकें। डॉ. उपाध्याय ने एक महत्त्वपूर्ण काव्य के, जिसके 'क्लासिक' बन जाने को सम्भावना है, अपर पक्ष को बड़े ही साहस और वैदग्ध्य के साथ प्रस्तुत कर एक स्पृहणीय कार्य किया है। यह सच है कि 'जीवितक़वेराशयी न वर्णनीयः' किन्तु हिन्दी का अधिकांश उच्च साहित्य जीवितों की ही कृति है और यदि उपरिलिखित 'मोटो' का आचरण बहुत दूर तक होने लगे तो हिन्दी में आलोचना के नाम पर रह ही क्या जायेगा?

पर मुझे ऐसा लगा कि कहीं-कहीं विद्वान लेखक ने ऐसी बातों के लिए भी 'उर्वशी' की आलोचना की है जो अनुचित नहीं हैं। या जिनकी चर्चा के बिना भी डॉ. उपाध्याय का विश्लेषण अपने ढंग का अनूठा ही रहता। डा. उपाध्याय के अतिरिक्त और कौन बताता कि 'मणि-कुट्टिम' का पहला प्रयोग रोमनों ने किया और दूसरा 'चौथी सदी ईस्वी के रोमन सम्राट कोंस्तानतीन की ईसाई माता द्वारा इजरायल में गैलिली सागर के तट पर बनवाये गिरजे की बची फ़र्श के अवशेष में सुरक्षित है'? किन्तु 'उर्वशी' के मूल्य की चर्चा शायद बेकार ही हुई है। यह कहना कि 'क्या यूरोप में, अमरीका तक में यदि टी. एस. इलियट का-सा मेधावी और यशस्वी कवि भी अपना काव्य 12 रुपये क़ीमत में बेचना चाहे, तो क्या बेच सकेगा'—क्या अर्थ रखता है?

22 मार्च के 'टाइम्स लिटरेरी सप्लीमेंट' में कुछ काव्य-पुस्तकों की समीक्षा छपी है। उनमें एक है पीटर लेवी की पुस्तक 'वाटर, रॉक एण्ड सैण्ड', जिसमें कुल 62 पृष्ठ हैं और जिसकी क़ीमत है साढ़े बारह शिलिंग। दूसरी पुस्तक है रिचार्ड सेलिग की 'पोएम्स' जिसमें 93 पृष्ठ हैं जिसके लिए ग्राहक को इक्कीस शिलिंग देने होंगे। आप मानेंगे पीटर या रिचार्ड अंग्रेजी के दिनकर नहीं हैं और न उनकी कृतियाँ ही 'उर्वशी' से तुलनीय हैं, ज्यादा दाम को उचित सिद्ध करने वाली बहुत-सी चीज़ें हैं 'उर्वशी' में डॉ. उपाध्याय के ही शब्दों में 'सुन्दर मोटा काग़ज़, नयनसुख छपाई' आदि। हिन्दी में भी जो पुस्तकें अच्छी तरह छपी हैं उनका मूल्य 'उर्वशी' से कम तो नहीं है—'यामा', 'दीपशिखा', 'रूपाम्बरा' आदि। यही नहीं, दिनकर के अन्य गौण समकालीनों की पुस्तकें भी अनुपाततः अल्पमोली नहीं हैं।

...हाँ, हिन्दी में पुस्तकें सस्ती हों, हर कोई चाहेगा।...

डॉ. उपाध्याय ने उर्वशी की भाषा के दोष भी दिखाये हैं, जिस भाषा के लिए ही 'उर्वशी' की बेहद तारीफ़ हुई है। सचमुच कहीं-कहीं अशुद्ध और दुष्ट प्रयोग उस काव्य में हैं, पर मन की बात यह है कि जिन दोषों की चर्चा उपाध्यायजी ने की है, वे दोष स्वयं उनके एतद्विषयक निबन्ध में ही समुपस्थित हैं।

भगवतशरण उपाध्याय का दूसरा आक्षेप है कि दिनकर ने संस्कृत के शब्दों को विकृत रूप में उपस्थित किया है उनके 'तत्सम' रूप में नहीं। पर लेखक ने सर्वत्र 'तत्सम' को 'तत्सम्' लिखा है यदि वह 'कल्पना' का संशोधन नहीं है, तो इसे कैसे शुद्ध मानें? 'प्रगट' (पृ. 56) पण्डिताऊ हिन्दी में भले चलता रहा हो, अब कोई प्रतिष्ठित लेखक नहीं लिखता।

उपाध्यायजी ने 'अपने समय' का मज़ाक़ उड़ाया है पर स्वयं 'अपने समसामयिक' (पृ. 58) का प्रयोग किया है। 'सन्नारी' पर भी उपाध्यायजी को आपत्ति है, पर यह शब्द आज से लगभग बीस वर्ष पूर्व बने एक हिन्दी फ़िल्म के गीत में प्रयुक्त हो कर, लक्ष-लक्ष कण्ठों से उच्चरित हो चुका है। कुच के साथ 'कलश' देख कर एक और महाशय भड़के थे और जब उन्होंने इसका उल्लेख स्व. पद्मभूषण आचार्य शिवपूजन सहाय से किया था तो उन्होंने जो उत्तर दिया था उसका उल्लेख रंजन सूरिदेव ने 'साप्ताहिक हिन्दुस्तान' में प्रकाशित एक संस्मरण में किया है। मैं वह उत्तर उपाध्यायजी को देने की स्थिति में नहीं हूँ।

फिर 'हिन्दी' को सदा मेरठ की खड़ी बोली के...रूप के अनुसार ही शुद्ध ।शुद्ध मानना भी अनुचित है। हिन्दी तो समस्त भारत की साहित्यिक-सांस्कृतिक वाणी है, वह कब तक मेरठ की खड़ी बोली का साथ देती रहेगी। फिर यह वाक्य "प्रसाद के नाटकों के सम्बन्ध में, और चाहे जो कहा जाये, यह स्वीकार करना पड़ेगा कि प्रतिपाद्य विषय का वे बड़ी सावधानी से अध्ययन करते थे, जिससे उनकी रचनाओं में कालविरुद्ध दूषण अत्यन्त कम है" (पृ. 61) किस व्याकरण के अनुसार है? कौन अध्ययन करते थे प्रसाद, या प्रसाद के नाटक? कुछ और लद्धड़ वाक्य मिले—"औशीनरी हतभागिनी है...अमान्य होगी।" (पृ. 66)

सबसे अधिक खटका 'पचासोत्तर' शब्द का प्रयोग। यदि डॉ. उपाध्याय जैसे विद्वान भी 'पचासोत्तर' लिखेंगे तो मुजफ़्फ़पुर के एक रेस्तराँ का नाम 'नाश्तालय' होना कुछ खटकेगा नहीं। अभी हम लोगों के कान ऐसी तद्भव-तत्सम मिश्रित सन्धियों के सुनने के अभ्यस्त नहीं हो पाये हैं। 'दुखदायिनी कमज़ोरी' भी अच्छी हिन्दी तो नहीं ही है।

अन्त में, मैं फिर कहूँगा कि डॉ. उपाध्याय का यह निबन्ध अत्यन्त महत्त्वपूर्ण

है और अब कोई 'उर्वशी' के सम्बन्ध में कुछ भी लिखेगा-पढ़ेगा तो उसके लिए इस निबन्ध का अध्ययन अनिवार्य होगा।

–शैलेन्द्रनाथ श्रीवास्तव, पटना

26.4.63

(तीनों पत्र 'कल्पना'–140 जून 1963 ई. में प्रकाशित)

4

'उर्वशी' की आलोचना के सम्बन्ध में

'कल्पना' का जून अंक देख रहा था–श्री गोपालराय और शैलेन्द्र श्रीवास्तव, जो दोनों पटने के ही नहीं, बिहार के हैं, उनके पत्र बहुत बुरे लगे। पत्रों में भी लोग 'बेहूदगी' जैसे शब्दों का प्रयोग करेंगे, वह भी 'कल्पना' ऐसी पत्रिका के माध्यम से, इसकी अपेक्षा नहीं थी।...आप इस प्रकार के अशोभनीय पत्रों को यदि स्थान देंगे, तो भय है कि कहीं ऐसे शब्द भविष्य में आलोचना साहित्य में भी स्थान न पाने लग जायें। दोनों मित्रों की राय दिनकर के सम्बन्ध में भावुकता से भरी हुई है, क्योंकि दिनकर बिहार के कवि हैं–अपनापन का मोह। दोनों बन्धुओं का तर्क तो फूहड़ है ही, अपशब्दों के उच्चारण के अतिरिक्त 'कल्पना' के पाठकों को उन्होंने कुछ नहीं दिया। डॉ. उपाध्याय की समीक्षा को तो वे स्पर्श भी नहीं कर पाये। डॉ. उपाध्याय ने 'उर्वशी' के सम्बन्ध में जो कुछ भी लिखा वह, ठीक तो है ही, साथ ही कुछ कम लिखा गया, ऐसा मेरा आरोप है उन पर। जब ऐसी कविताओं का रचयिता कवि स्वयं ऐसी रचनाओं को 'कामयुग' की रचना मान कर उसके महत्त्व का रहस्योद्घाटन करता फिरे, तब, ऐसी स्थिति में, उनके समर्थकों द्वारा उसका केवल यशोगान शोभनीय नहीं है। मैं ऐसा मानता हूँ कि एकमात्र डॉ. उपाध्याय ही ऐसे व्यक्ति हैं जो 'उर्वशी' की ऐसी व्यापक समीक्षा कर सकते हैं, अन्यथा उस कृति के बहुत सारे रूप अव्यक्त रह जाते। डॉ. उपाध्याय के कथन की पुष्टि डॉ. रामविलास ऐसे आलोचकों की समीक्षा से भी हो जाती है।

दिनकर सशक्त शब्दों के प्रयोगकर्त्ता कवि हैं। इस दृष्टि से सदैव उनकी चर्चा होती रहेगी, किन्तु यह कहना तो बिल्कुल असंगत होगा कि दिनकर के पास कोई दृष्टिकोण भी है। उनकी ख्यातिप्राप्त कृति 'कुरुक्षेत्र' के सम्बन्ध में अपने दिग्भ्रम का उल्लेख स्वयं कवि ने पुस्तक की भूमिका में ही कर दिया है। सद्यःप्रकाशित दिनकर की पुस्तक 'परशुराम की प्रतीक्षा' में भी दृष्टिकोण की बड़ी भारी दरिद्रता है। आज के युग में भी कोई राष्ट्रकवि यदि जवाहरलाल नेहरू के नेतृत्व को अस्वीकार कर परशुधर की प्रतीक्षा करता है तो इससे यही निष्कर्ष निकाला जा सकता है कि वह

कवि डिक्टेटरशिप क़ायम करने के पक्ष में है, जिसका नेतृत्व परशुराम ऐसे डिक्टेटर करेंगे, लेकिन आज की दुनिया में डिक्टेटरशिप सर्वमान्य विचारधारा नहीं है। आज तो हम रामराज्य और राम ऐसे व्यक्तित्व की कल्पना करना चाहते हैं। यही हमारा लक्ष्य होना चाहिए।

–विष्णु किशोर बेचन, भागलपुर

जून 18, 1963

('कल्पना'–141,
जुलाई 1963 ई. में प्रकाशित)

5

रुचिहीनता और अल्पज्ञता

'कल्पना' का सितम्बर अंक मिला। श्री श्रीकान्त वर्मा की टिप्पणी सबसे पहले पढ़ी। पूरी 'कल्पना' में, दरअसल, वही एक चीज़ पठनीय लगी। आलोचना में असन्तुलन और गतिरोध के सवाल को उसने जिस ईमानदारी और सफ़ाई से उभारा है—वह प्रशंसनीय है। श्री शिवदानसिंह चौहान को इससे दिशा और दृष्टि मिल सकती है—हालाँकि दृष्टि वे चाहेंगे नहीं और दिशाएँ उनकी पूर्वनिर्धारित हैं ही—उन्हें खोजने का प्रश्न ही उनके सामने नहीं उठता।

सोचना हूँ—यह टिप्पणी लिखने के पूर्व श्रीकान्त जी ने 'कल्पना' के इसी अंक में प्रकाशित एक अन्य प्रगतिशील आलोचक श्री भगवतशरण उपाध्याय का 'सन् 63 के तीन कविता-संग्रह' शीर्षक लेख भी पढ़ लिया होता, तो मैं इस ज़हमत से बच जाता। और अब भी मैं सोचता हूँ कि किस-किसको कहूँगा? यहाँ तो स्थिति यह है कि जो आलोचना का धर्म अपनाता है, ईमानदारी का पल्ला पहले छोड़ देता है।

श्री चन्द्रगुप्त विद्यालंकार के 'सारिका' के सम्पादकीय पढ़िए; उन्हें 'नयी कहानी' बचकानी नज़र आती है, और 'नई कहानियाँ' में श्री राकेश का 'बक़लम खुद' देखिए तो उन्हें नयी कहानी, नयी कविता के भी बाद की उपज लगती है। कुल मिलाकर चन्द्रगुप्त जी के सम्पादकीय, एक ऐसे चुके हुए लेखक की पीड़ा व्यक्त करते हैं, जो नये लेखकों को बच्चा और नगण्य सिद्ध करना चाहता है—जबकि श्री मोहन राकेश—(जिनका आधुनिकता-बोध और शिल्प-बोध अधिक से अधिक यशपाल वाली पीढ़ी का है)—अपने आपको आधुनिक और नया सिद्ध करने की चेष्टा में, इतिहास को कुहनी मार कर, कुछ भी ऊल-जलूल कहे चले जा रहे हैं और सम्पादक हैं कि 'जमालो' की तरह दूर खड़े हुए मुस्करा रहे हैं। दरअसल, ग़लती तब होती है जब हम किसी लेखक या सम्पादक से एक स्तर-विशेष की आशा करने लगते

हैं। उदाहरण के लिए 'कल्पना' के विषय में, मैं सोचता था कि वह एक स्तर का निर्वाह करती है और उसके सम्पादक लिहाज़ या मुरव्वत नहीं बरतते। परन्तु इस अंक में श्री भगवतशरण उपाध्याय का वह समीक्षा वाला लेख इसका दुःखद अपवाद लगा। और अगर कल्पना-सम्पादक, जिनसे मेरे 10 वर्षों के घनिष्ट सम्बन्ध हैं, मेरे कथन को अत्युक्तिपूर्ण न मानें तो मैं कहूँगा कि इस लेख के प्रकाशन से उनकी साहित्य-सम्बन्धी रुचिहीनता और अल्पज्ञता प्रकट हुई है।

मैं जानता हूँ कि मेरे उपर्युक्त वक्तव्य पर, 'कल्पना' के प्रेमी पाठक कहेंगे कि मुझे यह बात उपाध्यायजी के सम्बन्ध में कहनी चाहिए। पर मैं पहले ही कह चुका हूँ कि मैं 'कल्पना' से एक विशिष्ट साहित्यिक स्तर की अपेक्षा रखता आया हूँ, न कि श्री भगवतशरण उपाध्याय से। अतः मेरी धारणा 'कल्पना' से टूटी है, उपाध्यायजी ने नहीं। उपाध्यायजी का क्या, वे तो कल को कपड़े झाड़ कर अलग हो जायेंगे कि सा'ब मुझे तो कविता समझ आती नहीं, पर कल्पना-सम्पादक तो सम्पादन के दायित्व से मुक्त नहीं हो सकते।

वैसे किसी भी कवि के कृतित्व पर, चाहे वे दिनकर हों या बच्चन—किसी भी पाठक या लेखक को अच्छी या बुरी राय बनाने और प्रकट करने का अधिकार है। पर उसे यह अधिकार हरगिज़ नहीं है कि वह समीक्षा के माध्यम से अपने व्यक्तिगत रागद्वेष निकाले। यही रीति साहित्यिक बेईमानी कहाती है। और मैं गहरी पीड़ा के साथ यह कहने को विवश हूँ कि दिनकर की आलोचना में उपाध्यायजी इस दोष से बच नहीं सके हैं। दिनकर की भौतिक उपलब्धियों से न केवल उपाध्यायजी, बल्कि उनका लेखन भी पीड़ित हो चला है—यह देख कर दुःख होता है। बेचारे उपाध्यायजी! मुझे उनके साथ सहानुभूति है।

अपनी बात कहूँ तो मैं भी 'परशुराम की प्रतीक्षा' को मामूली किताब से अधिक महत्त्व नहीं देता। मगर उपाध्यायजी ने दिनकर को श्री दिनकर सोनवलकर और श्री सन्तोष कानोड़िया के साथ रख कर एक ऐसी टुच्ची हरकत की है जो कि उन्हीं की पीढ़ी के योग्य है। नयी पीढ़ी को कोई भी लेखक उपाध्यायजी पर लिखते समय उन्हें दिलबाग़ सिंह 'जख़्मी' और रंगी राय 'मस्ताना' के साथ 'ब्रैकेट' करने की हिमाक़त नहीं करेगा—चाहे उनका साहित्य उसी योग्य क्यों न हो।

ख़ैर, उपाध्यायजी ने अपनी भड़ास निकाल ली पर उनके प्रयत्न से 'कल्पना' और उसके सम्पादकों की हालत बड़ी पतली हो गयी। उदाहरण के लिए, उपाध्यायजी ने श्री सन्तोष कानोड़िया की कविताओं से "भावों के साथ भाषा की सादी रवानी का एक दृष्टान्त पढ़िए" कह कर जिस बढ़िया के उद्धरण दिये हैं, वह है—

प्यार भरा स्वर ले कर जाने फिर कब कौन पुकारे
क्यों हो इतनी दूर धरा से जितनी दूर सितारे

. . . .

क्षण भर स्वप्न सजा कर मधुरे जीवन भर हम हारे
तुम हो इतनी दूर धरा से जितनी दूर सितारे।

अब मैं 'कल्पना' के सम्पादकों से पूछता हूँ कि क्या वे इस कविता को अपनी पत्रिका में छापने योग्य मानते हैं? मैं निश्चयपूर्वक कह सकता हूँ कि वे ऐसी कविता हरग़िज़ नहीं छापते। और यदि उपाध्यायजी बीच में न होते तो 'कल्पना' के पाठक इन महान कविताओं के उद्धरणों से अवश्य वंचित रह जाते। यही 'कल्पना' की बेईमानी है कि उसने जानबूझ कर एक बेहूदगी को बरदाश्त किया है। मैं तो उस दिन की उत्सुकता से प्रतीक्षा में हूँ जब 'भावों के साथ भाषा की सादी रवानी वाली' ऐसी कविताएँ 'कल्पना' में छपने लगेंगी। अस्तु, दिनकर छोटे हुए हों या न हुए हों मगर उपाध्यायजी ने 'उर्वशी' पर लिख कर जो 'यश' कमाया था उसकी पोलपट्टी खुल गयी। और दो अल्प परिचित कवियों को सीना ठोंक कर यह कहने का मौक़ा मिल गया कि हम दिनकर से श्रेष्ठ हैं—क्योंकि 'कल्पना' जैसी पत्रिका में, डॉ. उपाध्याय जैसे लेखक ने हमारी प्रशंसा की है।...

—दुष्यन्त कुमार, भोपाल
('कल्पना'—144, अक्टूबर
1963 ई. में प्रकाशित)

'उर्वशी' : समीक्षाएँ/प्रतिक्रियाएँ–
'कल्पना' का विशेष आयोजन

डॉ. भगवतशरण उपाध्याय के समीक्षा-निबन्ध की हिंदी-जगत में व्यापक प्रतिक्रिया हुई। मौखिक या लिखित रूप में मिली प्रतिक्रियाओं से 'कल्पना' के सम्पादक-मण डल को अपनी निष्पक्षता प्रश्नांकित होती हुई लगी। 'कल्पना' का संपादक कोई एक व्यक्ति नहीं था, जो अपनी पसन्द-नापसन्द के लिए पत्रिका के मंच का उपयोग करना। बाजाप्ता एक सम्पादक-मण्डल था। 'कल्पना' में प्रकाशित रचनाओं के चयन में सम्पादक-मण्डल की सामूहिक भूमिका होती थी। फिर ऐसा कैसे हुआ कि 'कल्पना' की निष्पक्षता प्रश्नों के घेरे में आ गयी? सम्पादक-मण्डल की नीयत पर सवाल उठने लगे? इस सम्बन्ध में मैंने श्री बदरी विशाल पित्ती एवं लम्बे समय तक 'कल्पना' के सम्पादक-मण्डल के सदस्य रहे मुनीन्द्रजी (अब स्वर्गीय) से बात की तो उन्होंने साफ-साफ कुछ नहीं कहा। सम्भव है इसके पीछे सम्पादकीय नैतिकता का तकाजा हो कि जो भी प्रकाशित है, उसकी सामूहिक जिम्मेवारी है। लेकिन बातचीत के आधार पर अनुमानतः मैंने दो निष्कर्ष निकाले। पहला, यह कि भगवतशरण जी की समीक्षा प्रकाशित करने का निर्णय जल्दी में हुआ था। दूसरा, यह कि किसी वजह से सम्पादक-मण्डल के सभी सदस्यों ने प्रकाशन के पूर्व वह समीक्षा देखी नहीं थी। कारण जो भी रहे हों, समीक्षा जब प्रकाशित हो गई और उस पर सर्वथा प्रतिकूल प्रतिक्रियाएँ आनी शुरू हुईं तो सम्पादक-मण्डल को अपने निर्णय पर पुनर्विचार की जरूरत महसूस हुई। इसी के साथ उसे यह भी लगा कि वह समीक्षा न तो दिनकर जैसे कवि की प्रतिष्ठा के अनुरूप है और न 'उर्वशी' के प्रति उसमें संतुलित दृष्टि है। 'कल्पना' की जैसी प्रतिष्ठा थी और उसकी अघोषित-सी जो नीति थी, साथ ही पाठकों की उससे जो अपेक्षाएँ थीं, उन सबका तकाजा था कि सम्पादक-मण डल उस समीक्षा के प्रकाशन से हुई क्षति की भरपायी का कोई रास्ता निकाले। जो भी हो, इन सभी दबावों के बीच या स्वविवेक से सम्पादक-मण्डल ने 'उर्वशी' और उसकी समीक्षा पर व्यापक चर्चा सम्पन्न कराने का निर्णय लिया। इस सम्बन्ध में एक परिपत्र नए-पुराने सभी लेखकों को भेजा गया और उनसे उनकी प्रतिक्रियाएँ आमन्त्रित की गयीं।

'कल्पना' नवलेखन की पत्रिका थी। उसके प्रकाशन के पीछे प्रत्यक्ष या परोक्ष डॉ. राममनोहर लोहिया के सोच की सक्रिय भूमिका थी। सम्पादक-मण्डल के ज्यादातर सदस्य समाजवादी विचारों के थे। बदरी विशाल पित्ती स्वयं समाजवादी थे, सोशलिस्ट पार्टी के नेता थे और लोहिया के अभिन्न मित्र थे। दिनकर तब राज्यसभा के सदस्य थे और पं. नेहरू से उनका घनिष्ठ जुड़ाव था। उस समय डॉ. लोहिया का कांग्रेस और नेहरू–विरोध सबसे उग्र रूप में था। चूँकि 'कल्पना' विचारों के लोकतंत्र का सम्मान करने वाली पत्रिका थी, इसलिए कांग्रेस और पं. नेहरू से जुड़ाव के बावजूद दिनकर की 'उर्वशी' पर व्यापक चर्चा आयोजित करने में उसे कोई हिचक नहीं हुई। 'कल्पना'–147 (जनवरी 1964) में कुल बाइस लेखकों की समीक्षाएँ/प्रतिक्रियाएँ प्रकाशित हुईं। मुक्तिबोध, नेमिचन्द्र जैन और भारत भूषण अग्रवाल की समीक्षाएँ/प्रतिक्रियाएँ 'शीर्षकों' के साथ प्रकाशित हुई थीं, जबकि शेष 1, 2, 3... 19 के संख्या क्रम में। 'उर्वशी'-विवाद में कई पीढ़ियों के और कई विचारधाराओं के लेखकों ने एक साथ भाग लिया। एक मंच पर ऐसे मुक्त संवाद का श्रेय 'कल्पना' ओर 'उर्वशी' दोनों को जाता है। यहाँ वह सारी सामग्री यथारूप में प्रस्तुत है।

–संपादक

'उर्वशी' : समीक्षाएँ/प्रतिक्रियाएँ...

गजानन माधव मुक्तिबोध, नेमिचन्द्र जैन, भारतभूषण अग्रवाल, अज्ञेय, ओमप्रकाश दीपक, कुँवर नारायण, कृष्णनाथ, देवीशंकर अवस्थी, धर्मवीर भारती, नगेन्द्र, परमानन्द श्रीवास्तव, प्रभाकर माचवे, बच्चन सिंह, मैथिलीशरण गुप्त, रघुवंश, रघुवीर सहाय, रामविलास शर्मा, रामस्वरूप चतुर्वेदी, लक्ष्मीकान्त वर्मा, विद्यानिवास मिश्र, शिवप्रसाद सिंह, सुमित्रानन्दन पन्त।

'उर्वशी' : दर्शन और काव्य

भगवतशरण जी उपाध्याय ने 'कल्पना' के अप्रैल अंक ('63) में 'उर्वशी' की जो आलोचना प्रस्तुत की है, वह बाहर से भीतर की ओर यात्रा है; और इस प्रकार की यात्रा के जो ख़तरे होते हैं वे भी उसमें हैं। सामाजिक प्रतिष्ठा के ज़ोर से साहित्यिक प्रतिष्ठा प्राप्त करने के जो आडम्बरपूर्ण दृश्य हमें यत्र-तत्र दिखाई देते हैं, उनसे विचलित हो कर वह आलोचना प्रस्तुत की गयी है। इसीलिए, भगवतशरणजी के लेख का अपना अतिरिक्त महत्त्व है।

लेख अत्यन्त रोचक, पाण्डित्यपूर्ण और प्रखर है। उसकी मूल आत्मा से मेरी अनायास सहमति हो जाती है; किन्तु अपने विचारों को या अभिमत को सिद्ध करने के लिए, जो उदाहरण या प्रमाण उन्होंने प्रस्तुत किये हैं, वे सब जगह सही नहीं मालूम होते। वे अनुचित भी मालूम होते हैं। भगवतशरण जी बाहर से भीतर की यात्रा के पूर्व या अनन्तर, यदि सावधानी से भीतर से बाहर की यात्रा भी कर लेते, तो उनकी आलोचना में कमज़ोरियाँ न आ पातीं।

उदाहरण के लिए, 'उर्वशी' के कथा-तत्त्व या कहिए ऐतिहासिक पक्ष को हम लें। माना कि दिनकर ने बहुत समारोहपूर्वक, अपनी कृति 'उर्वशी' के चारों ओर एक ऐतिहासिक-सांस्कृतिक आलोकवलय स्थापित करने का प्रयत्न किया है किन्तु, इससे 'उर्वशी' ऐतिहासिक काव्य नहीं हो जाता। दिनकर का प्रयत्न यह है कि वह एक

पुरानी सांस्कृतिक परम्परा से अपने को जोड़ें। किन्तु, वेद-पुराण-कालिदास आदि के पास उस काम-रहस्य (मेरा मतलब रहस्यवादी दर्शन से है) के सूत्र नहीं हैं जो 'उर्वशी' में पाये जाते हैं। निस्सन्देह, प्राचीन संस्कृति के सम्बन्ध में मेरा ज्ञान अत्यन्त सीमित है। किन्तु, जहाँ तक मुझे मालूम है, प्राचीन आध्यात्मिक, सांस्कृतिक और कलात्मक जगत में, परम तत्त्व के साक्षात्कार के लिए काम-मार्ग नहीं चुना गया, और यह सिद्धों और तान्त्रिकों की, और उनसे प्रभावित अन्य मार्गों की देन है। दिनकर ने कालिदास की कृतियों, पुराणों और वेदों से न केवल कथा-तत्त्व या ऐतिहासिक पक्ष लिया, वरन् एक काव्य-संस्कृति ग्रहण करने का आभास उत्पन्न किया, और उस प्राचीन सौन्दर्यपूर्ण सांस्कृतिक उन्मेष के साथ ही साथ, मध्ययुग के सूर्योदय काल में उपस्थित सिद्धों-तान्त्रिकों की काम-साधना ली और फिर इन दोनों को एकभूत करने का प्रयत्न कर दिया। सिद्ध और तान्त्रिक ऐश्वर्य नहीं चाहते थे। दिनकर ऐश्वर्यपूर्ण विलास चाहते हैं, जिसका सम्मोहक आलोक-मण्डल उन्हें प्राचीन काव्य-संस्कृति में दिखाई दिया। किन्तु, उन्हें प्राचीन कवि-मनीषियों के पास साधना का कोई काम-मार्ग नहीं मिला। सिद्धों और तान्त्रिकों में उन्हें वह दिखाई दिया। इसलिए, कवि स्वभावानुसार उन्होंने दोनों को मिला कर 'उर्वशी' का रूप-स्वरूप तैयार किया।

ऐसा उन्हें क्यों करना पड़ा? कौन-सी वह मूल वृत्ति है, जिसके फलस्वरूप उन्हें प्राचीन और मध्ययुगीन उत्सों की ओर जाना पड़ा? वह है दुर्दम, ऐश्वर्यपूर्ण काम विलास की व्याकुल इच्छा, और उसकी तृप्ति के औचित्य की स्थापना की आकांक्षा। चूँकि इस प्रकार की इच्छापूर्ति के औचित्य का सर्वोच्च विधान आध्यात्मिक-रहस्यवादी ही हो सकता है, इसलिए उन्होंने सिद्धों के 'महासुखवाद' का पल्ला पकड़ा।

पुरूरवा-उर्वशी के कथानक ने लेखक की कल्पना को झकझोर दिया। उस कथानक ने एक बृहद् कल्पना-स्वप्न प्रदान किया, जिसमें दिनकर की मूल इच्छावृत्तियों का परितोष होता था। 'उर्वशी' एक बृहद् कल्पना-स्वप्न है, जिसके द्वारा और जिसके माध्यम से, लेखक अपनी कामात्मक स्पृहाओं का आदर्शीकरण करता है और उन्हें एक सर्वोच्च आध्यात्मिक औचित्य प्रदान करता है। कथानक की ऐतिहासिकता केवल एक भ्रम है।

यहाँ यह आपत्ति की जायेगी कि पुरूरवा-उर्वशी की कथा वस्तुतः एक चौखटा है, एक ढाँचा है। उसे कल्पना-स्वप्न कहना निराधार है। किन्तु मैं अपने पाठकों का ध्यान इस तथ्य के प्रति आकर्षित करना चाहता हूँ कि कोई भी कथा—अपने कथा रूप में—लेखक को (अपने विशेष उपयोग के लिए) आकर्षक तब प्रतीत होती है, जब वह एक कल्पना-स्वप्न बन कर उसके मनश्चक्षुओं के सामने तैर उठती है—एक ऐसा कल्पना-स्वप्न, जिसमें उसकी (लेखक की) आत्मवृत्तियों को तृप्ति और सन्तोष प्राप्त होता हो। इस विशेष अर्थ में, मैं किसी भी कथा को—विशेष कर आत्मपरक काव्य के रचयिता द्वारा अपने उपयोग के लिए चुनी गयी कथा को—एक बृहद् कल्पना-स्वप्न

?

?

कह देता हूँ, भले ही 'कामायनी' की कथा हो, या पुरूरवा-उर्वशी की। हाँ, यह सही है कि काव्य में उसी कथा को उपस्थित करते हुए उसे स्व-बाह्य वस्तुपरक रूप और आभा प्रदान की जा सकती है, की जाती है; किन्तु, मूल रूप में, वह केवल एक कल्पना-स्वप्न ही रहता है, जिसमें लेखक की आत्मवृत्तियों का परितोष और परिपोष तथा विश्व-बोध प्रकट होता है। और, लेखक उस कल्पना-स्वप्न (या कथा) के द्वारा अपना अन्तर्जगत और उस अन्र्तजगत में संचित विश्वबोध प्रकट करता है।

'उर्वशी' की रचना इतिहास-शास्त्रीय दृष्टिकोण से नहीं की गयी है। उसका उद्‌देश्य प्राचीन आनन्द-जीवन के वस्तुतथ्यों के भूगोल-इतिहास को, दिक्‌काल को उपस्थित करना नहीं है। वह एक ऐसा काव्य है, जिसमें प्राचीन जीवन के मनोहर वातावरण की कवि-प्रणीत कल्पना को बृहद् रूप देने का प्रयत्न किया गया है।

ऐसी स्थिति में भगवतशरण जी की यह आपत्ति कि उसमें 'अयस्कान्त' और 'शरभ' जैसे शब्द, जो उस समय प्रचलित नहीं थे, प्रयुक्त क्यों किये गये हमें युक्तियुक्त प्रतीत नहीं होती। इस आपत्ति का आधार केवल यही हो सकता है कि 'उर्वशी' का कवि 'संस्कृति के चार अध्याय' नामक पुस्तक का लेखक होने के कारण, अपने को इतिहास-शास्त्री बनाने का आडम्बर भी तो करता है। 'उर्वशी' में स्वाभाविकता के स्थान पर, शब्द-जाल और आडम्बर होने के कारण, दिनकर के प्रति इस प्रकार के सन्देह की पुष्टि होती है। सामाजिक प्रतिष्ठा और प्रभाव के परिचालन द्वारा साहित्यिक प्रतिष्ठा और प्रभाव के विकास और प्रसार के दृश्य हिन्दी में खूब ही हैं, रहे हैं। ऐसी स्थिति में, दम्भ और आडम्बर का उद्‌घाटन और निराकरण करना भी एक कार्य हो जाता है। मैंने सुना है, 'उर्वशी' किसी विश्वविद्यालय के पाठ्य-क्रम में भी गौरवपूर्ण स्थान प्राप्त करने जा रही है। अगर यह सच है तो उसे ऐतिहासिकता की दृष्टि से सुसंगत काव्य मानने वाले भी कम नहीं रहेंगे। इस सम्भावना को ध्यान में रखकर हम इसी नतीजे पर पहुँचते हैं कि 'उर्वशी' के तथाकथित ऐतिहासिक पक्ष की, भगवतशरण जी ने जो आलोचना की है वह महत्त्वपूर्ण और अत्यन्त उपयोगी है।

'उर्वशी' का मूल दोष यह है कि वह एक कृत्रिम मनोविज्ञान पर आधारित काव्य है। कामात्मक इन्द्रिय-संवेदनाओं के जाल में खो जाने के क्षणों में, उनका आध्यात्मिकीकरण नहीं किया जा सकता। न किसी दार्शनिक भावना का, न ही धर्म-भावना का बोध हमें उस समय होता है। हमारा समाज इस समय न मोहनजोदड़ो के युग में है, न वज्रयानियों के युग में, जहाँ यौन अनुभव के क्षणों को धार्मिक-मनोवैज्ञानिक रूप दिया जा सके। हाँ, यह सही है कि एक फ्रांसीसी उपन्यासकार ज्यूल रोमें के 'बॉडीज रैप्चर' (अंग्रेज़ी में अनुवादित) नामक उपन्यास की नायिक सम्भोग की नग्नावस्था में पुरुष की नग्नावस्था के प्रतीक को (भारतीय) शिवलिंग मान कर रति-विधान करती है। किन्तु, एक क्षण भर के लिए, उसका वह रहस्यवाद जीव-शास्त्रीय प्रगाढ़ सुख का साधन है, न कि साध्य, लक्ष्य या आदर्श।

क्षण-भर के लिए उसकी कल्पना का वह खेल था।

किन्तु, यहाँ बात उलटी है। लेखक ने यह स्थापित करना चाहा है कि कुछ 'प्रज्ञावान भोगियों के लिए' ऐन्द्रिक सुख के चरम क्षणों की परिणति अतीन्द्रिय सत्ता की उपलब्धि में होती है। क्या उनका मतलब सिद्धों और तान्त्रिकों से है? इस समय वे कहाँ हैं? क्या इस प्रकार की उपलब्धि पुरूरवा और उर्वशी को हुई थी? क्या सचमुच हुई थी? और, यदि हुई थी तो उससे दिनकर जी ने क्या ग्रहण किया? वे क्या स्थापित करना चाहते हैं?

और, यदि ऐसी उपलब्धि सचमुच हुई होती तो भारत के विभिन्न मार्गों (धर्मों) में जितेन्द्रियत्व का इतना महत्त्व न होता। फिर, प्रश्न यह उठता है कि आखिर दिनकर इस 'लाइन' की पैरवी क्यों कर रहे हैं? क्या उनकी मंशा पर शक करना ग़लत है? कौन हैं वे प्रज्ञावान भोगी, जिन्हें रति-सुख की चरम परिणति में अतीन्द्रिय सत्ता से साक्षात्कार होता है? क्या वे इस समय भारत में उपलब्ध हैं? और, क्या उनके लिए काव्य का सृजन किया जाना चाहिए, किया जा सकता है!! राष्ट्रकवि दिनकर जवाब दें।

रति-सुख की समुत्तेजित कल्पना द्वारा, पुरूरवा और उर्वशी, कामात्मक संवेदनाओं में पुनः-पुनः खो जाते-से, उन संवेदना-जालों में बार-बार उलझते-से, उद्दीप्त कल्पना के आकाश की रंगीनियों में उड़ते-से (वे प्रतीकों में भी बात करते हैं) वागाडम्बर द्वारा, शब्द-सुख द्वारा, रति-सुख का पुनः-पुनः बोध करते-से, सांस्कृतिक ध्वनियों और प्रतिध्वनियों का निनाद करते हैं, मानो पुरूरवा और उर्वशी के रति-कक्ष में भोंपू लगे हों, जो शहर और बाज़ार में रति-कक्ष के आडम्बरपूर्ण कामात्मक संलाप का प्रसारण-विस्तारण कर रहे हों।

वैसे तो मैं कल्पना भी नहीं कर सकता कि रति-सुख की विविध संवेदनाओं की बारीकियाँ और गहराइयाँ नर और नारी के बीच चर्चा का विषय हो सकती हैं। यही क्या, नर भी सम्भवतः उन्हें भूल जाता होगा। फिर भी, अगर यह मान भी लें कि रति-सुख के स्मरण-चित्र उसके मन में उपस्थित होते हैं, तो उसके साथ यह भी जोड़ना होगा कि उन स्मरण-चित्रों में उसे अतीन्द्रिय सत्ता की प्रतीति नहीं हो सकती। वह उन स्मरण-क्षणों में रत रहते हुए इतना विरत नहीं हो सकता कि ऐन्द्रिक सुख के चरम क्षणों के चित्र उपस्थित होते ही उसे अतीन्द्रिय सत्ता की उपलब्धि का मार्ग दिखाई दे। संक्षेप में, न वास्तविक कामोत्कर्ष के क्षणों में, न रति-सुख के स्मरण-चित्रों में डूबे होने की अवस्था में, अतीन्द्रिय सत्ता—परम तत्त्व का बोध हो सकता है। यह कहना कि कुछ प्रज्ञावान भोगियों के लिए ऐसा होता है या हो सकता है, कोई मतलब नहीं रखता, क्योंकि सामान्य मनुष्य के लिए आज जो स्थिति अप्राकृतिक है वह सम्भवतः केवल अस्वस्थ मनोदशा वाले के लिए ही प्राकृतिक हो सकती है।

दूसरे, काम-सुख के उद्दीप्त स्मरण-चित्र इतने सतत-गति, इतने प्रदीर्घ, इतने

विस्तृत नहीं रह सकते—उनका अयन-क्रम इतना नहीं रह सकता कि उनसे उमड़े भाव-समुदायों पर घण्टों बात की जा सके। किन्तु, पुरूरवा और उर्वशी समुत्तेजित कल्पना द्वारा रति-सुख के क्षणों की ऐन्द्रिक संवेदनाओं पर प्रदीर्घ वार्तालाप करते हैं, करते रहते हैं, मानो वाक्-सुख द्वारा देह-सुख प्राप्त करते हुए अदेह होना चाह रहे हों। यह कैसी विचित्रता है!

लेखक का संवेदनात्मक उद्देश्य यह बताना है कि (कुछ प्रज्ञावान भोगियों के लिए ही क्यों न सही) काम-संवेदनाओं का चरम उत्कर्ष अतीन्द्रिय सत्ता के बोध में संक्रमित होता है। अतएव, 'उर्वशी' की रचना के दौरान उसे इन्द्रिय-संवेदनाओं की आतिशयिक सुखात्मकता और तीव्रता के स्तर पर, विधायक कल्पना के स्वर्गीय जगत में टिके रहना पड़ता है। किन्तु, क्या इस तरह कामात्मक प्रसंगों के मनश्चित्रों की दीर्घकालीनता सम्भव है? क्या वे चित्र बार-बार खो नहीं जाते?

और चूँकि वे बार-बार खो जाते हैं, इसलिए लेखक कल्पना-शक्ति को बलात् समुत्तेजित करता है। किन्तु, इस प्रकार बलात् उत्तेजित कल्पना अधिकाधिक वायवीय और आकाश-विहारी बनती है। कल्पना का आकाश-विहारी होना लेखक के संवेदनात्मक उद्देश्य की पूर्ति के लिए आवश्यक भी है, क्योंकि उसे काम-संवेदनाओं को दिव्य स्पर्श भी तो देना है। नतीजा यह होता है कि कल्पना कभी-कभी इतनी समुत्तेजित हो जाती है कि वह जड़ हो कर मात्र अलंकरण बन जाती है। भावोच्छ्वास बार-बार समाप्त हो जाता है, अतएव पुनः-पुनः प्राप्त उस अभाव की पूर्ति के लिए सांस्कृतिक शब्दों का आडम्बर और मनोरत्यात्मक प्रवचन का सहारा लिया जाता है।

सच तो यह है कि लेखक को, सिर्फ एक बात को छोड़ कर, और कोई खास बात कहनी नहीं है। उसके पास कहने के लिए ज़्यादा कुछ है ही नहीं। और, जो कहना है वह यही कि कामात्मक अनुभवों के माध्यम से आध्यात्मिक प्रतीति सिद्ध हो सकती है। किन्तु, यह कहने के लिए, उसने व्यापक आयोजन किया है, वह उसे पूरे समारोह के साथ, अपना समय लेते हुए, कहना चाहता है।

किन्तु, काव्य-कृति के रूप में यह प्रस्तुत करने के लिए, काम-संवेदनातिरेकों के चित्रों द्वारा, उनके माध्यम से ही, वह यह कह सकता है। इसलिए, उसे अतिरेक के स्तर पर खुद रहना पड़ता है। कोई भी सामान्य मनुष्य अतिरेक के स्तर पर अधिक काल तक रह नहीं सकता, पर लेखक ने तो दीर्घ समारोह का आयोजन किया है और, इसीलिए, उसे बलात् मनोरति का श्रम करना पड़ता है। कल्पना को बलात् समुत्तेजित करना पड़ता है। भावों की पुनरावृत्ति होती है, और प्रतीत होता है कि लेखक किसी मनोवैज्ञानिक काम-ग्रन्थि से पीड़ित है। कामात्मक अनुभवों द्वारा आध्यात्मिक अनुभव की सिद्धि को प्रस्थापित करने के लिए लेखक को जिस अतिरेक के स्तर पर रहना पड़ता है, वही अतिरेक अस्वाभाविक होने के कारण, (क्योंकि इस प्रकार का कोई भी मनोरत्यात्मक अतिरेक दीर्घकालीन स्थिति नहीं

रख सकता) प्रयास-सिद्ध होने के कारण, वह भाषा को भी आयास-सिद्ध और जड़ बना देता है। कवि दिनकर के प्रथम उत्कर्ष काल में उसकी काव्य-भाषा ऐसी जड़ नहीं थी। उसमें स्वाभाविक रूमानी चपलता थी, स्वाभाविक गीतात्मक स्वर था।

भगवतशरण जी ने लेखक की इस मूलभूत मनोवैज्ञानिक कृत्रिमता पर ध्यान नहीं दिया है, यद्यपि उन्होंने कुछ स्थानों पर उसके कुछ भावों का उल्लेख अवश्य किया है। उन्होंने 'उर्वशी' की तथाकथित दार्शनिकता की भी कठोर आलोचना की है; किन्तु, वे इस बात पर प्रकाश नहीं डाल सके कि आखिर दिनकर को दर्शन की आवश्यकता क्यों पड़ गयी। आतिशयिक कामात्मक अहं अपनी औचित्य-स्थापना के लिए दर्शन का सहारा ले रहा है। इस प्रकार, वह दार्शनिक भाव-क्रम, वस्तुतः, औचित्य-स्थापना का मनोविज्ञान है।

सबसे दुर्भाग्यपूर्ण बात जो भगवतशरण जी ने की, वह 'कामायनी' के सम्बन्ध में है। उन्होंने राह चलते 'कामायनी' की निन्दा कर डाली। उन्होंने कहा कि 'कामायनी' में काव्य-सौन्दर्य नहीं है, उसमें तो केवल दर्शन है। और, दर्शन के ग्रहण के लिए कोई भी 'कामायनी' की तरफ़ नहीं जायेगा। उनके कुछ वाक्य इस प्रकार हैं—"कामायनी काव्य की दृष्टि से घटिया कृति है, और जहाँ तक दर्शन की बात है, मुझे एंगेल्स की बात दुहरानी पड़ेगी। वैसे, दर्शन पढ़ने के लिए 'कामायनी' की अपेक्षा दर्शन की दिशा में सर्वथा शून्य व्यक्ति ही करेंगे।"

इसके पूर्व, भगवतशरण जी ने यह मान्यता प्रस्तुत की थी कि "मुझे लगता है कि काव्य यदि दर्शन के कारण विशिष्ट है, तो निश्चय ही उसका काव्यत्व निकृष्ट है, वैसे ही यदि दार्शनिक कृति अपने काव्यगुण के कारण विशेष प्रशंसित है तो निश्चय ही उसका दर्शन निकृष्ट है। दर्शन की ही तथाकथित विशिष्टता प्रसाद की 'कामायनी' का मानदंड बन गयी है; उसके दर्शन की ही अधिक, काव्य की कम, चर्चा हुआ करती है।" इसलिए, भगवतशरण जी के मत से, "'कामायनी' काव्य की दृष्टि से घटिया कृति है।"

उपर्युक्त सारी स्थापनाएँ असंगत, अनुचित, निराधार एवं दुर्भाग्यपूर्ण हैं। वे दर्शन और कला, इन दोनों को परस्पर-पृथक्, परस्पर-असंपृक्त श्रेणियों में बाँट कर चलती हैं और इन दोनों के बीच पारस्परिक प्रभाव के तथ्य को दृष्टि से ओझल करती हैं।

हाँ, यह सही है कि शास्त्रीय दर्शन, जो तर्क के सहारे, मूल सत्ता का व्याख्यान करता है, अन्य दार्शनिक धाराओं का खण्डन करता है, मनुष्य के परम लक्ष्य का बोध करता है तथा मूल्य-व्यवस्था प्रस्तुत करता है—वह शास्त्रीय दर्शन अपनी शास्त्रीय दृष्टि के कारण शास्त्रीय रूप में काव्य में प्रस्तुत नहीं हो सकता। काव्य में किसी भी प्रकार की शास्त्रीयता, शास्त्रीय रूप में, चल नहीं सकती। किन्तु, उस दर्शन के तात्विक निष्कर्ष तथा मूल स्थापनाएँ काव्य में ग्रहण कर ली जाती हैं। मध्ययुगीन

भारतीय साहित्य का एक भाग इसका ज्वलन्त प्रमाण है। इस सम्बन्ध में, मैं एक बात भगवतशरण जी के सामने रखना चाहता हूँ। वे इस पर सोचें।

'ज्ञानेश्वरी' मराठी का एक प्रसिद्ध काव्य-ग्रन्थ है। वह असल में गीता का टीका है। और, इसलिए, उसमें (एक हद तक) शास्त्रीयता भी है। किन्तु, वह न केवल दार्शनिकता के लिए, वरन् रसमय काव्यात्मकता के लिए भी प्रसिद्ध है। यदि सम्भव हो सके तो मराठी के साहित्य-मर्मियों से वे इस विषय पर चर्चा करें, और इस विषय की थाह लगाएँ। किन्तु, यह सही है कि ऊहापोहपूर्ण तर्क-प्रधान शास्त्रीयता काव्य नहीं बन सकती। (भगवतशरण जी शायद यही कहना चाहते हैं)। काव्य में जो दर्शन प्रस्तुत होता है, वह इस प्रकार शास्त्रीय पद्धति से नहीं होता। दर्शन की कुछ स्थापनाएँ कवि अपनी मूल भावधारा में अनायास ग्रहण कर लेता है। इस प्रकार वह कवि के आभ्यन्तर संवेदनात्मक ज्ञान का अंग बन जाता है। अथवा, यह भी होता है कि जीवन-समस्याओं का काव्यात्मक चित्रण करते हुए, लेखक अनायास उन समस्याओं के निराकरण का मार्ग बताता है—यह निराकरण का मार्ग ही उसका दर्शन है। ('कामायनी' में ऐसा हुआ है)। यह भी सम्भव है कि अपनी किसी विशेष प्रवृत्ति की औचित्य-स्थापना के लिए लेखक दर्शन का सहारा ले (जैसा कि 'उर्वशी' में हुआ है)। यह भी सम्भव है कि कोई दर्शन कवि को विशाल विश्व-स्वप्न प्रदान करे, और वह विश्व-स्वप्न उसकी अनुभूति का अंग बन जाये। इस प्रकार का दर्शन कवि की भावना के नेत्र बन जाता है। दूसरे शब्दों में, दर्शन तरह-तरह से, काव्य में प्रकट हाता है, एक काव्य-कृति में दर्शन एक विशेष बात की पूर्ति के लिए, तो दूसरे में केवल औचित्य-स्थापना के लिए, तीसरे में किसी भिन्न रूप से।

किन्तु, सब में एक बात सामान्य है, और वह यह कि दर्शन—जीवन ही के आयाम के रूप में, जीवन ही की एक अनुभूति के रूप में, एक मनोवैज्ञानिक प्रक्रिया के रूप में प्रकट होता है। वह ऊहापोहपूर्ण खण्डन-मण्डन-प्रधान तर्क-संचालित शास्त्रीयता के रूप में प्रकट नहीं होता। 'कामायनी' में भी वह शास्त्रीय ढंग से प्रकट नहीं हुआ है। जीवन-समस्याओं के निराकरण के रूप में ही उसे उपस्थित किया गया है। वह मनोवैज्ञानिक रूप से, अनुभूति के ढंग पर, सत्य-स्पर्शी भावना के रूप में, प्रकट किया गया है, बौद्धिक ऊहापोह के रूप में नहीं।

हाँ, यह सही है कि दार्शनिक भावना भी एक विशेष प्रकार की भावना होती है। और, बहुतों को उसमें नीरसता दिखाई देती है, यदि वह भावना संवेदनात्मक ज्ञान और ज्ञानात्मक संवेदनाओं का प्रकाश-रूप है, तो वह हृदयस्पर्शी होगी ही, बशर्ते कि पाठक उसके ज्ञान-तत्त्व को वास्तविक ज्ञान मान कर चले। यदि ऐसा नहीं हुआ तो उस दार्शनिक भावना में (उस पाठक के लिए) हृदय-स्पर्शी गुण का अभाव होगा।

हिन्दी के साहित्य-पण्डित भले ही 'कामायनी' की दार्शनिकता के कारण, उसे महत्त्व दें, इससे यह सिद्ध नहीं होता कि 'कामायनी' उत्कृष्ट काव्य न हो कर

'निकृष्ट', 'घटिया' काव्य है। (भगवतशरण जी के उक्त कथन को मैं अत्यन्त दुर्भाग्यपूर्ण समझता हूँ।)

'कामायनी' अपनी काव्यात्मकता के लिए, जीवन-समस्याओं के काव्यात्मक चित्रण के लिए, हमेशा प्रसिद्ध रहेगी। उसमें उत्कृष्ट काव्यात्मकता है। उसका दर्शन जीवन-समस्याओं पर अनवरत चिन्तन के फल-स्वरूप है। अतएव, वह जीवन-समस्याओं के निराकरण के रूप में प्रस्तुत हुआ है। उस दर्शन में, उस दर्शन के चित्रण में, कोई दोष नहीं है। उसमें आडम्बर नहीं है। उसमें दार्शनिक दम्भ नहीं है। और बहुत से स्थानों पर, आधुनिक सभ्यता की कुछ मूल विषमताओं पर, कठोर और प्रखर काव्यात्मक आक्रमण है। संक्षेप में, 'प्रसाद' जी की दार्शनिक अनुभूति उनकी भावना के नेत्र हैं।

'प्रसाद' जी की 'कामायनी' का दोष यह नहीं है कि उसमें दार्शनिकता प्रधान है। दोष यह है कि जीवन-समस्याएँ जिस स्तर और क्षेत्र की हैं, उस स्तर और क्षेत्र का उसका दार्शनिक समाधान नहीं है (उसकी दूसरी कमज़ोरियों पर प्रकाश डालने का यहाँ स्थान नहीं है) किन्तु, यह कहना कि 'कामायनी' में काव्यात्मकता नहीं है, तत्सम्बन्धी अपने घनघोर अज्ञान ही का प्रदर्शन करना है।

'उर्वशी' का दर्शन वस्तुतः कामात्मक संवेदनाओं की आध्यात्मिक परिणति के द्योतन के लिए उपस्थित एक दार्शनिक आडम्बर है। वह कामात्मक अहं की गतिविधियों के औचित्य स्थापना का प्रयास है। भगवतशरण जी कहते हैं कि वह अप्रासंगिक है। वह अप्रासंगिक नहीं, पूर्णतः प्रासंगिक है। वह ऐश्वर्यवान सम्पन्न श्रेणी की अनर्गल काम-स्पृहाओं को आध्यात्मिक औचित्य प्रदान करना चाहता है। यह आकस्मिक बात नहीं है कि पुरूरवा की विवाहिता स्त्री को केवल तपस्या का उपदेश दिया गया; किन्तु उसके प्रति दिनकर के हृदय में विशेष करुणा नहीं है।

यदि हम उपर्युक्त सभी स्थापनाओं को एक साथ ध्यान में रखें तो पायेंगे कि आखिर दिनकर की भाषा विचित्र और बोझिल क्यों है। वे कामात्मक मनोरति और संवेदनाओं में डूबना-उतराना चाहते हैं; साथ ही इस गतिविधि को सांस्कृतिक-आध्यात्मिक श्रेष्ठत्व प्रदान कर, उस श्रेष्ठत्व का प्रतिपादन—हाँ प्रतिपादन—करना चाहते हैं। अतएव, उन्हें काव्यात्मक स्थिति के बाहर जा कर भी सोचना पड़ता है। इसीलिए भाषा में बोझिल गुण हैं, विचित्र-विचित्र प्रयोग हैं, शब्दों की तोड़-मरोड़ है, ठूँसठाँस है। भाषा का अनायास प्रांजल, निर्मल, सरल, चपल प्रवाह देखने को भी नहीं मिलता। भाषा भी समारोहपूर्वक चलती है, बृहत् आयोजन के साथ; इसीलिए उसकी प्रदीर्घ पंक्तियों में सांस्कृतिक ध्वनियों और प्रतिध्वनियों का निनाद है, और बहुत-से स्थानों पर अर्थ की वायवीय शून्यताएँ हैं।

कामात्मक ऐकान्तिक क्षणों की आत्मीयता का स्वर तो भाषा में है ही नहीं। वहाँ तो हर चीज़ प्रदर्शनीय है, भड़कीली है।

भगवतशरण जी के आलोचनात्मक लेख में, 'उर्वशी' में दिये गये चित्रों पर जो टिप्पणी की गयी है, उसके बारे में मैं कुछ नहीं कह सकता। मुझे मूर्तिकला और चित्रकला का विशेष ज्ञान नहीं है। व्यक्तिशः मुझे वे चित्र निर्जीव और जड़वत् प्रतीत हुए। किन्तु, देवदत्त जी (पाण्डिचेरी) के इस दृष्टिकोण से मैं सहमत नहीं हो पाता कि 'उर्वशी' में "भारतीय सीमाओं के पूर्ण विलास का आनन्दमय दृष्टिकोण" प्रस्तुत हुआ है। काव्यकृति में आनन्दमय दृष्टिकोण प्रस्तुत होना एक बात है, काव्यकृति में स्वाभाविक सौन्दर्य होना बिल्कुल दूसरी बात।

श्री गोपालराय (पटना) की टिप्पणी मुझे बड़ी मज़ेदार लगी। भगवतशरण उपाध्याय ने कठोर व्यंग्यभाव से, 'एक घाट पर किस राजा का रहता बँधा प्रणय है,' अथवा 'रोमांचित सम्पूर्ण देह पर विगत चिह्न चुम्बन के', अथवा 'भरी चुम्बनों की फुहार' की जो आलोचना की है, वह सिर्फ़ उन्हें पसन्द नहीं आएगी जिन्हें व्यंग्य-भाव ही पसन्द नहीं है, अथवा जो दिनकर के अन्ध-भक्त हैं। उसी प्रकार, 'ओ शून्य पवन में मुझे देख चुम्बन अर्पित करने वाली' की जो आलोचना भगवतशरण जी ने की, वह मुझे सार्थक प्रतीत होती है। श्री गोपाल राय लिखते हैं कि वह आलोचना भगवतशरण जी का अनर्गल प्रलाप है। मुझे तो उक्त काव्य-पंक्ति में, दिनकर जी का ही प्रलाप दिखाई देता है। 'चट्टान-सी मेरी भुजाएँ' वाली पंक्तियों को ले कर भगवतशरण जी ने दिनकर जी की जो हँसी उड़ायी है, वह मुझे योग्य मालूम होती है, इसलिए कि पुरूरवा की इस आत्मश्लाघापूर्ण उक्ति का समर्थन करने वाले प्रबल तथ्यात्मक आधार का कोई प्रभाव पाठक के मन में उत्पन्न नहीं होता, क्योंकि वैसा ठोस तथ्यात्मक प्रमाण 'उर्वशी' में अनुपस्थित-सा है। हाँ, गोपाल राय जी के इस मत से मैं सहमत होता हूँ कि 'अयस्कान्त,' और 'शरभ' जैसे शब्दों के बारे में भगवतशरण जी की टिप्पणी युक्तियुक्त प्रतीत नहीं होती।

श्री शैलेन्द्रनाथ श्रीवास्तव ने भगवतशरण जी की स्वयं की गद्य-भाषा पर जो टिप्पणी की है, वह मुझे बिल्कुल सही मालूम होती है। भगवतशरण जी ने हिन्दी में जो बहुत-सी पुस्तकें लिखी हैं, उनको पढ़ना बहुत बार सिर्फ़ इसलिए मुश्किल मालूम होता है कि उनकी भाषा बड़ी अजीब और ऊबड़-खाबड़ है। उनके शब्द-प्रयोग बहुत विलक्षण हैं। मैं शैलेन्द्रनाथ जी की पूरी टिप्पणी के साथ अपनी सहमति प्रकट करता हूँ। किन्तु एक स्थान पर मेरा मतभेद है। 'सन्नारी' शब्द का प्रयोग कुछ उचित नहीं जान पड़ता। वह काव्य में प्रयोग करने लायक़ है, यह मुझे नहीं लगता। फिर भी, शैलेन्द्रनाथ जी की टिप्पणी मुझे बहुत न्यायोचित मालूम होती है।

मैं विष्णुकिशोर जी बेचन (भागलपुर) के प्रति अपना आभार प्रदर्शित करता हूँ कि उन्होंने दिनकर की 'परशुराम की प्रतीक्षा' नामक नवीन काव्य-ग्रन्थ की ओर हमारा ध्यान खींचा। भारतीय जनतन्त्र के विकास के लिए, परशुधर की प्रतीक्षा की मनोवृत्ति घातक ही कही जायेगी।

अन्त में, मैं भगवतशरण जी के प्रति अपना ऋण भी स्वीकार करूँगा। उनके लेख के तीखे व्यंग्यात्मक स्वर के अतिरिक्त, उनकी ज्ञान-सम्पदा हमें बहुत कुछ दे जाती है। यदि उनके पास इतनी प्रभावशाली सम्पदा न होती तो 'उर्वशी' की आलोचना अधूरी ही रह जाती। उनके लेख के प्रकाशन के लिए मैं 'कल्पना' के सम्पादकों को धन्यवाद देता हूँ।

–गजानन माधव मुक्तिबोध

‘उर्वशी’ : एक भाव-विश्लेषण

श्री रामधारी सिंह दिनकर का काव्य-नाटक ‘उर्वशी’ उन कृतियों में से है जिसे ले कर पिछले दिनों हिन्दी पाठकों और आलोचकों ने बड़े तीव्र और सर्वथा विरोधी मतामत प्रकट किये हैं और वाद-विवाद चल पड़ा है। साधारणतः हिन्दी में किसी रचना के प्रति ऐसी प्रबल प्रतिक्रिया या तो होती ही नहीं और होती भी है, तो प्रायः उपन्यासों को ले कर ही अधिक हुआ करती है। किसी काव्य-ग्रन्थ के विषय में पाठकों-आलोचकों में ऐसे तीव्र मतामत उत्पन्न और अभिव्यक्त होना अपने—आप में एक उल्लेखनीय बात है जिससे अन्ततः ‘उर्वशी’ का महत्त्व भी प्रकट होता ही है। इन प्रतिक्रियाओं की विविधता और तीव्रता से अज्ञेय के उपन्यास ‘नदी के द्वीप’ को लेकर होने वाली चर्चा की याद आती है, क्योंकि एक हद तक ‘नदी के द्वीप’ की भाँति ही ‘उर्वशी’ भी नर-नारी के प्रबल उद्दाम आकर्षण और मिलन का, काम और प्रणय के अतिरेक का काव्य है। प्रसाद की ‘कामायनी’ में भी नर और नारी के आकर्षण और मिलन का, उनके द्वन्द्व का चित्रण है, पर ‘रोमांटिक’ युग के कवि प्रसाद बुद्धि और भावना की, इडा और श्रद्धा की दार्शनिक ऊहापोह में अधिक उलझे रहे, मनु और श्रद्धा तथा इडा के बीच सम्बन्धों के काम-पक्ष पर उनका ध्यान इतना अधिक नहीं गया।

‘उर्वशी’ में दिनकर के उग्र, प्रखर व्यक्तित्व ने नर-नारी के प्रणय व्यापार को, विशेषकर उसके दैहिक काम-परक पक्ष को, कहीं अधिक यथार्थ और वास्तविक रूप में देखा है और उसे अपने व्यक्तित्व की समस्त तीव्रता और आकुलता के साथ, एक प्रकार की तीखी उत्कटता के साथ, ग्रहण और चित्रित करना चाहा है; यद्यपि उन्होंने उस ‘अगोचर और इन्द्रियातीत’ नारी को भी शब्दबद्ध करने का यत्न किया है जिसका ‘सन्धान पुरुष दैहिक चेतना से परे प्रेम की दुर्गम समाधि में पहुँच कर पाता है, या उस पुरुष का जो ‘शरीर के धरातल पर नहीं रहता, जिससे मिलने

की व्याकुलता में नारी अंग-संज्ञा के पार पहुँचना चाहती है।' 'उर्वशी' में ऐसे प्रेम की गाथा लिखने का यत्न है जिसकी 'लीलाभूमि' शरीर से लगा कर 'मन के गहन गुह्यलोकों तक चली गयी है।' किन्तु साधारण मनुष्य को ये 'गुह्यलोक' सहज ही नहीं दीख पड़ते, वह अपनी सीमाओं के कारण शायद शरीर की लीलाभूमि पर ही ठिठका रह जाता है। इसीलिए इसमें कोई बहुत आश्चर्य की बात नहीं कि बहुत-से पाठकों-आलोचकों को 'उर्वशी' में 'काम-सुख की निरंकार झंकृतियाँ' न सुनाई दें और नर-नारी के मिलन का केवल 'जैव' या 'शारीरिक धरातल' ही दिखाई पडे, जिसके फलस्वरूप उन्हें किंचित् अचकचाहट अनुभव होती हो। अवश्य ही इस अचकचाहट के पीछे किसी हद तक हिन्दी के पाठक का बड़ा अवयस्क किशोर-सुलभ मानसिक स्तर भी है जो 'रोमांटिक' छायावादी काव्य के अशरीरी भावलोक से पूरी तरह उबर नहीं पाया है और जो स्त्री-पुरुष के प्रणय व्यापार के किसी भी वयस्क चित्र को देखते ही संकुचित हो कर नैतिक नारे लगाने लगता है। 'उर्वशी' की सर्जनात्मक उपलब्धि पर समुचित विचार कर सकने के लिए यह आवश्यक है कि इस किशोरोचित कुतूहल-मिश्रित नैतिकता से मुक्त हुआ जाए और यह देखा जाए कि स्त्री-पुरुष के आकर्षण और प्रणय को कवि किस स्तर पर, किस रूप में, कितनी गहनता के साथ अनुभव और अभिव्यक्त कर सकता है।

इस दृष्टि से—और काव्यात्मक उपलब्धि और उत्कर्ष की दृष्टि से भी, रूप तथा शिल्प विषयक अन्विति की दृष्टि से भी, जिसकी चर्चा विस्तार से बाद में की जायेगी— इस पंचांकी 'नाटक' का तीसरा 'अंक' केन्द्र ही नहीं, उसका सारभाग है, जिसमें ही शायद उस प्रेरणा की कुंजी भी छिपी है (या कि उजागर है!), जिसने कवि को 'आठ वर्ष तक ग्रसित रख कर वह काव्य लिखवा लिया'। 166 पृष्ठों के इस ग्रन्थ के तीसरे अंक में 62 पृष्ठ हैं जिसमें पुरूरवा और उर्वशी द्वारा 'अभिसार' 'द्वन्द्व', पीड़ा और प्रेम के गुह्यलोकों के अनुसन्धान में व्यतीत एक वर्ष का वर्णन है। इस काव्य का मूल कथ्य यही है; बाक़ी चार अंकों में तो पुरूरवा और उर्वशी के मिलन और वियोग का पद्यबद्ध इतिवृत्त मात्र है जिसमें प्रसंगवश कुछेक काव्यपूर्ण स्थल हैं अवश्य, पर न तो वे बहुत अधिक सार्थक और महत्त्वपूर्ण ही हैं, न इतने तीव्र और उत्कृष्ट ही कि उन पर अधिक ध्यान आवश्यक हो। इसलिए तीसरे अंक की समस्त विषयवस्तु का विस्तार से विश्लेषण और अध्ययन बहुत उपयोगी और आवश्यक है।

इस अंक का घटनास्थल है गन्धमादन पर्वत और पात्र हैं प्रणयविसुध पुरूरवा और उर्वशी। उसका प्रारम्भ पुरूरवा के इन शब्दों से होता है :

जब से हम-तुम मिले, न जाने कितने अभिसारों में
रजनी कर श्रृंगार सितासित नभ में घूम चुकी है।

आगे उर्वशी कहती है :

जब से हम-तुम मिले, न जाने क्या हो गया समय को
लय होता जा रहा मरुद्‍गति से अतीत गह्वर में।

ये पंक्तियाँ गन्धमादन पर्वत पर इस प्रेमी-युगल के दीर्घ प्रणय-जीवन का संकेत देती हैं। इसके बाद ही उर्वशी अपने मन के एक उपालम्भ को प्रकट करती है :

मिले अन्त में तब, जब ललना की मर्याद गँवा कर
स्वर्गलोक को छोड़ भूमि पर स्वयं चली मैं आयी।

उत्तर में पुरूरवा इसके लिए अपनी 'चिर कृतज्ञता' प्रकट करता है और कहता है कि उसके प्रेम से संतप्त हो कर भी वह निष्क्रिय इस विश्वास के कारण बैठा रहा कि 'किसी रात निश्चय भूतल पर स्वयं चली आओगी।' पर उर्वशी कहती है कि इस आने में उस 'सुख का स्वाद' कहाँ है जो 'उन मनस्विनी वामलोचनाओं' को मिलता है जिन्हें 'प्रेम से उद्वेलित बलशाली विक्रमी पुरुष' रण से जीत लाते हैं या 'बल सहित हरण करते हैं'।

वही धन्य जो मानमयी प्रणयी के बाहुवलय में
खिंची नहीं, विक्रम तरंग पर चढ़ी हुई आती है।

इसका कोई सीधा उत्तर पुरूरवा के पास नहीं, पर वह अपनी इस उलझन की बात करता है कि कैसे 'कामना वायु' प्राणों में सिहरन पुलक जगा कर, 'मन का दीपक बुझा', कुछ देर के लिए तो मन को तिमिराच्छन्न बना देती है पर ये दीपक फिर जग जाते हैं। उर्वशी इस कथन की व्यंजना से आहत हो कर कहती है :

अन्धकार की मैं प्रतिमा हूँ? जब तक हृदय तुम्हारा
तिमिरग्रस्त है तब तक ही मैं उस पर राज करूँगी?

और—

यह विद्युन्मय स्पर्श तिमिर है पा कर जिसे त्वचा की
नींद टूट जाती, रोमों में दीपक जल उठते हैं?

जब वह पूछती है कि 'ज्वलन्त नर' पर वह कौन-सा 'अंकुश' लटकता रहता है जो उसे जीवन का रस छक कर पीने नहीं देता, तो उत्तर में पुरूरवा कह उठता है :

कौन है अंकुश, इसे मैं भी नहीं पहचानता हूँ।
पर सरोवर के किनारे कण्ठ में जो जल रही है,
उस तृषा, उस वेदना को जानता हूँ।

पुरूरवा का यह संवाद बड़ा लम्बा है पर वह इस काव्य के दो तीव्रतम और गहनतम स्थलों मे से एक है जिसमें वह अपने भीतर की मूल आकुलता अभिव्यक्त करता है :

फिर वही उद्विग्न चिन्तन

फिर वही पृच्छा चिरन्तन
'रूप की आरा ना का मार्ग
आलिंगन नहीं तो और क्या है?'

वह 'रक्त ही उत्तप्त लहरों की परिधि के पार यदि कोई सत्य हो तो' उसका भेद जानने को व्याकुल है, पर उसे कुछ सन्धान, कोई समाधान नहीं मिलता। कभी वह उर्वशी के वक्ष में, 'श्यामल मेघ जैसी नींद' से जग कर देखता है कि 'कामनाएँ वर्तिका-सी जल रही हैं' और कभी 'सोने के रुधिर में सहस्रों साँप' रेंगने लगते हैं और 'चेतना रस की लहर में डूब जाती है'। और फिर कभी ध्यान सहसा कहीं खो जाता है :

सत्य ही रहता नहीं यह ज्ञान
तुम कविता कुसुम या कामिनी हो।
आरती की ज्योति को भुज में समेटे
मैं तुम्हारी ओर अपलक देखता एकान्त मन से
रूप के उद्गम अगम का भेद गुनता हूँ।
साँस में सौरभ, तुम्हारे वर्ण का गायन भरा है
सींचता हूँ प्राण को इस गन्ध की भीनी लहर से
औरअंगों की विभा की वीचियों से एक हो कर
मैं तुम्हारे रंग का संगीत सुनता हूँ।

किन्तु वह यह भी नहीं भूल पाता कि :

मर्त्य मानव की विजय का तूर्य हूँ मैं
उर्वशी! अपने समय का सूर्य हूँ मैं।

और सोचता है कि न जाने क्या बात है कि 'इन्द्र का आयुध झेल सकने वाला यह पुरुष' रूपसी नारी के 'बंकिम नयन के बाण' से बिद्ध हो जाता है।

मैं तुम्हारे बाण का बींधा हुआ खग
वक्ष पर धर सीस मरना चाहता हूँ
मैं तुम्हारे हाथ का लीला-कमल हूँ
प्राण के सर में उतरना चाहता हूँ।

यह व्यथा किसी तरह कम नहीं होती। अन्त में उसके अन्तर का मूल द्वन्द्व इस रूप में प्रकट होता है :

चाहिए देवत्व,
पर, इस आग को धर दूँ कहाँ पर?
कामनाओं को विसर्जित व्योम में कर दूँ कहाँ पर?
वह्नि का बेचैन यह रसकोष, बोलो, कौन लेगा?
आग के बदले मुझे सन्तोष, बोलो, कौन देगा?
फिर दिशाएँ मौन, फिर उत्तर नहीं है।

दिनकर जी स्त्री-पुरुष के प्रणयाकर्षण के माध्यम से मानव में देवत्व की चाह और मनुजोचित कामनाओं के बीच भटकते-टकराते रहने के अन्तर्द्वन्द्व को दिखाना चाहते हैं, और उन्हें इस प्रश्न का कोई उत्तर नहीं मिलता। प्रणय के सन्दर्भ में इस प्रश्न अथवा अन्तर्द्वन्द्व की सार्थकता, उसके अभिप्राय या औचित्य को लेकर कई प्रकार की चर्चा सम्भव है और उस पर अन्यत्र कुछ विचार भी किया जायेगा। यहाँ यह स्वीकार किया जा सकता है कि पुरूरवा के इस संवाद में अन्तर्द्वन्द्व-ग्रसित पुरुष की पीड़ा की बहुत तीव्र और गहन अभिव्यक्ति है। वास्तव में, यही इस काव्य का मूल केन्द्र-बिन्दु भी है और उसका चरमोत्कर्ष भी—भाव गहनता और काव्योपलब्धि दोनों ही के धरातल पर। पुरूरवा के इस समस्त कथन में एक साथ ही व्यक्गित लालसा और परमार्थ, काम और धर्म, देह और आत्मा के परस्पर-विरोधी आह्वान से त्रस्त मानव के तीव्र अन्तर्दाह और बेचैनी की प्रतिध्वनि है।

इसके बाद आलिंगनबद्ध पुरूरवा और उर्वशी में रक्त और बुद्धि के संघर्ष पर, देवता और मनुज के द्वन्द्व पर, देह और आत्मा के आह्वान और महत्त्व तथा उनके बीच की खाई के अतिक्रमण पर, देहधर्म से परे अन्तरात्मा तक उठ जाने पर, बहस छिड़ जाती है और जैसे खत्म होने को ही नहीं आती कि अचानक उर्वशी के ये शब्द एक अन्य स्थिति की सूचना देते हैं :

कसे रहो, बस, इसी भाँति, उर-पीडक आलिंगन में
और जलाते रहो अधर पुट को कठोर चुम्बन से।
किन्तु आह! यों नहीं; तनिक तो शिथिल करो बाँहों को;

और परवर्ती अंशों में प्रच्छन्न और अप्रच्छन्न संकेतों और व्यंजनाओं द्वारा, समस्त वार्तालाप की गठन और भाषा के संगीत तथा लय द्वारा, भावातिरेक की विभिन्न प्रकार की अभिव्यक्तियों द्वारा, प्रेमी-युगल की प्रणयकेलि के, रतिक्रिया के, क्रमशः चरम क्षण तक पहुँचने का भाव उपस्थित किया गया है और पुरूरवा कह उठता है :

शब्द नहीं है; यह गूँगे का स्वाद, अगोचर सुख है।

इस तथाकथित नाटक के इस अंक में केवल इसी अंश में कुछ नाटकीय कार्य व्यापार अभिव्यंजित है, यद्यपि दुर्भाग्यवश उसे किसी प्रकार 'दृश्य' करना शायद सम्भव नहीं!

सम्भवतः इस स्थिति को परिणति के रूप में तभी पुरूरवा को इस शिखर से उतर कर फिर वही 'तरंगों में गाहन करने की' ग्राम्य तृषा पीड़ित करने लगती है और वह पूछता है :

भ्रान्ति स्वयं या जान बूझ कर मुझको भ्रमा रही हो?

उत्तर में उर्वशी कहती है :

भ्रान्ति नहीं, अनुभूति; जिसे ईश्वर हम सब कहते हैं।

और इन शब्दों के साथ उसका वह बारह पृष्ठों का लम्बा भाषण प्रारम्भ होता

है जिसमें जीवन और संसार के समस्त चरम तत्त्वों की चर्चा है। कवि को इस भाषण में निबद्ध 'विचार तत्त्व' से चाहे जितना मोह क्यों न हो, वह उसे चाहे जितना महत्त्वपूर्ण क्यों न मानता हो, यह स्थल इस काव्य का सबसे अनुपयुक्त, असंगत और नीरस स्थल है। प्रणय व्यापार की चरम स्थिति पर उर्वशी द्वारा ऐसी दार्शनिक चर्चा बड़ी बेमानी तो लगती ही है, उसमें प्रकट विचार भी बड़े भावुकतापूर्ण और मूलतः निस्सार हैं, और बड़ी थोथी दार्शनिकता के सूचक हैं।

अब पुरूरवा उर्वशी से उसके रहस्य की जिज्ञासा करता है तो वह कहती है : मैं मानवी नहीं, देवी हूँ; और देवताओं के आनन पर सदा एक झिलमिल रहस्य-आवरण पड़ा रहता है जिसे हटाना ठीक नहीं, इससे उसका कवित्व नष्ट हो जाता है। पुरूरवा जब हठ करता है तो उसके उत्तर में उर्वशी कह उठती है :

पर क्या बोलूँ? क्या कहूँ?
भ्रान्ति यह देह-भाव।
मैं मनोदेश की वायु व्यग्र, व्याकुल चंचल
अवचेत प्राण की प्रभा, चेतना के जल में
मैं रूप-रंग-रस-गन्धपूर्ण साकार कमल।

अपना यह परिचय उर्वशी बहुत-से सुन्दर बिम्बों और रूपों में देती है। यथा:

मैं नाम गोत्र से रहित पुष्प
अम्बर में उड़ती हुई मुक्त आनन्द शिखा
इतिवृत्तहीन।

... ...

प्रिय! मैं केवल अप्सरा।

... ...

कामना-वह्नि की शिखा मुक्त मैं अनवरुद्ध।
मैं अप्रतिहत, मैं दुर्निवार।

... ...

देवालय में देवता नहीं, केवल मैं हूँ।

... ...

मैं कला चेतना का म ुमय प्रच्छन्न स्रोत।

... ...

पाषाणों के अनगढ़ अंगों को काट-छाँट
मैं ही निविडस्तननता, मुष्टिम यमा
मदिर लोचना, कामलुलिता नारी
प्रस्तरावरण कर भंग
तोड़ तम को उन्मत्त उभरती हूँ।

... .

मैं देशकाल से परे चिरन्तन नारी हूँ।
मैं आत्मतन्त्र यौवन की नित्य नवीन प्रभा
रूपसी अमर मैं चिर युवती सुकुमारी हूँ।

... ...

मैं भूत भविष्यत् वर्तमान की कृत्रिम बा ा से विमुक्त;
मैं विश्वप्रिया।
तुम पंथ जोहते रहो,
अचानक किसी रात में आऊँगी।
अधरों में अपने अधरों की मदिरा ऊँड़ेल
मैं तुम्हें वक्ष से लगा
युगों की संचित तपन मिटाऊँगी।

'उर्वशी' काव्य का यह दूसरा मार्मिक स्थल है जिसमें कवि की प्रेरणा का बीज भी है और उसका उभार भी। नारी रूप और उसके रहस्यमय सम्मोहन के इन बिम्बों में बड़ी चित्रमयता है, सौन्दर्य की बहुत ही हल्के हाथ से तराशी हुई प्रतिमाएँ हैं, भाव विभोरता से अनुदीप्त और प्राणवान। वे निश्चय ही कवि के किसी सर्वथा निजी रूप-सम्मोहन को ही वाणी देती हैं, अन्यथा उनमें इतनी विह्वलता और तरलता भी न होती और न अभिव्यक्ति में इतना कसाव और तनाव। दूसरी ओर, इन चित्रों में अन्य कई कवियों और कविताओं की अनुगूँज स्पष्ट है, जो कहीं-कहीं तो इस सीमा तक परिचित लगती है कि 'दुहेजू' होने की आशंका होती है। उनके पीछे एक और भी विवादी स्वर है। स्वयं उर्वशी का अपने रूप और सम्मोहन का यह बखान बहुत शोभन नहीं, और जिस बाह्य तथा आन्तरिक परिस्थिति में उसे रखा गया है, उसमें तो और भी बेसुरा लगता है। नारी रूप के इस सम्मोहन का वर्णन अधिकांश कवियों ने सीधे-सीधे किया है, स्वयं कवि की ओर से। रवीन्द्रनाथ ठाकुर की प्रसिद्ध 'उर्वशी' कविता में तथा नारी रूप से सम्बन्धित अन्य कविताओं में यही पद्धति अपनायी गयी है और वही समुचित भी लगती है। दिनकर द्वारा नारी रूप का यह ब्याज वर्णन नारी के साथ भी अन्याय करता है और कवि के सम्मोहन के साथ भी। फिर भी अपने–आप में इस अंश में एक ऐसी चमक है जो मन को प्रभावित करती है। जो हो, इस 'आवेशित उद्गार' के बाद गन्धमादन पर्वत के इस मिलन-अभिसार प्रसंग का अवसान होता है। इसके साथ ही जैसे यह समस्त काव्य एक मन्त्रकीलित स्वप्न संसार में से गिर कर फिर नीरस वर्णनात्मकता के ऊबड़-खाबड़ प्रदेश में ठोकरें खाने लगता है।

सम्भवतः तीसरे अंक में इतने विस्तृत विश्लेषण और उद्धरण की आवश्यकता और उपादेयता स्पष्ट हो गयी होगी। उसमें इस काव्य की उपलब्धि और दुर्बलताएँ एक साथ ही प्रकट हो जाती हैं। इस पूरे अंक में प्रारम्भ से अन्त तक अपने ढंग की ऐसी भावात्मक और रूपगत अन्विति आ गयी है जो सचमुच काव्य की संज्ञा देती

है। साथ ही यह अंक अपने—आप में सम्पूर्ण है, पूर्ववर्ती अथवा परवर्ती इतिवृत्तात्मक अंशों पर आश्रित नहीं, उनसे बहुत अधिक सम्बद्ध भी नहीं। उसमें अपने भीतर ही एक प्रकार की आन्तरिक गति और उत्कर्ष है, उर्वशी के लम्बे नीरस दार्शनिक भाषण के बावजूद उसमें प्रवाह भी है और शक्ति भी, भावों और विचारों का तथा वस्तु और अभिव्यक्ति का एक प्रकार का गुम्फन भी। दिनकर के ओजपरक तथा प्रबल भावावेग प्रधान काव्य के प्रायः सभी विशिष्ट गुण उसमें मिल जाते हैं। केवल इस एक अंश के बल पर भी इस काव्य को महत्त्वपूर्ण और उल्लेखनीय माना जा सकता है, क्योंकि निस्सन्देह उसके पीछे एक वास्तविक और जीवन्त तथा प्रबल अनुभूति है जो मन को छूती है।

किन्तु दुर्भाग्यवश काव्य के केवल इसी अंश और उसकी जीवन्त अनुभूति पर ही रुक जाना या वहीं रुके रहना सम्भव नहीं। स्वयं इस अंश में भी, और सम्पूर्ण काव्य को एक साथ लेने पर तो विशेष रूप से, मिथ्या और वास्तव का, सुन्दर और असुन्दर का, प्रकृत और कृत्रिम का ऐसा मिश्रण है कि कोई आश्चर्य नहीं कि बहुतों का धीरज छूट जाता है। कुल मिला कर 'उर्वशी' में अनावश्यक और अनर्गल की मात्रा बहुत अधिक है। उसमें आन्तरिक असंगति, अस्पष्टता, उद्देश्य तथा उसके कार्यान्वित होने में शिथिलता, भावगत तथा रूपगत दोनों प्रकार की मिथ्या स्फीति, छोटी बात को बढ़ा कर कहने, भारी-भरकम बनाने और विस्तार देने की प्रवृत्ति इतनी अधिक है कि उसकी बहुत-सी मार्मिकता और सुन्दरता मरु-प्रदेश की धारा की भाँति विलीन रहती है।

सबसे पहले उसकी मुख्य विषयवस्तु को ही लीजिए। दावा यह है कि वह नर-नारी के सनातन आकर्षण, पीड़ा और द्वन्द्व तथा उसकी चरम-परिणति का काव्य है, और कि पुरूरवा तथा उर्वशी सनातन नर-नारी के प्रतीक हैं। पर वास्तव में इस काव्य में सनातन क्या है? यों तो नर-नारी मात्र का प्रणय सनातन होता है और प्रत्येक पुरुष और प्रत्येक स्त्री किसी न किसी स्तर पर पुरुष मात्र और स्त्री मात्र के प्रतीक होते हैं। फिर पुरूरवा और उर्वशी के प्रणय में वास्तव में ऐसा क्या विशिष्ट और असामान्य है जो उसे सनातनता के स्तर पर उठा ले जाता हो? उनका परस्पर आकर्षण? पुरूरवा का वह 'अंकुश'? गन्धमादन पर उनकी रति-क्रिया? या उर्वशी का वह लम्बा प्रवचन अथवा दोनों के बीच की बहस? सच तो यह है कि इस काव्य में उर्वशी और पुरूरवा के समस्त प्रणय-व्यापार में व्यक्तिगत अनुभूति की तीव्रता भले ही हो, पर वह भीषण रूप में एक आयामी और वैशिष्ट्यहीन है। केवल एक स्थिति का, मात्र मिलन और संगम की अवस्था का चित्र उसमें मिलता है; नर-नारी के आकर्षण-विकर्षण, संयोग और वियोग, संगम और द्वन्द्व के विभिन्न स्तरों का, विभिन्न पक्षों और रूपों का, विभिन्न भावदशाओं और उनकी विभिन्न परिणतियों का उसमें कहीं कोई पता नहीं। साहित्य के लिए प्रेम कोई नया विषय नहीं है। साहित्य और कला-सृष्टि के प्रारम्भ से ही मनुष्य ने अपनी प्रणयानुभूति को कितनी

कल्पनातीत विविधता में, सूक्ष्मता में, विचित्रता में अंकित किया है; उसमें कितने विभिन्न भावों और संवेदनाओं को, शारीरिक तथा मानसिक मिलन और वियोग की विभिन्न स्थितियों को, भावावस्थाओं को सँजोया है; उसे भावों के कितने उतार-चढ़ाव, कितने संघातों से समृद्ध किया है। 'उर्वशी' में अंकित प्रणय कथा में अनुभूति की कोई विविधता नहीं, विभिन्न भावों के संघात का, उनके विभिन्न संयुक्त सूक्ष्म स्तरों का कोई चिह्न नहीं। वह केवल एक स्तर पर, एक बिन्दु पर एक मात्र भावावस्था का चित्र है, जिसमें तल्लीनता है पर जो अत्यन्त सीमित होने के कारण किसी गहन और अधिक सार्थक अनुभूति को नहीं सूचित करता। प्रेम और काम के मनोविज्ञान की दृष्टि से भी 'उर्वशी' का समस्त वर्णन बड़ा प्रारम्भिक, बाहरी, कच्चा और अपर्याप्त लगता है, उत्कृष्ट कला-कृति की दृष्टि से तो उसमें अनुभूति और कल्पना दोनों की विचित्र-सी क्षीणता परिलक्षित होती है। इसी कथा के सहारे कालिदास ने 'विक्रमोर्वशीयम्' में प्रणय चित्रण की प्रतीक्षा, मिलनोत्कण्ठा, मिलन, संगम, विरह आदि कितनी स्थितियों को तथा उनकी भी कितनी विभिन्न सूक्ष्म भावदशाओं को प्रस्तुत किया है? अपनी कथावस्तु मूलतः वहीं से ले कर भी दिनकर प्रणय-व्यापार की वह मानवीय अनेकरूपता और सूक्ष्मता नहीं ला पाये हैं। नर-नारी के प्रेम में क्या केवल शारीरिक मिलन मात्र ही सनातन है? क्या इस मिलन को विराट् कह देने से, उसे विराटता के 'बड़े-बड़े' विचारों में लपेट देने से, वह सनातन हो सकता है? दिनकर प्रेम के जिस स्तर से उलझे रह गये हैं वह मूलतः 'जैव धरातल' ही है, मानवीय भावानुभूति की जो सूक्ष्मता, विविधता और अनेकरूपता उसे व्यापकता और सनातनता दे सकती है, वह 'उर्वशी' में प्रायः नहीं है।

कालिदास के नाटक के प्रणय प्रसंगों में एक और भी विशेषता है : उनमें यौवन की सरलता, सहजता और स्वच्छता भी है और एक स्वाभाविक उद्दामता तथा खुलापन भी। उनमें कहीं भी कोई आत्मसजगता या संकोच नहीं है, जिसके अत्यधिक हो जाने से नर-नारी का प्रणय-चित्रण तुरन्त अश्लील और कुरुचिपूर्ण हो जाता है। 'उर्वशी' में उतनी आत्मसजगता तो नहीं है कि अंकन अश्लील लगे, फिर भी उसमें प्रौढ़ 'रोमांस' का-सा भारीपन है, स्थूलता है, और समस्त छद्म आध्यात्मिकता के बावजूद एक प्रकार की कायिकता है। कई बार कुछ ऐसा भाव अभिव्यक्त होता है जैसे कोई वयस्क व्यक्ति चोरी से प्रेम करते देख लिया गया हो और वह अचानक सचेष्ट तथा संकुचित हो उठा हो। उस सर्वथा अनावश्यक आध्यात्मिक विवेचन और बौद्धिक विश्लेषण में यह बात विशेष रूप से ध्वनित होती है। प्रणयानुभूति के चरम क्षण में, नर-नारी के सनातन आकर्षण की पवित्र परिणति के उस परम मुहूर्त में, आत्मा-परमात्मा की वह चर्चा अपना औचित्य सिद्ध करने के प्रयत्न जैसी, किसी असावधानी को गम्भीर चर्चा द्वारा ढँक लेने के प्रयास जैसी लगती है। 'कामसुख की निरंकार झंकृतियाँ'—यदि कोई होती हों तो—निरंकारता पर बहस से नहीं, सम्भवतः

प्रणयानुभूति के प्रति सहज स्वाभाविक भाव से समर्पित हो सकने से उपलब्ध हो सकें। वे स्वयं कामानुभूति के क्षणों में नहीं, उन क्षणों के फलस्वरूप व्यक्ति को प्राप्त हो सकने वाले आन्तरिक सन्तुलन, सहज दृष्टि और जीवनानन्द में निहित हो सकती हैं। कामानुभूति के क्षण में जैसी बौद्धिक चर्चा 'उर्वशी' में की गयी है वह इतने कैशोर्य-सुलभ संकोच, अविश्वास और वैदग्ध्यहीनता की सूचक है कि दिनकर जैसे कवि से सर्वथा अप्रत्याशित है। किसी हद तक कवि का यह अविश्वास ही इस प्रणय कथा को प्रायः कामकथा बना देता है और उसका बहुत-सा आन्तरिक सौन्दर्य नष्ट कर देता है।

इस सम्बन्ध में एक और भी प्रश्न उठता है। कवि ने उर्वशी और पुरूरवा की यह कथा क्यों चुनी? उर्वशी के नारीत्व में एक प्रकार की छलना का भाव है। वह भिन्न लोक और स्तर की होने के कारण पुरुष के लिए सम्मोहन तो उपस्थित कर सकती है, पर वह उसकी संगिनी, प्रकृत नारी नहीं हो सकती। वह यथार्थ से अधिक कल्पना है, वह पुरुष को वास्तविक स्थायी परितृप्ति नहीं दे सकती और न उनके सही सम्बन्ध का आधार बन सकती है। वासना का उद्दाम ज्वार मानव के लिए, लाख संशयग्रस्त होने पर भी, यथार्थ और विक्षिप्त कर देने वाली अनुभूति है, पर अप्सरा के लिए वह निरा कुतूहल, निरा स्वाद-परिवर्तन ही हो सकता है इसलिए नर-नारी के मूलभूत और सनातन आकर्षण और द्वन्द्व के सन्दर्भ में पुरुष को मानव और स्त्री को अप्सरा बनाना बड़ा अहेतुक लगता है।

वास्तव में इस कथा में अवान्तर सूत्र इतने अधिक हैं कि उसे नर-नारी के प्रकृत चिरन्तन प्रेम का प्रतीक नहीं बनने देते। एक अपूर्व आकर्षण और प्रणय की दृष्टि से वह निस्सन्देह बहुत ही मनोहारी और सम्भावनापूर्ण कथा है, जिसमें बहुत-से भावों की अभिव्यक्ति की गुंजाइश है। पर दिनकर उस कथा की सूक्ष्मता और सुकुमारता का, परस्पर-विरोधी और दाहक भावों के चित्रण का, कोई उपयोग ही नहीं करते। इसके विपरीत वे उसमें एक ओर तो नितान्त शारीरिक मिलन के क्षणों की उद्भावना करते हैं और दूसरी ओर ऐसे विराट् और सार्वकालिक प्रतीकों और इंगितों का समावेश करते हैं कि उसका विशिष्ट स्वरूप ही नहीं, समस्त सौष्ठव नष्ट हो जाता है। यही कारण है नर-नारी के मूलभूत आकर्षण के परिप्रेक्ष्य में इस कथा में औशीनरी, सुकन्या और आयु सम्बन्धी सारे प्रसंग बड़े अस्वाभाविक, गद्यात्मक और अवान्तर लगते हैं। कवि मूल विषयवस्तु के साथ उनका कोई सार्थक सम्बन्ध नहीं स्थापित कर सका है। बल्कि, वे मूल प्रणय कथा के अभाव को भंग करते हैं और उसके जादू को नष्ट कर देते हैं। तीसरे अंक की उद्दाम प्रबल प्रणयानुभूति के लिए बाक़ी चारों अंकों के कथा-प्रवाह की कोई वास्तविक आवश्यकता भी नहीं, उसके साथ उनकी कोई अन्विति नहीं। उन्हें दुहराना केवल इसलिए आवश्यक है कि जो कथा कवि ने अपनी विशेष अनुभूति के आधार के रूप में चुनी है, उसमें

वे सब घटनाएँ भी मौजूद हैं। वे कोई कलात्मक या भावात्मक उद्देश्य पूरा नहीं करतीं और बड़ी शिथिल और निष्प्राण-सी झूलती रहती हैं। इसके विपरीत तीसरा अंक अपने—आप में सम्पूर्ण है और उसकी स्वतन्त्र सत्ता है जो बाक़ी कथा सूत्र से सर्वथा विच्छिन्न है। और इस रूप में, तीसरे अंक के प्रणय-क्रीड़ा-निरत नर-नारी कोई भी दो स्त्री-पुरुष हो सकते हैं। उनमें कुछ भी ऐसा नहीं है जो विशेष रूप से पुरूरवा और उर्वशी का ही हो। मूल भाववस्तु और कथानक में ऐसी सम्बन्धहीनता अथवा सम्बन्ध की अनिवार्यता का अभाव बड़ी शिथिल कला दृष्टि का ही द्योतक हो सकता है।

इस स्थिति का एक और घातक परिणाम हुआ है। वास्तव में 'उर्वशी' के पीछे अनुप्राणित अनुभूति के तत्त्व ये हैं : एक पुरुष का किसी विलक्षण रहस्य और सम्मोहनमयी नारी के सौन्दर्य से साक्षात्कार, उसके प्रणय की उद्दाम दुर्निवार लालसा और उसकी प्राप्ति के क्षण का वह उद्दीप्त अपूर्व भावोन्माद और आनन्दातिरेक। उस अनुभूति को दिनकर ने बलपूर्वक खींचतान कर एक सुपरिचित कथा के चौखटे में बिठाना चाहा है। यही नहीं, उसे उस कथा से भी कहीं अधिक व्यापक और विराट् आकार दे देना चाहा है जो उस अनुभूति के अनुकूल तो नहीं है ही, उसे खण्डित, विकृत और क्षीण कर देने वाला है, क्योंकि दिनकर की अपनी इस अनुभूति में कहीं एक सनातनत्व शायद है जो अपने प्रकृत रूप में अभिव्यक्त होने पर शायद अधिक सक्षमता और तीव्रता के साथ सम्प्रेषित हो पाता। किन्तु, सम्भवतः, 'उर्वशी' इस बात का एक प्रत्यक्ष उदाहरण है कि अनुभूति के बलपूर्वक विराटीकरण, उदात्तीकरण और विस्तार का मोह समर्थ से समर्थ कलाकार के लिए भी घातक हो सकता है। दिनकर जी ने भूमिका में कहा है, 'कविता की भूमि केवल दर्द को जानती है, केवल बेचैनी को जानती है, केवल वासना की लहर और रुधिर के उत्ताप को पहचानती है।' कविता की यह व्याख्या सही हो या न हो, पर सचमुच 'उर्वशी' में केवल वे ही अंश काव्यात्मक और सफल तथा सुन्दर हैं जिनमें कवि ने अपनी ही इस परिभाषा का अतिक्रमण नहीं किया है। दुर्भाग्यवश इस काव्य का बहुत-सा अंश ऐसा है जो भीतर के दर्द और बेचैनी से उपजा हुआ नहीं, जो बाहर से आरोपित, लादा हुआ और मिथ्या 'संस्कृतिपरकता' का परिणाम है। इसीलिए वह उतना ही नीरस, छद्म और प्राणहीन लगता है।

यही कारण है कि 'उर्वशी' में वैचारिक संगति और अन्विति की भी बड़ी कमी है। दिनकर ने स्त्री-पुरुष के आकर्षण की कथा को इस विचार के ऊपर और चारों ओर स्थापित करना चाहा है कि मनुष्य देवता से श्रेष्ठ है। उनका कहना है कि मनुष्य भी अपूर्ण है और देवता भी; आकाश और पृथ्वी दोनों अभावग्रस्त हैं; मनुष्य (अर्थात् पृथ्वी) प्रेम को स्पर्शमुक्त करना चाहता है, तो गगन अर्थात् देवता रूप को बाँहों में भरने को अकुलाता है। किन्तु—

नर के वश की बात, देवता बने कि नर रह जाये।

देवता के लिए यह सम्भव नहीं। इस बात में मनुष्य देवता से श्रेष्ठतर है। इस विचार को ले कर प्रारम्भ में अप्पराओं में, स्वयं पुरूरवा और उर्वशी में, अन्त में सुकन्या और उर्वशी आदि में निरन्तर चर्चा चलती है। पर न तो इसकी कोई सार्थकता ही समझ में आती है, न काव्य में उसकी कोई ऐसी परिणति ही दीखती है जो सुसंगत हो। पौराणिक युग की एक कथा पर विचारों का यह आधुनिक मानवतावादी एक सर्वथा असफल प्रक्षेप है, जिससे दोनों की आन्तरिक संगति और सार्थकता नष्ट होती है। 'उर्वशी' में नर की देवता के ऊपर श्रेष्ठता किस बात से स्थापित होती है? अप्सरा उर्वशी तो पृथ्वी पर आ कर मानवी बनी पर क्या पुरूरवा देवता बन सका है? क्या अन्त में उसका संन्यास ले कर चले जाना उसके देवत्व प्राप्ति करने का सूचक है? या उसके नरत्व का? मानव से देवता बनने के इस प्रयत्न का क्या हुआ? क्या वह एक अप्सरा के साथ रतिक्रिया में ही समाप्त हो गया? सुलझी हुई कलादृष्टि यह अपेक्षा करती है कि इस विचार की जैसी पुनरावृत्ति इस काव्य में हुई है, उसे देखते हुए उसकी परिणति पर अधिक ध्यान दिया जाता। पर वह अन्त तक अस्पाष्ट ही रह जाता है, क्योंकि वास्तव में, जो बात एक सार्थक व्यंजक बिम्ब के रूप में चमत्कारपूर्ण जान पड़ती, वह अत्यधिक पुनरावृत्ति और अनावश्यक अध्यात्म चर्चा के फलस्वरूप और भी अस्पष्टता का कारण बन गयी है।

वास्तव में 'उर्वशी' की पूरी भावभूमि बड़ी अराजकतापूर्ण और अन्वितिहीन तो है ही, वह नर-नारी के आकर्षण और प्रणय के सम्बन्ध में आज के मनुष्य के बोध और चिन्तन को भी सही व्यक्त नहीं करती। इस दृष्टि से कालिदास के 'विक्रमोर्वशीयम्' में कितना अधिक सन्तुलन है और अपने युग के भावबोध की अपेक्षाकृत कितनी सहज अभिव्यक्ति। उसमें न तो देवता और मानव के बीच इस मौलिक संघर्ष अथवा प्रतिद्वन्द्विता का भाव है, न प्रेम के विराट् व्यापक प्रतीक प्रस्तुत करने का। किन्तु इसीलिए अन्ततः वह नाटक पुरूरवा के, और इस भाँति मनुष्य मात्र के, गौरव की प्रतिष्ठा भी करता है और स्त्री-पुरुष के सहज निश्छल प्रेम के भावपूर्ण चित्र भी प्रस्तुत करता है। 'उर्वशी' में ये दोनों ही तत्त्व बड़े शिथिल और अराजकतापूर्ण हैं।

भावों, विचारों और बोध के स्तर की यह शिथिलता और अराजकता इस काव्य के रूप और शिल्प के स्तर पर और भी तीव्र हो गयी है। कवि ने 'उर्वशी' को नाटक का रूप दिया है : उसमें पाँच अंक भी हैं; नटी और सूत्रधार भी हैं; समस्त कथा संवादमूलक भी है; मंच निर्देश भी कुछ हैं, जिनमें कुछ व्यापार सूचित किये गये हैं। पर क्या इस काव्य में किसी भी प्रकार का कोई नाटकीय तत्त्व है? भले ही रेडियो पर उसे प्रसारित किया जा सके, पर मूलतः वह सिर्फ़ प्रबन्ध काव्य है। उसकी कल्पना में कहीं कोई नाटकीय अथवा रंगमंचीय तत्त्व है ही नहीं। एक प्रमुख प्रतिष्ठित अग्रणी साहित्यकार के लिए फिर यह क्यों आवश्यक था कि वह उसे नाटक का जामा

पहनाता? क्या विषयवस्तु का कला के रूप से कोई सम्बन्ध नहीं होता? वास्तव में 'उर्वशी' की संवादात्मकता उसके अधिक प्रभावपूर्ण होने में बहुत बाधक है। उसकी बहुत-सी विश्लेषण और विचार सम्बन्धी वस्तु स्वयं कवि के शब्दों में अधिक तीव्रता और प्रखरता के साथ व्यक्त होती। उसमें सम्पूर्ण काव्य रूप की अन्विति तो होती ही, विभिन्न पात्रों के मुख से अपनी बातें कहलाने से उत्पन्न होने वाली मनोवैज्ञानिक असंगति तथा नीरसता भी बहुत कुछ बच जाती। साथ ही, ऐसी बहुत-सी आवश्यक बातों का समावेश हो सकता था जो संवादात्मकता के कारण छोड़नी ही पड़ी हों। प्रबन्ध की वर्णनात्मक पद्धति में भी पात्र के अपने कथन की आत्मीयता, तीव्रता तथा नाटकीयता रखी जा सकती थी। 'साकेत' तथा 'कुरुक्षेत्र' इस बात के उत्कृष्ट उदाहरण हैं। इसलिए 'उर्वशी' में नाटक का-सा रूप अपनाने में लेखक का क्या उद्देश्य है, यह तनिक भी स्पष्ट नहीं होता। क्या कालिदास के 'विक्रमोर्वशीयम्' नाटक से कुछ प्रेरणा पाने के कारण यह मोह हुआ? सम्भवतः दिनकर का कोई अन्य काव्य रूप की दृष्टि से इतना विशृंखल और सार्थकताहीन नहीं है, 'रश्मिरथी' भी नहीं। और 'कुरुक्षेत्र' की तुलना में तो 'उर्वशी' बहुत ही अक्षम और दुर्बल है।

शिल्प की दृष्टि से भी 'उर्वशी' में अप्रत्याशित शिथिलताएँ हैं। छन्द को ही लीजिए। इस विषय में एक बड़ी दिलचस्प बात 'उर्वशी' में देखने में आती है। उसके दोनों सर्वश्रेष्ठ अंश—भाव और अभिव्यक्ति, दोनों की दृष्टि से सर्वश्रेष्ठ—मुक्त छन्द में हैं। इस निबन्ध के प्रारम्भ में दोनों अंशों से पर्याप्त उद्धरण दिये गये हैं जो इस बात के प्रमाण हैं। इसका कारण भी उतना ही स्पष्ट और सरल है। मुक्त छन्द के अंशों में न तो छन्द की पूर्ति के लिए भरे गये अनावश्यक शब्द हैं और न गति और लय की एकरसता और पुनरावृत्ति। उनमें बड़े स्वतःस्फूर्त रूप में भावों और भाषा की गहनता तथा अन्विति परिमार्जन, कलात्मक रुचि और संयम के साथ प्रकट हुई है। इन अंशों में शब्द बहुलता और लय की समानता तथा एकरसता के कारण भावावेग अवरुद्ध और शिथिल नहीं होता। दिनकर के समस्त काव्य में ओजस्विता, प्रवाह और आवेग की प्रबलता का विशेष स्थान है। वह अपने शब्दों के चयन और लय-विन्यास, दोनों के द्वारा ही एक प्रबल दुर्दमनीय शक्ति का प्रभाव उत्पन्न करते हैं। पर 'उर्वशी' की भाव वस्तु कुछ भिन्न प्रकार की है; काम भाव के आवेश को, उसके ज्वार की शक्ति को, ओजपूर्ण शब्दावली में नहीं व्यक्त किया जा सकता। तीसरे अंक के बहुत-से स्थलों पर दिनकर भावावेग की प्रबलता को व्यक्त करने में सफल होते हैं। किन्तु साधारणतः छन्दात्मक अंशों में उनके पद्यों में बड़ी एकरसता है। अधिकांश काव्य एक ही छन्द की एक ही लम्बाई की पंक्तियों में लिखा गया है और उसकी अधिकांश पंक्तियाँ सहायक क्रियापद 'है' या 'था' में समाप्त होती हैं। उनकी समस्वरता, समलयता और यति तथा स्वराघातों की यान्त्रिक पुनरावृत्ति बड़ी उबा देने वाली है। समूचे काव्य में बहुत कम पंक्तियाँ ऐसी हैं जिनमें भाव उमड़ कर

एक पंक्ति से दूसरी पंक्ति तक जाता हो। अभिव्यक्ति की ऐसी वैविध्यहीनता बड़ी आश्चर्यजनक लगती है, विशेष कर जब कि दिनकर बड़ा वैविध्यपूर्ण छन्द लिखने में सहज ही समर्थ हैं।

एक प्रकार से, पुनरावृत्ति और अनावश्यक विस्तार इस काव्य के हर अंग और पक्ष में वर्तमान है। वर्णनों, भावों और विचारों की पुनरावृत्ति तो उसमें है ही, बहुत-से बिम्ब भी बार-बार आते हैं, जैसे रक्त, रक्त की धारा, रुधिर की वह्नि, रक्त की उत्तप्त लहरें, रेंगने लगते सहस्रों साँप सोने के रुधिर में आदि।

कुल मिला कर 'उर्वशी' का काव्य शिल्प तीसरे अंक तथा एक-दो अन्य प्रसंगों को छोड़ कर प्रायः आकर्षक और सशक्त नहीं है और निरी इतिवृत्तात्मकता और नीरसता से आक्रान्त है। इस सबके बावजूद शायद यह कहना अनुचित न होगा कि 'उर्वशी' हिन्दी का एक उल्लेखनीय काव्य ग्रन्थ है और यदि उसको ले कर बड़े-बड़े दावे न किये गये होते, उसके प्रकाशन के साथ इश्तिहारबाजी के स्तर की प्रशंसात्मक सम्मतियाँ न वितरित की गयी होतीं, तो शायद उसके प्रति पाठकों का ध्यान भिन्न प्रकार से आकर्षित होता। 'उर्वशी' आधुनिक चेतना का काव्य नहीं है—उस रूप में भी नहीं जिसमें 'कुरुक्षेत्र' है—साथ ही, उसमें किसी पिछले युग की महत्त्वपूर्ण जीवन-दृष्टि, भाव-बोध या कला-संस्कार की ऐसी अन्वितिपूर्ण अभिव्यक्ति भी नहीं है कि आज के काव्य प्रेमी पाठक को पूरी परितृप्ति दे सके। किन्तु उसके कई खण्डों और अंशों में अनुभूति की जो ज्वलन्त प्रखरता, गहनता और तीव्रता है उसमें झुलसा देने की सामर्थ्य है; और कई स्थलों पर एक विदग्ध और समर्थ कलाकार की ऐसी दृष्टि और सौन्दर्य-सृष्टि दीखती है कि मन मुग्ध होता है। दिनकर जैसे यशस्वी कवि के लिए केवल इतनी उपलब्धि पर्याप्त न होने पर भी, 'उर्वशी' अपने इन अंशों और खण्डों के लिए काव्यप्रेमी पाठकों के लिए अवश्य महत्त्वपूर्ण रहेगी।

-नेमिचन्द्र जैन

'उर्वशी' का आ ुनिक परिप्रेक्ष्य

अपनी एक अमर रचना में गुरुदेव रवीन्द्रनाथ ने 'उर्वशी' को सम्बोधित करते हुए लिखा है :

> **फिरिबेना, फिरिबेना, अस्त गेछे से गौरवशशी**
> **अस्ताचल वासिनी उर्वशी!**
>
> ... .
>
> **तबु आशा जेगे थाके प्राणेर क्रन्दने,**
> **अयि अबन्धने!**

हिन्दी के सिद्ध कवि दिनकर ने सन् 1961 के सर्वाधिक चर्चित काव्य में इसी 'अबन्धने' को बाँधने का प्रयत्न किया है।

पर 'उर्वशी' को बाँधना बड़ा दुस्तर कार्य है, क्योंकि वह पूर्ण नारी की प्रतीक है—तन और मन, दोनों के आदर्श सौन्दर्य की छलछलाती प्रतिमा है जो क्षण भर को पास आ कर फिर छिटक कर दूर हो जाती है; और पुरुष जिसे पा कर भी आश्वस्ति लाभ नहीं कर पाता, क्योंकि उसकी अन्तश्चेतना जानती है कि यह क्षण चिरस्थायी नहीं है। वह उस मुक्त और आत्मदीप्त नारी का रूप है जो उस घेरे में बँधने से इनकार करती है जिसे हम मोटे अर्थ में समाज कहते हैं।

इसीलिए दिनकर उर्वशी को बाँधने की प्रक्रिया में उस घेरे को ही चुनौती दे बैठते हैं जो उर्वशी को बाँधने में असमर्थ है, और उसके उपयुक्त एक नये और सही बन्धन की खोज में समाज से विद्रोह कर उठते हैं। यह जितने बड़े साहस का काम है, दिनकर उतने ही गहरे संयम से काम ले कर अपने काव्य को ऐतिहासिक महिमा से मण्डित कर देते हैं। 'उर्वशी' की कथा सिर्फ़ उर्वशी की कथा न रह कर समाज-भुक्त नर-नारी के चिरन्तन सम्बन्धों की ओर पारम्परिक परिवार के घेरे में दबी उसकी युग-युग-व्यापी वेदना की साक्षी बन जाती है। 'उर्वशी' की यह उपलब्धि अभूतपूर्व है। सच पूछिए तो आज से पहले यह सम्यक् दृष्टि सम्भव ही न थी।

वैसे, 'उर्वशी' काव्य की कथावस्तु नयी नहीं है। वैदिक रूपक से प्रारम्भ हो कर कालिदास के साहित्यिक रूपक 'विक्रमोर्वशीयम्' तक आते-जाते वह हमारी परम्परा बन गयी है। इस परम्परा को यथासम्भव यथावत् रख कर कवि ने अपनी रचना को अपेक्षित गहराई दी है और प्रतीकों की प्रभविष्णुता को घटने से बचा लिया है। यह परिचिति पात्रों से तादात्म्य स्थापित करने में और काव्य का मूल रस ग्रहण करने में पाठक की सहायक बनती है।

पर कथा की इस ऊपरी रूपरेखा के अतिरिक्त 'उर्वशी' का सर्वांग नया, आधुनिक और मौलिक है। उसका रस उन काव्यों से भिन्न प्रकार का है जो परम्परा के पुनराख्यान तक ही सीमित रहे हैं। 'उर्वशी' के प्राण और आत्मा युगीन जीवन को प्रतिफलित करते हैं और मूल कथा में उपलब्ध जिस विसंगति और विषमता से सब लेखक आज तक कतराते रहे हैं, दिनकर उससे आँखें ही नहीं मिलाते, डट कर उसका सामना करते हैं और उससे पार पाने की राह भी खोजते हैं।

इस विषमता का परिचय हमें उर्वशी से भी अधिक पुरूरवा के चरित्र में मिलता है, और पुरूरवा से भी अधिक औशीनरी के चरित्र में। औशीनरी राजमहिषी हैं, पुरूरवा की धर्म-पत्नी, और यह मान कर चला जा सकता है कि दोनों का दाम्पत्य जीवन साधारण परिपाटी पर सुखपूर्वक व्यतीत होता रहा है। औशीनरी पति के चरणों में समर्पित हो कर अपने आप को कृतार्थ मानती रही है। उसका एक मात्र दुःख यही है कि अभी उसकी कोख से वंशधर ने जन्म नहीं लिया। पुरूरवा भी अपनी प्रतिभा और पराक्रम से सफलता और ख्याति के शिखरों पर चढ़ता चला जाता है। उसके जीवन में कोई अभाव है, इसका पहला परिचय उसे तभी मिलता है जब उसकी नज़रें उर्वशी से मिलती हैं।

यहाँ तक 'विक्रमोर्वशीयम्' की कथा भी बिल्कुल यही है। पर इस स्थल से दोनों रचनाओं का भारी अन्तर स्पष्ट होने लगता है। प्राचीन काल में राजाओं के लिए बहुपत्नीवाद सामान्य सत्य होने के कारण जिस प्रश्न पर कालिदास की दृष्टि भी नहीं पड़ती, दिनकर उसी में अटक जाते हैं और उसके माध्यम से आधुनिक दाम्पत्य जीवन के मर्म तक पहुँचते हैं। 'उर्वशी' को कामाध्यात्म का काव्य यों ही नहीं कहा गया है, वह उसकी यथार्थ व्याख्या है।

आधुनिक जनतान्त्रिक युग में नर-नारी की समानता और एक-पत्नी-धर्म सर्व-स्वीकृत सिद्धान्त है। आदर्श चरित्रों से हम उनकी च्युति सहन नहीं कर सकते। हमारे कवियों में राम और सीता के चरित्रों की लोकप्रियता का यह बहुत बड़ा कारण है। कृष्ण के चरित्र की इस विषमता से बचने के लिए हम या तो उनमें भगवानत्व का आरोप कर देते हैं, अथवा श्रीकृष्ण में वात्सल्य की प्रतिष्ठा कर देते हैं। दिनकर को यह सुविधा नहीं थी। जिस प्रश्न पर आ कर वे अटके, उस प्रश्न की विवेचना

ही उनका प्रधान लक्ष्य था और इसके लिए उर्वशी-पुरूरवा की कथा से अधिक सटीक कथा की कल्पना भी कठिन है।

पुरूरवा विवाहित है, उसका दाम्पम्य जीवन भी सुखी है, दोष-रहित है। फिर अचानक उर्वशी के प्रति यह आकर्षण क्यों? युग प्रभाव के कारण कालिदास ने इसे सहज ही स्वीकार कर लिया—राजाओं के मन तो डिगते ही रहते हैं; कुल-मर्यादा-पालन के लिए एक परिणीता पत्नी, और रूपविलास के लिए अनेक प्रेयसियाँ। उन्हें उसमें कोई विरोध नहीं दीखा। पर आज का कवि इसे कैसे स्वीकार करे? मदनिका के शब्दों में वह उस परम्परागत मान्यता को दुहराता है जिसका समर्थन कालिदास का युग निस्संकोच कर देता :

उस पर भी नर में प्रवृत्ति है क्षण-क्षण अकुलाने की
नयी-नयी प्रतिमाओं का नित नया प्यार पाने की
वश में आयी हुई वस्तु से इसको तोष नहीं है
जीत लिया जिसको, उससे आगे सन्तोष नहीं है
नयी सिद्धि-हित नित्य नया संघर्ष चाहता है नर
नया स्वाद-नव जय, नित नूतन हर्ष चाहता है नर

पर यह मदनिका का वक्तव्य है—परम्परा का प्रतिनिधि—कवि का वक्तव्य नहीं है। इस मान्यता में पुरुष के लिए समाज ने जो विशेषाधिकार सौंप रखा है वह कवि को मान्य नहीं है।

तो फिर कवि पुरूरवा के प्रति उर्वशी के आकर्षण की क्या संगति देता है? इस आकर्षण की सूचना पा कर औशीनरी की जो प्रतिक्रिया होती है उसके सहारे कवि के लक्ष्य का आभास पाया जा सकता है। औशीनरी आकर्षण का सारा दोष उर्वशी पर ही मढ़ देती है। उस अनिन्ध्य सुन्दरी आदर्श नारी को वह सामान्य गणिका की ही भाँति देखती है :

जाने, इस गणिका का मैंने कब क्या अहित किया था
कब, किस पूर्व जन्म में उसका क्या सुख छीन लिया था
जिसके कारण, भ्रमा हमारे महाराज की मति को,
छीन ले गयी अधम पापिनी मुझसे मेरे पति को
ये प्रवंचिकाएँ, जाने, क्यों तरस नहीं खाती हैं
निज विनोद के हित कुल-वामाओं को तड़पाती हैं।

यहाँ 'कुल-वामा' पद अत्यन्त सारगर्भित है। औशीनरी निस्सन्देह कुल-वामा है, पतिव्रता, पति-सेविका—आगे चल कर वह अपने दुर्भाग्य के लिए पतिव्रताओं की प्रथा के अनुसार अपने को भी कोसने लगती है :

अरी! कौन है कृत्य जिसे मैं अब तक कर न सकी हूँ?
कौन पुष्प है जिसे प्रणय-वेदी पर धर न सकी हूँ?
प्रभु को दिया नहीं, ऐसा तो पास न कोई धन है।
न्यौछावर आराध्य-चरण पर सखि! तन, मन, जीवन है।

पर वह यह नहीं पहचान पाती कि उसके इस कुलवामा-पन के कारण ही 'प्रभु के मधुर प्रेम की श्री' सो गयी है। यद्यपि उसकी सखियाँ इस ओर संकेत भी करती हैं :

क्षण-क्षण प्रकटे, दुरे, छिपे फिर-फिर जो चुम्बन ले कर,
ले समेट जो निज को प्रिय के क्षुधित अंक में दे कर;
जो सपने के सदृश बाहु में उड़ी-उड़ी आती हो,
और लहर-सी लौट तिमिर में डूब-डूब जाती हो,
प्रियतम को रख सके निमज्जित जो अतृप्ति के रस में,
पुरुष बड़े सुख से रहता है उस प्रमदा के बस में।

और वह भी कहती है कि :

गृहिणी जाती हार दाँव सम्पूर्ण समर्पण करके

पर इस परिणति से बचने के लिए उसे स्वयं भी कुछ प्रयास करने की ज़रूरत है, यह वह नहीं सोच पाती, क्योकि :

पति के सिवा योषिता का कोई आधार नहीं है।

औशीनरी और उसकी सखियों के इस वार्तालाप में सचमुच विवाहेतर आकर्षण पर परम्परागत मत का सार दे दिया गया है। पुरुष की प्रकृति है कि वह नया रस खोजता है, नारी की प्रकृति है कि वह सम्पूर्ण समर्पण देती है, और तब पुरुष अनिवार्य रूप से अन्य आकर्षण खोजता है। जो सम्पूर्ण समर्पित न हो वह भला नारी—कुल-वामा—हो सकती है? वह तो वेश्या है। इसीलिए वे उर्वशी को भी गणिका की ही संज्ञा देती हैं।

पर कवि—आधुनिक कवि—को यह व्याख्या सन्तोष नहीं दे सकती। पुरूरवा आदर्श पुरुष है, लम्पट नहीं है। वह उर्वशी की ओर आकृष्ट है तो क्यों? औशीनरी के शब्दों में ही हमें उसका रहस्य मिल जाता है। अपने विवाह से पुरूरवा का सम्पूर्ण व्यक्तित्व चरितार्थ नहीं हो सका है, क्योंकि औशीनरी उसकी धर्मपत्नी तो है, सहधर्मिणी नहीं है, पति उसका साथी नहीं, 'आधार' है। इसीलिए वह पुरूरवा के विकास में योग नहीं दे पाती। बाहर तो प्रतिपल उसके जीवन के नये आयाम खुलते जाते हैं, स्वर्ग लोक तक उसका स्यन्दन पहुँचता है, पर घर में वही एकरस कामनाहीन समर्पण। परम्परा से बँधी अविकसित व्यक्तित्व वाली नारी वह दाम्पत्य-सुख कैसे ले या दे सकती है जो मुक्त और विकसित व्यक्तित्व की पूर्ण नारी द्वारा ही सम्भव है। उर्वशी के प्रति पुरूरवा का आकर्षण इसी उच्चतर भाव भूमि पर अंगीकृत हो सकता है,

दैहिक विलासिता की परम्परागत भूमि पर नहीं। औशीनरी की वेदना परम्परागत विवाह-व्यवस्था की अनिवार्य शर्त है। प्रेम जहाँ व्यक्तित्व का मिलन न हो, और विवाह जहाँ प्रेम का प्रतिफलन न हो, वहाँ आँसू की धारा को कैसे रोका जा सकता है?

इसलिए, दिनकर की 'उर्वशी' में पुरूरवा का आकर्षण रूपवती देह की चाह का फल नहीं है, वह व्यक्तित्व द्वारा व्यक्तित्व की खोज है, बल्कि व्यक्तित्व के एक अंश द्वारा अपने दूसरे पूरक अंश की खोज है। कवि ने इस आकर्षण को प्रेम की अनन्यता प्रदान की है। उर्वशी, और केवल उर्वशी ही पुरूरवा की काम्य है, वही वह नारी-रूप है जिसके लिए उसका व्यक्तित्व बना है, जो उसकी सहयोगिनी बन कर उसे चरम सार्थकता और चरितार्थता दे सकती है। जब तक उसने उर्वशी को देखा न था, जब तक उसने यह न जाना था कि ऐसी भी एक रमणी इस सृष्टि में है, तब तक वह कुल-मर्यादा में घिरा ऊपर से सन्तुष्ट पर भीतर से बेचैन अपना जीवन बिताता रहा था :

एक मूर्ति में सिमट गयीं किस भाँति सिद्धियाँ सारी
कब था ज्ञात मुझे इतनी सुन्दर होती है नारी?

पर उर्वशी को देख लेने पर उसे पाये बिना वह नहीं रह सकता क्योंकि उसका सम्पूर्ण अस्तित्व उस कामना में समा गया है।

उर्वशी को देख लेने के बाद पुरूरवा के लिए यह सम्भव नहीं रहता कि वह पहले की ही तरह जीवन बिताता रहे। कवि ने इस ओर एक मार्मिक संकेत करने के लिए ही काव्य-रचना इस कौशल से की है कि उर्वशी-दर्शन के उपरान्त पुरूरवा और औशीनरी कभी भी आमने-सामने नहीं आते। नारी से उसे अवश्य सहानुभूति है, इसलिए औशीनरी के आँसू तो हमें देखने को मिलते हैं, पर जिस दाम्पत्य का आधार मुक्त और समान युग्म के बीच अटूट और निरन्तर नवीन प्रेम न हो वह आधुनिक कवि की सहानुभूति का अधिकारी नहीं। उसकी उपेक्षा कर दिनकर ने संयम से ही काम लिया है।

यह वह स्थल है जहाँ आधुनिक पाठक कवि से विद्रोह की माँग कर सकता है। यदि पुरूरवा उर्वशी के ही लिए बना है, तो वह औशीनरी का परित्याग कर उर्वशी को पाने के लिए आगे क्यों नहीं बढ़ता? क्यों वह तड़पता हुआ निश्चेष्ट रह जाता है?

कवि ने इस प्रश्न का कई प्रकार से उत्तर दिया है। एक उत्तर भूमिका में है : "प्रश्नों के उत्तर, रोगों के समाधान मनुष्यों के नेता दिया करते हैं, कविता की भूमि केवल दर्द को पहचानती है, केवल बेचैनी को जानती है।" दूसरा उत्तर पुरूरवा के शब्दों में है जो विद्रोह न सही, पर प्राण-त्याग करने को तत्पर है :

मेरी मर्म-पुकार मोहिनी! वृथा नहीं जाएगी,
आज न तो कल तुझे इन्द्रपुर में वह तड़पाएगी।
और वही लाएगी नीचे तुझे उतार गगन से
या फिर देह छोड़ मैं ही मिलने आऊँगा मन से।

तीसरा उत्तर पुरूरवा और उर्वशी के प्रथम सम्भाषण में है। पुरूरवा कहता है कि उत्कट कामना होने पर भी वह सुरपति से जा कर अपनी व्यथा नहीं कह सका क्योंकि :

क्षत्रिय भी भीख माँगते हैं क्या?

और जब उर्वशी कहती है:

हरण किया क्यों नहीं, माँग लाने में यदि अपयश था?

तो पुरूरवा परम्परागत उत्तर देता है:

नहीं, इधर इच्छाओं तक ही अनासक्ति सीमित है,
उसका किंचित् स्पर्श प्रणय को भी पवित्र करता है।

अनासक्ति की यह चेष्टा, आत्म-दमन का यह प्रयास आधुनिक जीवन की यथार्थ विवशता है। पुरूरवा के चरित्र में उसका समावेश कवि की अन्तर्दृष्टि का परिचय देता है। अन्तर की कामना की स्वीकृति के पथ पर बाधा देने वाली सामाजिक रूढ़ियों के प्रति विद्रोह जिस साहस की माँग करता है उसका समावेश पुरूरवा जैसे तेजस्वी पुरुष में भी न कर कवि ने प्राचीन कथा को उन्मूलित होने से बचा लिया है और पुरूरवा को एकान्त विशिष्ट होने से। पुरूरवा स्वयं कहता है :

और कभी यह भी सोचा है जिस सुगन्ध से छक कर,
विकल वायु बह रही मत्ता हो कर त्रिकाल-त्रिभुवन की,
उस दिगन्त-व्यापिनी गन्ध की अव्यय, अमर शिखा को
मर्त्य प्राण की किस निकुंज वीथी में बाँध धरेगा?

स्वर्ग-मर्त्य के रूपक को हटा कर यदि इस उक्ति पर विचार किया जाये तो यही अर्थ हाथ आता है कि एक तो पुरूरवा को यह विश्वास नहीं है कि उर्वशी के हृदय में भी उसके प्रति समान उत्कट प्रेम है और वह उसे प्राप्त हो सकती है, दूसरे, उसे यह भी डर है कि कहीं उर्वशी मिल ही गयी तो उसे अपने जीवन में कहाँ स्थान देगा? उसके लिए तो उसे कुल-मर्यादा को तिलांजलि देनी होगी। इसलिए उसका मन दो समाधान खोज निकालता है। एक अनासक्ति और दूसरा मरण। प्राप्ति की आशा के बिना ही छायावादी ढंग से प्यार करते रहना, और जब विरह असह्य हो जाये तो प्राण त्याग कर देना। इससे अधिक की गुंजाइश न तो मूल कथा में थी, न कवि के उद्देश्य में, क्योंकि कवि ने 'उर्वशी' के माध्यम से आधुनिक प्रणय-जीवन की समस्या का ही चित्रण किया है।

आत्मदमन की यह प्रवृत्ति, जिसे वह अनासक्ति की संज्ञा देता है और जो मर्यादा-भंग के भय से उसके मन में समा गयी है, पुरूरवा को वह तड़प देती है जिससे वह मिलन के गहन क्षणों में भी विकल है। एक ओर यह अनासक्ति उसके प्रेम को अन्तर्मुख बना कर उत्कट करती है, दूसरी ओर उसे वर्तमान में डूबने नहीं देती। वह कहता है :

कौन है अंकुश, इसे मैं भी नहीं पहचानता हूँ।
पर, सरोवर के किनारे कण्ठ में जो जल रही है,
उस तृषा, उस वेदना को जानता हूँ।
आग है कोई, नहीं जो शान्त होती;
और खुल कर खेलने से भी निरन्तर भागती है।

यह अंकुश और कुछ नहीं, उसका संस्कारबद्ध अवचेतन मन है, और यह आग और कुछ नहीं, सम्पूर्ण और अकाट्य संयोग की कामना है। तन की भूख होती तो इस मिलन से सन्तुष्ट हो जाती। चित्रलेखा कह ही चुकी है :

नया बोध श्रीमन्त प्रेम का करते ही रहते हैं,
नित्य नयी सुन्दरताओं पर मरते ही रहते हैं।

पर यह तो आत्मा की भूख है, सम्पूर्ण व्यक्तित्व की सम्पूर्ण व्यक्तित्व के प्रति उद्दाम ललक जो क्षणिक मिलन से तुष्ट नहीं हो सकती, जो दीर्घ-जीवन-पथ पर संयुक्त जीवन से ही सन्तुष्ट होती है। तभी तो वह स्वीकार करता है :

बाहुओं के इस वलय में गात्र ही बन्दी नहीं है,
वक्ष के इस तल्प पर सोती न केवल देह,
मेरे व्यग्र व्याकुल प्राण भी विश्राम पाते हैं।

पर, क्योंकि उसका मन इस तथ्य के सामाजिक परिणामों को स्वीकार करने से हिचकता है इसीलिए वह देवत्व पाना चाहता है। देवत्व—अर्थात् वह स्थिति जहाँ भावना का देह-भोग से सम्बन्ध है ही नहीं। तभी तो वह कहता है :

ऊपर जो द्युतिमान, मनोमय जीवन झलक रहा है,
उसे प्राप्त हम कर सकते हैं तन के अतिक्रमण से।

तन के इस अतिक्रमण के पीछे वर्जनाओं का कैसा जटिल पुंज है, यह उर्वशी के पक्ष से प्रकट होता है। पौराणिक कथा की ही भाँति 'उर्वशी' की उर्वशी भी अप्सरा है, स्वर्ग-लोक-निवासिनी है। आधुनिक परिप्रेक्ष्य में देखें तो स्वर्ग लोक की जीवन-चर्या उस जीवन-चर्या से मिलती-जुलती है जिसका आधार सूक्ष्म में है, स्थूल में नहीं, जहाँ भौतिक अनुभूति के निषेध पर ही भावना स्वीकारी जाती है, जहाँ वासना और वृत्ति के तथाकथित उदात्तीकरण को ही सुसंस्कृत और सुसभ्य माना जाता है। मेनका स्पष्ट कहती है :

हम भी कितने विवश! गन्ध पी कर ही रह जाते हैं,
स्वाद व्यंजनों का न कभी रसना से ले पाते हैं।
हो जाते हैं तृप्त पान कर स्वर-माधुरी श्रवण से,
रूप माँगते हैं मन से या तृष्णा-भरे नयन से।

जल में कमलवत् यह जीवन भौतिक सुखों की प्राप्ति पर नहीं, उनके निषेध पर टिका होने से कारण उतना ही अतृप्तिकर और वेदनामय है जितना औशीनरी

का सुप्तमन भोगविद्ध जीवन।

क्या है यह अमरत्व? समीरों-सा सौरभ पीना है,
मन में धूम समेट शान्ति से युग-युग तक जीना है।
पर, सोचो तो, मर्त्य मनुज कितना मधु-रस पीता है!
दो दिन ही हो, पर, कैसे वह धधक-धधक जीता है।

इसलिए अमर-लोक भी अपूर्ण है। स्वर्ग-जीवन की यह अपूर्णता परम्परागत धारणा के विरुद्ध है और आधुनिक जीवन-दृष्टि का विशिष्ट दान है, क्योंकि आज का विवेकशील मानव जीवन की विविध प्रवृत्तियों के सामंजस्य द्वारा सम्पूर्ण जीवन के सर्वांगीण विकास को ही चरम सार्थकता समझता है। अमरों का यह निराधार असंपृक्त भाव-बद्ध जीवन भी वैसा ही एकरस, अतृप्तिकर और एकांगी है जैसा बहु-देह-भोगवाद। जिस प्रकार 'कुल-वामा' औशीनरी यह नहीं जान पाती कि उसके व्यक्तित्व में क्या कमी है, उसी प्रकार स्वर्ग-लोक की ये अप्सराएँ भी नहीं जानतीं कि कितना उत्कट सुख सदा उनसे दूर रहता है। वरन् उच्च कहलाने वाली कृत्रिम संस्कृति की ये अंगनाएँ उन सुखों का मज़ाक उड़ाने से भी नहीं चूकतीं, काम की चरम सफलता को बोझमात्र ही समझती हैं। रम्भा का कथन द्रष्टव्य है:

सो सुख तो होगा, परन्तु यह मही बड़ी कुत्सित है,
जहाँ प्रेम की मादकता में भी यातना निहित है।
नहीं पुष्प ही अलम् वहाँ फल भी जनना होता है,
जो भी करती प्रेम, उसे माता बनना होता है।

और मातृ-पद को पवित्र ारती, यद्यपि, कहती है,
पर, माता बन कर नारी क्या क्लेश नहीं सहती है?
तन हो जाता शिथिल, दान में यौवन गल जाता है,
ममता के रस में प्राणों का वेग पिघल जाता है।

रोग, शोक, सन्ताप, जरा सब आते ही रहते हैं,
पृथ्वी के प्राणी विषाद नित पाते ही रहते हैं।
अच्छी है, यह भूमि जहाँ बूढ़ी होती है नारी,
कण भर मधु का लोभ और इतनी विपत्तियाँ सारी?

यह प्रतिक्रिया निश्चय ही ऐसे मन की है जिसने सच्चे प्रेम का स्पर्श तो दूर, महत्त्व भी न समझ पाया हो, और जो आजीवन पूर्ण जीवन-यापन को 'कण भर मधु का लोभ' ही लेखता हो। सच्चे प्रेम से, उसकी उत्कट अनुभूति और तज्जनित सार्थकता से वे कितनी अपरिचित हैं, इसका आभास चित्रलेखा देती है :

सरल मानवी क्या जानो तुम कुटिल रूप देवों का?
भस्म-समूहों के भीतर चिनगियाँ अभी जीती हैं।
सिद्ध हुए, पर सतत-चारिणी तरी मीनकेतन की
अब भी मन्द-मन्द चलती है श्रमित रक्त ारा में।

कहते हैं, अप्सरा बचे यौवन हर प्रसव-व्यथा से;
और अप्सराएँ इस सुख से बचती भी रहती हैं।
क्योंकि कहीं बस गयीं भूमि पर वे माताएँ बन कर,
रस-लोलुप दृष्टियाँ सिद्ध, तेजोनिधान देवों की,
लोटेंगी किनके कपोल, ग्रीवा, उर के तल्पों पर?
हम कुछ नहीं, रंजिकाएँ हैं मात्र अभुक्त मदन की।

फल से वंचित, तन से वर्जित यह मानस-भोग सुख नहीं, अतिचार है। प्रेम-हीन तन का दान जैसी वेश्यावृत्ति है, तनहीन प्रेम भी वैसी ही; दिनकर ने स्थान-स्थान पर इन दोनों अतियों के दोषों का साहसपूर्वक चित्रण किया है।

स्पष्ट ही ऐसे स्वर्गिक जीवन में उर्वशी सन्तुष्ट नहीं रह सकती। उर्वशी जो सम्पूर्ण नारी है, नारी-मात्र की प्रतीक है, वह किसी भी बन्धन में, चाहे वह स्वर्ग का ही क्यों न हो, नहीं खिल सकती, क्योंकि बन्धन पूर्णता का विरोधी है। इसीलिए वह 'इति-वृत्तहीन आनन्द शिखा' है :

जन-जन के मन की मधुर वह्नि, प्रत्येक हृदय की उजियाली
नारी की मैं कल्पना चरम नर के मन में बसने वाली

उर्वशी के इस प्रतीक-रूप को कवि ने अपने समर्थ कौशल से काफ़ी विस्तार दिया है, क्योंकि पूरी कथा को एक प्रतीक-रूप देना ही उसका परम अभीष्ट है।

यही कारण है कि उर्वशी 'तन के अतिक्रमण' के तल में छिपे भयों से और उनकी वर्जनाओं से भलीभाँति परिचित है। उनसे असन्तुष्ट है तभी तो वह मुक्त-स्वतन्त्र परम रूपवती आदर्श नारी भूमि पर आती है, अपने प्रिय का योग पाने। वह चित्रलेखा से कहती है :

भला चाहती हो मेरा तो वसुधा पर जाने दो
मेरे हित जो भी संचित हो भाग्य मुझे पाने दो
स्वर्ग स्वप्न का जाल, सत्य का स्पर्श खोजती हूँ मैं।
नहीं कल्पना का सुख, जीवित हर्ष खोजती हूँ मैं।

पुरूरवा औशीनरी के नितान्त ठोस व्यक्तित्व से ऊब कर अरूप आदर्श के लिए विकल होता है, उर्वशी स्वर्ग के अरूप जीवन से ऊब कर पुरूरवा के प्रति, पर दोनों की उत्कटता एक-सी है। उर्वशी पूर्ण नारी है, पर केवल प्रतीक रूप में, नारीत्व की पूर्णता में—पर वह भी अपूर्ण ही है क्योंकि नर-नारी, दोनों अपूर्ण और

परस्पर पूरक होते हैं।

पर, क्योंकि उर्वशी भाव-पक्ष का प्रतिनिधित्व करती है इसलिए वह यह खूब अच्छी तरह जानती है कि पुरूरवा की 'तन का अतिक्रमण' करने की चाह क्या है और क्यों है, पर पुरूरवा अभाव-पक्ष का प्रतिनिधि होने के कारण यह नहीं जान पाता कि नारी का वह कौन-सा पक्ष है, उसके व्यक्तित्व का कौन-सा अंश है जिसे पाने को वह लालायित है, पर जो उसकी पकड़ में नहीं आ पाता। एकान्त प्रणय मिलन के चरम क्षण में उसकी यह आकुलता बनी ही रहती है, उसके मन में एक प्रश्न चुभता ही रहता है। धर्मवीर भारती ने अपनी एक प्रसिद्ध कविता 'नया रस' में भी उसी प्रश्न की व्यंजना की है।

पुरूरवा के मन का यह प्रश्न जैसा कि हम ऊपर कह आये हैं, उसकी हिचक का निरापद रूप है। उर्वशी यह पहचानती है, और इसीलिए उसका समाधान करने में सफल होती है। यह प्रश्न और इसका समाधान 'उर्वशी' के तृतीय अंक की वस्तु है, जो काव्य का केन्द्र है और काम के जीवन-व्यापी महत्त्व पर और उसके सच्चे स्वरूप पर कवि का चरम वक्तव्य है। अपने इस वक्तव्य को उजागर करने में कवि ने तनिक भी संक्षेप से काम नहीं लिया है। फल है एक दीर्घ संलाप जो काव्य को प्रबन्ध-काव्यों की परिपाटी से अलग कर देता है। पर परिपाटी की परख ही जिस काव्य की मूल प्रेरणा हो उसमें इन छोटे-मोटे विवर्तनों का क्या सोच हो? पुरूरवा और उर्वशी का यह संलाप मुक्त और विकसित व्यक्तित्व के पुरुष और नारी का संलाप है और आधुनिक जीवन के मूल्यों पर आधारित है। प्राचीन परम्परा के अनुसार नर-नारी के काम-सम्बन्धों का चरम लक्ष्य है : वंश-रक्षा के लिए सन्तानोपत्ति। नारी के पतिव्रता धर्म के पीछे भी यही वंश-रक्षा का प्रयोजन है। इसलिए परम्परा परिस्थिति-विशेष में बहु-पत्नियों की भी स्वीकृति देती है, और इसलिए पुरुष के विवाहेतर काम-सम्बन्ध समाज से स्वीकृत नहीं तो क्षम्य अवश्य होते रहे। प्राचीन परम्परा में विवाह के लिए नर-नारी की काम-जनित अनन्यता की शर्त नहीं माँगी गयी जो उसे प्रेम-विवाह का रूप दे सकती है।

'उर्वशी' के तीसरे अंक में काम-सिद्धान्त की जो व्याख्या है, वह इस परम्परा का ज़बर्दस्त खण्डन करती है। उर्वशी के प्रति प्रबल रूप से आकृष्ट होने पर भी पुरूरवा उसे पाने के क्षण में हिचकिचाता है। उसकी इस हिचक का विश्लेषण हम ऊपर कर आये हैं। इसी के फलस्वरूप वह 'तन का अतिक्रमण' कर 'देवत्व चाहिए' का नारा लगाता है। और तब उर्वशी अनायास कह उठती है :

यह मैं क्या सुन रही हूँ? देवताओं के जग से चल कर
फिर मैं क्या फँस गयी किसी सुर के ही बाहुवलय में?

स्वर्ग-लोक के जिस निराधार मानस-सुख से अतृप्त हो कर और ऊब कर उर्वशी धरती पर उतरी है, यह पुरूरवा तो उसी के गीत गा रहा है? और तब

उर्वशी उसे अपने सत्य-स्वरूप का परिचय देती है, अपने उस सूक्ष्म-विराट् रूप का जो उसे विश्व नारी का प्रतीक बनाता है, और उस रूप का परिचय देने के बाद वह पुरूरवा से सारे द्वन्द्व, द्विधा, संकोच त्याग कर, मन से दुश्चिन्ताओं और दुष्कल्पनाओं को निकाल कर, सहज भाव से तन की माँग को स्वीकार करने का आग्रह करती है।

अब बोलो, मन पर तो बाकी कोई बन्ध नहीं है?
बन्ध नियम, संयम, निग्रह, शास्त्रों की आज्ञाओं के?

क्योंकि यह द्वैत, प्रकृति और परमेश्वर (अथवा सत्य) मन की उपज है:

मन की कृति यह द्वैत, प्रकृति में सचमुच द्वैत नहीं है।

और इसीलिए वह मन से एक द्वैत-जनित द्विधा निकाल कर सहज अकलुष प्रमोद में मग्न होने का आवाहन देती है:

हम इच्छुक अकलुष प्रमोद के, पर वह प्रमुद निरामय
विधि, निषेध-मय संघर्षों, यत्नों से साध्य नहीं है।
आता है वह अनायास, जैसे फूटा करती हैं–
डाली से टहनियाँ और पत्तियाँ, स्वतः, टहनी से,

और इसी तर्कना के चरम बिन्दु पर वह निष्काम काम की स्थापना करती है जो काम सम्बन्धी पूर्व धारणाओं के दुर्ग को एक ही झोंके में धराशायी कर देती है:

इसीलिए, निष्काम काम-सुख वह स्वर्गीय पुलक है,
सपने में भी नहीं स्वल्प जिस पर अ ाकार किसी का।
नहीं सा य वह तन के आस्फालन या संकोचन से;
वह तो आता अनायास, जैसे बूँदें स्वाती की
आ गिरती हैं, अकस्मात् सीपी के खुले हृदय में।

लिया-दिया वह नहीं, मात्र वह ग्रहण किया जाता है।

और पुत्र-कामना कहो तो, यद्यपि, वह सुखकर है,
पर, निष्काम काम का, सचमुच वह भी ध्येय नहीं है।
निरुद्देश्य, निष्काम काम-सुख की अचेत धारा में
सन्तानें अज्ञात-लोक से आ कर खिल जाती हैं
वारि-वल्लरी में फूलों-सी।

विराट् रूप के परिचय से शुरू करके हिचक और शंकाओं का उन्मूलन कर निष्काम काम में पुरूरवा को यों प्रयोजित कर उर्वशी मन के धरातल पर वही करती है जो कर्म के धरातल पर गीता में भगवान् कृष्ण ने किया था। पुरूरवा की हिचक अर्जुन के मोह से किसी भाँति कम नहीं कही जा सकती। जिस समाज, कुल-मर्यादा और आदर्श-परम्परा से वह यावज्जीवन सम्पृक्त रहा है, उससे मुक्त हो कर उर्वशी में

रमना उसके लिए सहज नहीं था, चाहे उर्वशी उसकी समस्त आकांक्षाओं की केन्द्र ही क्यों न हो। इसलिए, उर्वशी उसका संकोच तोड़ने के लिए आजीवन प्रेम की शपथ नहीं लेती-देती, (वही तो उसके मन का सबसे बड़ा बोझ है, क्योंकि उसके लिए अपने समस्त अतीत का निषेध आवश्यक है) वह उसे क्षण का, तन का, आकर्षण का सहज प्रकृत स्वीकार सिखाती है। पुरूरवा भी अर्जुन की भाँति निमित्त-मात्र ही है। पुरूरवा और उर्वशी का यह मिलन-प्रसंग कवि के लिए, आधुनिक सन्दर्भों में, चुनौती बन कर आया था। कवि ने वह चुनौती स्वीकार कर जिस साहस का परिचय दिया था, उतने ही साहस से उसने नये काम-सिद्धान्त का प्रतिपादन कर अपने काव्य को सन्देशवाहकता के दुर्लभ गुण से मण्डित कर दिया। पुरूरवा का संकोच मिट जाता है। जब वह उर्वशी के साथ विहार करने गन्धमादन को चला था तब उसके मन में भीषण द्वन्द्व था, रह-रह कर औशीनरी का ध्यान आता था क्योंकि औशीनरी ही उसे परम्परा से, मर्यादा से, समाज से बाँधे हुए थी। इसीलिए अपने मन से छल करके वह सूचना भिजवाता है :

बहुत मग्न, अतिशय प्रसन्न हूँ मैं तो इस मधुवन में
किन्तु, यहाँ प्रतिष्ठान पुर में भू का स्वर्गीय तेज जगता है,
एक वंशधर बिना, किन्तु, सब कुछ सूना लगता है।
पुत्र! पुत्र! अपने गृह में क्या दीपक नहीं जलेगा?
देवि! दिव्य यह ऐल वंश क्या आगे नहीं चलेगा?
करती रहे प्रार्थना, त्रुटि हो नहीं धर्म-साधन में,
जहाँ रहूँ, मैं भी रत हूँ ईश्वर के आराधन में।

औशीनरी ने यह छल समझ कर ही व्यंग्य किया था :

अप्सरा के संग रमना ईश की आराधना है!

पर उर्वशी अपने नये काम-सिद्धान्त से इस व्यंग्य को ही सत्य बना देती है। 'अप्सरा-रमण' सचमुच प्रकृति का स्वीकार और सत्य की आराधना का रूप ले लेता है। इससे कम पर यदि पुरूरवा उर्वशी के साथ रमण करता तो आधुनिक कवि उसे क्षमा नहीं कर सकता था। उर्वशी का काम-धर्म पुरूरवा के मन पर से औशीनरी की पकड़ ग़ायब कर देता है, और वह काम-प्रवृत्त हो कर युग-युग की तृषा शान्त करता है। इस मिलन से उसके जन्म-जन्मान्तर खिल उठते हैं। क्षण के स्वीकार पर टिका यह सहज मिलन चिरन्तन बन जाता है।

जहाँ-जहाँ तुम रहीं, निष्पलक नयनों की आभा से
रहा सींचता मैं; आगे तुम जहाँ-जहाँ जाओगी,
साथ चलूँगा मैं सुगन्ध से खिंचे हुए मधुकर-सा।

परिपाटी-भुक्त परिणय का मन्त्रोच्चार इस अनन्य प्रेम-प्रतिश्रुति के आगे कितना निस्तेज और निर्बल लगने लगता है! यह पूर्ण मन के पूर्ण प्रेम की अद्भुत व्यंजना है।

और, जैसे इस सच्चे प्रेम के पक्ष में सबसे बड़ा तर्क (ऐसा तर्क जो परम्परा

को भी स्वीकार हो) देने के लिए ही प्रकृति एक अकाट्य प्रमाण उपस्थित करती है। उर्वशी गर्भवती हो जाती है और वह आयु जैसे तेजस्वी बालक को जन्म देती है।

मन करता है कि काव्य यहीं समाप्त हो जाता। उर्वशी और पुरूरवा की प्रणय-कथा कहना ही यदि कवि का एकमात्र अभीष्ट होता तो इसमें कोई हानि नहीं थी। पर समस्या तो अभी बनी ही रह जाती है। तन-मन का एकान्त मिलन तो ठीक, पर उसका सामाजिक रूप क्या हो?

पुरूरवा और उर्वशी मिले—मुक्त-स्वतन्त्र व्यक्तित्व के रूप में। पर क्या वे ऐसे ही मुक्त-स्वतन्त्र हैं? नहीं, उन दोनों के व्यक्तित्वों के पीछे एक सम्बन्ध-सूत्र अभी अविच्छिन्न है—अपने-अपने समाज का। पुरूरवा के मन में वह सूत्र है औशीनरी के रूप में, उर्वशी के मन में वह सूत्र है—भरत मुनि के शाप के रूप में। दोनों ही बँधे हैं।

तो क्या हो? क्या इस क्षणिक मिलन के उपरान्त फिर वे सदा-सदा को अलग हो कर अपने-अपने स्थान पर लौट जायें? यह सम्भव तो था पर उनका मन इसे सम्भव नहीं रहने देता। जन्म-जन्म की प्रतीक्षा के बाद यह जो संयोग मिला है उसका सुख वे कैसे छोड़ दें?

दूसरा उपाय है कि वे दोनों अपने मन में बँधे रूढ़ि-सूत्रों को तोड़ें। पर यह भी सम्भव नहीं जान पड़ता। पुरूरवा औशीनरी का त्याग तभी कर सकता है जब वह राजकुल और समाज-पद्धति सभी का त्याग करे। इसके लिए उसका मन तैयार नहीं है। उर्वशी ने उसे लाख समझाया है पर 'तन के अतिक्रमण' और 'चाहिए देवत्व' का काँटा अभी उसके मन से निकला नहीं है। देह-गलन के चरम क्षणों में जो एकान्त समर्पण उसके मन में आता है, अन्य क्षणों में उसकी उत्कटता घट जाती है, और वह समाज से समझौता कर लेता है। फलतः उर्वशी—उसकी आकांक्षित नारी—भी उसके समस्त जीवन की संगिनी नहीं बन पाती, उसका व्यक्तित्व अब भी विभक्त है। व्यक्तित्व की इस विभक्ति पर कवि ने मौन का अविभेद्य पर्दा डाल दिया है। तीसरे अंक के बाद पुरूरवा केवल राज-सभा में ही मिलता है। पर उसका संकेत हम औशीनरी के परवर्ती सम्भाषण में पाते हैं, जब वह कहती है :

वाणी का वर्चस्व रजत है, किन्तु, मौन कंचन है।
पर क्या मिला, अन्त में जाकर, मुझको इस कंचन से?
उतरा सब इतिहास, जहाँ निर्घोष, निनद, कल-कल था,
चले गये उस मूक नीड की छाया सभी बचा कर
घटनाओं से दूर जहाँ मैं अचल, शान्त बैठी थी।

इस उक्ति से कवि का स्पष्ट इंगित है कि उर्वशी को साथ लेकर जब पुरूरवा महलों में रहने लगा तब भी औशीनरी 'कुल-वामा पतिव्रता' का धर्म निभाती 'मूक नीड' में उपेक्षित बैठी रही। पुरूरवा जैसे प्रतापी और दुर्दम्य व्यक्ति का यह समझौता विद्रोह की ही आग फूँकता है। और जब वह समझौता भी सामाजिक परिस्थितियों के कारण नहीं टिक पाता, तब घड़ा पूरा भर जाता है, उसकी द्विधा का अन्त हो जाता

?

है, और वह समस्त समाज का परित्याग कर संन्यास ले कर वन को चल देता है।

पुरूरवा के मन की द्विधा पर कवि ने भले ही पर्दा डाल दिया हो पर औशीनरी के आँसुओं की धारा की अनदेखी उसने नहीं की। वर्षों की निराशा और व्यथा में डूब कर औशीनरी अपने विवाहित जीवन की असफलता का सच्चा कारण जान गयी है। कवि उसके विलाप के माध्यम से इस समस्या के एक पक्ष का समाधान करते हुए सन्देश देता है :

पछताती हूँ, हाय रक्त आवरण फाड़ ब्रीडा का
व्यंजित होने दिया नहीं क्यों मैंने उस प्रमदा को
जो केवल अप्सरा नहीं, मुझमें भी छिपी हुई थी?

. . . . . .

हाय सती! मैं ही कदर्थ, दोषी, अनुदार, कृपण हूँ
केवल शुभ-कामना, मंगलैषा से क्या होता है?
मैं ही दे पायी न भावमय वह आहार पुरुष को
जिसकी उन्हें अपार क्षुधा, उतनी आवश्यकता थी।

इस मार्मिक विलाप द्वारा कवि ने दाम्पत्य जीवन के आधुनिक आदर्श की प्रतिष्ठा की है।

पुरूरवा की भाँति उर्वशी भी समझौता करती है। पुरूरवा में क्षमता थी, पर मन तैयार न था। उर्वशी का मन तैयार है, पर क्षमता नहीं। उसकी बाधा भरत मुनि का शाप है जिस पर उसका कोई वश नहीं। इसलिए उसका समझौता छल का रूप लेता है। वह अपने पुत्र को छिपा कर—अपने से और अपने प्राणप्रिय पुरूरवा से दूर रख कर अपनी मिलनावधि को बढ़ा लेती है। इस छल से उत्पन्न उसकी विकलता को कवि ने पूरे वेग से वाणी दी है। आयु को जन्म दे कर उर्वशी ने मातृत्व का स्वाद जाना है—वह स्वाद जो अप्सराओं को अलभ्य है—इसलिए आयु के लिए उसका मन रोता रहता है। तिस पर वह यह भी जानती है कि पुरूरवा सन्तान के लिए, वंश-धर के लिए कितना व्यग्र है। इसलिए उसकी वेदना और भी गहरी हो जाती है। पर इतना सहन करने पर भी वह अपने प्रिय के साथ नहीं रह पाती। आयु के राज-सभा में आते ही उसे शाप-वश स्वर्ग लौट जाना पड़ता है।

कथा का यह अन्त दुःखद ही नहीं, नये काम-सिद्धान्त की व्यर्थता भी सिद्ध करता-सा जान पड़ता है। कालिदास ने तो इसका समाधान राजनीति के मार्ग से पाया था। देवों ने पुरूरवा की सहायता पाने के लिए उर्वशी लौटा दी थी। पर दिनकर को यह उपयुक्त नहीं लगता। जहाँ सिद्धान्त कसौटी पर हो, वहाँ परिस्थिति की शरण ले कर उसका प्रतिपादन नहीं हो सकता। पुरूरवा यदि तेजस्वी है, और उर्वशी उसकी अनिवार्य संगिनी है, तो वह चुप क्यों बैठे? इसीलिए, वह उर्वशी के ओझल होते ही स्वर्ग के विरुद्ध युद्ध ठानने चल पड़ता है।

पर राजसभा में आयु उपस्थित है, उसका वंशधर, भविष्य का सम्राट्। उसके सामने अपने अदम्य प्रणय की ऐसी क्रुद्ध अभिव्यक्ति! वह थम जाता है। मन कहने लगता है, यही क्षण है जब तुम समाज से अपने सम्बन्ध-सूत्र तोड़ सकते हो। और वह युद्ध का विचार त्याग देता है, आयु को अपना उत्तराधिकारी घोषित कर संन्यास धारण कर लेता है।

पुरूरवा का संन्यास दिनकर की मौलिक उद्भावना है, इसलिए उस पर कुछ विस्तार से विचार आवश्यक है। संन्यास वह किसलिए लेता है? एक तर्क है, विवशता के कारण, वह विवशता चाहे पुरूरवा की हो चाहे कवि की। पर उसके आगे क्या कहा जा सकता है? इसलिए यह ठीक नहीं जँचता। दूसरा तर्क है : उर्वशी के बिना वह अब राजा नहीं रह सकता, क्योंकि राजा रहने के अर्थ हैं औशीनरी के साथ रहना। सच्चे दाम्पत्य का सुख जान लेने के उपरान्त वह औशीनरी के पास नहीं लौट सकता। उसके मन की द्विधा अब पूर्णतः कट चुकी है।

पर इससे भी प्रबल कारण है : च्यवन और सुकन्या का उदाहरण जो इस काव्य में कवि की सबसे बड़ी मौलिक उद्भावना है। अपनी तपस्या के फल के रूप में सुकन्या को प्राप्त कर च्यवन सिद्ध करते हैं कि सफलकाम होना कितनी बड़ी तपस्या है, कितना बड़ा यज्ञ है। शुरू में जब उसे उर्वशी नहीं मिली थी तो कवि पुरूरवा के मुँह से कहलवा भी चुका है :

स्यात्, अभी तप ही अपूर्ण है

पुरूरवा च्यवन-सुकन्या के उदाहरण से प्रेरित हो कर वह अपूर्ण तप पूरा करने चला है ताकि इस बार उर्वशी को कुछ दिनों के लिए नहीं, जन्म-जन्म के लिए पाये। 'तन का अतिक्रमण' भी तभी सम्पन्न होगा।

पुरूरवा का राज-त्याग और संन्यास-स्वीकार यही उद्देश्य रखता है, इसका कवि ने एक और प्रमाण भी जुटाया है। विलाप करते-करते औशीनरी कहती है:

याग-यज्ञ, व्रत-अनुष्ठान में, किसी धर्म-साधन में
मुझे बुलाये बिना नहीं प्रियतम प्रवृत्त होते थे।
तो यह अन्तिम व्रत कठोर कैसे संन्यास सधेगा
किये शून्य वामांक, त्याग मुझ संन्यासिनी प्रिया को!

औशीनरी भूल जाती है कि वामांक शून्य करने के लिए ही तो संन्यास है! सच्चे प्रेम की खोज को तपस्या की संज्ञा दे कर, सच्चे काम-सम्बन्ध को ईश्वर-प्राप्ति की महत्ता दे कर कवि ने 'उर्वशी' के माध्यम से नर-नारी के प्रणय-जीवन को निर्मलता प्रदान की है।

पुरूरवा-उर्वशी की प्रणय-कथा को आधुनिक सन्दर्भों में व्यक्त कर दिनकर ने हिन्दी काव्य-परम्परा को एक महत्त्वपूर्ण उपलब्धि प्रदान की है। 'कुरुक्षेत्र' में पहले उन्होंने महाभारत की कथा को आधुनिक सन्दर्भ दिया था, और सामाजिक संगठन

की न्यायोचित भूमि खोजनी चाही थी। 'उर्वशी' के द्वारा उन्होंने अब व्यक्ति-जीवन को विकसित विचारों का धरातल प्रस्तुत किया है। यह एक प्रौढ़ कवि की प्रौढ़ कृति है जो हिन्दी काव्य की प्रौढ़ता की घोषणा करती है।

समसामयिक हिन्दी काव्य में चार उल्लेखनीय प्रबन्ध काव्य हैं : 'कुरुक्षेत्र', 'अन्धायुग', 'कनुप्रिया' और 'उर्वशी'। पहले दोनों काव्य महाभारत के माध्यम से सामाजिक आदर्शों की व्याख्या करते हैं, और परवर्ती दोनों काव्य पौराणिक प्रणय-कथा के माध्यम से व्यक्तित्व-निर्माण के आदर्शों की। क्या यह केवल आकस्मिक संयोग है?

शिल्प और काव्यत्व की दृष्टि से 'उर्वशी' इनमें अन्यतम है। प्रणय-काव्य होते हुए भी 'उर्वशी' में लुजलुजी कोमलता नहीं है, उसमें ओज का विलक्षण सम्मिश्रण है। यह प्रमाण है कि कवि प्रणय-कथा कहने नहीं बैठा है, नया सन्देश देने आया है। पर यह सन्देश अत्यन्त कौशल से विकसित चरित्रों एवं काव्यगत सौन्दर्य के अनेक उपकरणों के सहारे प्रकट किया गया है। प्रणय-काव्य होने के नाते 'उर्वशी' प्रणय-जीवन के बहुविध प्रसंगों की सम्पूर्ण चित्रावली है। उनको उद्धृत करने से यह निबन्ध ग्रन्थ बन जायेगा। प्राकृतिक वर्णनों में भी कवि ने एक अनियारी दृष्टि का प्रमाण दिया है। पुरूरवा और उर्वशी के प्रणय मिलन के प्रतिबिम्ब रूप जो प्रकृति वर्णन हैं वे उस प्रसंग को अनिर्वचनीय आभा से मण्डित कर देते हैं। और, जहाँ तक नारी के विविध रूपों का प्रश्न है, 'उर्वशी' की सम्पन्नता अभूतपूर्व है। नारी-जीवन का कोई भी पक्ष उसकी दृष्टि से नहीं छूटा। इस अन्यतम उपलब्धि के लिए कवि हमारा प्रणम्य है।

प्रस्तुत निबन्ध में बहुत-कुछ कहने को चाह कर भी अभी कहने को काफ़ी बच गया है। इसलिए निबन्ध समाप्त करते समय कवि की ही उक्ति दुहराने को जी चाहता है :

तुम अनन्त कल्पना, अंक चाहे जिस भाँति भरूँ मैं,
एक किरण तब भी बाँहों से बाहर रह जाती है।

-भारतभूषण अग्रवाल

1

‘कल्पना’, 138 (अप्रैल ’63) में श्री भगवतशरण उपाध्याय का लेख “‘दिनकर’ की ‘उर्वशी’” कुछ महीने पहले देखा था। ‘देखा’ इसलिए कह रहा हूँ कि तब उसे पूरा पढ़ा नहीं था। आधा ही पढ़ कर छोड़ दिया था क्योंकि उतने में ही यह अच्छी तरह समझ लिया था कि लेखक की दृष्टि अत्यन्त दूषित है। आलोचना के नाम पर छापी गयी इस तरह की अनर्गल बातें ‘दिनकर’ जैसे समर्थ कवि को कुछ हानि पहुँचाएँगी, इसकी आशंका नहीं थी, बल्कि मेरा तो अनुभव यही रहा है कि जब समालोचना का स्थान इस तरह की कीचड़-उछाल बातें ले लेती हैं तब उनकी प्रतिक्रिया लेखक के अनुकूल ही होती है। और जहाँ तक इस लेख के प्रकाशन में ‘कल्पना’ के सम्पादकों के उत्तरदायित्व की बात थी, उन्हें मैं इससे पहले ही एकाधिक बार अपनी राय सूचित कर चुका था कि सम्पादन में पूरी जिम्मेदारी नहीं बरती जाती है।

अब फिर उस लेख और उस पर की गयी टिप्पणियों की ओर ध्यान आकृष्ट किये जाने पर मैंने सबको पूरा पढ़ा है। मेरी पहली धारणा पुष्ट ही हुई है। लेख छपने लायक़ नहीं था; और समालोचना कहलाने लायक़ नहीं है। अधिकांश बिल्कुल अप्रासंगिक है और जितना अंश वैसा नहीं है वह दूषित, द्वेष-भरी मनोवृत्ति का परिचय देता है और यह भी सिद्ध करता है कि उपाध्यायजी में और जो योग्यताएँ हों, काव्य पढ़ने की पात्रता या सहृदयता नहीं है।

‘उर्वशी’ में त्रुटियाँ न हों, ऐसी मेरी भी राय नहीं है। लेकिन उपाध्यायजी ने जो, और जिस प्रकार के दोष उसमें देखे हैं उनमें से तो कुछ तो काव्य के सन्दर्भ में अप्रासंगिक भी हो जाते हैं, लेकिन सभी स्वयं उपाध्यायजी के लेख में उग्रतर रूप में विद्यमान हैं।

आलोचक की नीयत पर आक्षेप करना मुझे गन्दा काम मालूम होता है। लेकिन कृतिकार की नीयत पर आक्षेप करना उससे भी गन्दा काम है। और उपाध्यायजी

के लेख का और कुछ नहीं तो अति विस्तार ही (31 कॉलम!) पढ़ने वाले का ध्यान अन्तिम कुछ पंक्तियों में झलकने वाले आक्रोश पर केन्द्रित कर देता है। अंग्रेज़ी मुहावरों का अनुवाद करके ही नहीं, अनुवाद को भी थोड़ा आगे खींच कर कहूँ कि यहाँ पहुँच कर 'बिल्ली पूरी-की-पूरी थैले में से निकल आयी है!' उपाध्यायजी का कहानी संग्रह 'सवेरा' सन् 1940 में प्रकाशित हुआ था; उसमें 'विक्रमोर्वशी' शीर्षक एक कहानी थी। उपाध्यायजी वास्तव में कहना यह चाहते हैं कि 'दिनकर' जी उनके ऋणी हैं लेकिन विनयवश दुहाई कालिदास और ऋग्वेद की देते रहे हैं। राहुल जी के ऐतिहासिक उपन्यासों में भी उपाध्यायजी कालविरुद्ध-दोष देखते थे तब भी उन्हें अपने कहानी-संग्रह की प्रामाणिकता का उल्लेख करना पड़ा था। निस्सन्देह उस कहानी संग्रह ने एक नया रास्ता खोला था; मैंने तो उसी समय उसकी कहानियों की प्रशंसा की थी, इसलिए आज यह भी कह सकता हूँ कि अगर और कोई भी उस काल की वस्तु ले कर काव्य रचता है तो उपाध्यायजी को यह न समझना चाहिए कि उनका प्राप्य उनसे छिन रहा है।

लेख के पहले सात कॉलम बिल्कुल अप्रासंगिक और काव्य की समीक्षा की दृष्टि से अनावश्यक हैं। चित्रों के सम्बन्ध में जो कुछ कहा गया है उसे एक वाक्य में कहा जा सकता है। मैं जानता हूँ कि चित्र घटिया हैं और काव्य की वस्तु के सम्प्रेषण अथवा ग्रहण में कुछ भी सहायता नहीं करते। पर उपाध्यायजी ने बार-बार बल दे कर और अपने वर्णन में मज़ा लेकर 'नंगेपन' की चर्चा की है; चित्र उतने नंगे नहीं हैं जितनी कि इस लम्बी चर्चा में लेखक की अपनी मनोवृत्ति नंगी हुई है।

मैंने कहा कि उपाध्यायजी के लेख में वे सभी दोष मिल जायेंगे जो उन्होंने 'उर्वशी' में देखने चाहे हैं। जहाँ तक 'प्रदर्शन द्वारा उपलब्ध यश के लोभ को संवरण न कर सकने' की बात है, समूचा लेख उसका ज्वलन्त उदाहरण है। और मुहावरों का अनुवाद? उपाध्यायजी ने लिखा है, "कालविरुद्ध दोषों का...एक समूचा जंगल मिलेगा!" तत्सम शब्दों का बेजगह उपयोग? "'प्रसाद' और 'दिनकर' में संख्यातीत गुणतः अन्तर है।" यह कौन-सी भाषा है?

कुल मिला कर कालविरुद्ध-दोष के सम्बन्ध में कुछ बातों पर विचार हो सकता। लेकिन एक तो काव्य-कथा को ठीक इतिहास की तरह नहीं जाँचा जा सकता, दूसरे, उपाध्यायजी ने बाल की खाल उतारने की जो कोशिश की है, उससे उनके सही आक्षेप भी अपना मूल्य खो बैठे हैं। उन्हीं के ढंग से बात करने चलें तो कहा जा सकता है कि उनका यह कथन कि "यवन शब्द आयोनिया के ग्रीकों के लिए प्रयुक्त हुआ करता था" भी उसी प्रकार दूषित है; क्योंकि आयोनिया द्वीप-समूह के लोग जब आयोनियान (= यवन) कहलाते थे तब ग्रेशियन उनसे बिल्कुल अलग थे। 'ग्रीक'

परवर्ती नाम है, जिसमें इन दोनों के अलावा और भी बहुत-से लोग शामिल हैं। इसी प्रकार, "ऋग्वेद में राजा के रूप में पुरूरवा ऐतिहासिक व्यक्तित्व रखता है"; यहाँ 'ऐतिहासिक व्यक्तित्व' से क्या अभिप्राय है? इतिहास की जिस कल्पना से यह पद उद्भूत हुआ वही आधुनिक है, यानी ऐतिहासिक व्यक्तित्व की बात आज उठ सकती है, पुरूरवा के समय उसका कोई अर्थ नहीं था न हो सकता था। उपाध्यायजी की तर्क-पद्धति से चलें तो इस नतीजे पर पहुँचेंगे कि 'उर्वशी' की कथा केवल वैदिक संस्कृत के शब्दों में कही जा सकती है। तब क्यों न हम उपाध्यायजी से यह भी आशा करें कि काव्य की समीक्षा में भी वे अपने को उन्हीं शब्दों तक सीमित रखें जो कि 'ऋग्वेद' में मिल जायेंगे?

-'अज्ञेय'

2

श्री भगवतशरण उपाध्याय द्वारा की गयी 'उर्वशी' की समीक्षा के गुण-दोष के बारे में, या स्वयं 'उर्वशी' के गुण-दोष के बारे में मैं कुछ नहीं कहना चाहता। मैं केवल समीक्षक की दृष्टि के एक पक्ष की ओर ध्यान खींचना चाहता हूँ। समीक्षक ने अपने दृष्टिकोण को स्पष्ट करने के लिए एंगेल्स का एक वाक्य उद्धृत किया है कि 'मैंने डूहरिंग को पढ़ा तो नहीं पर मैं डूहरिंग मानव को जानता हूँ।' कई बार इस वाक्य की चर्चा आयी है।

मैं जानता हूँ कि उपाध्यायजी मार्क्सवादी हैं। मैं नहीं हूँ। उनके लिए यह पर्याप्त हो सकता है कि उक्त वाक्य एंगेल्स का है। लेकिन तर्क-बुद्धि के द्वारा इस वाक्य का औचित्य सिद्ध करना असम्भव है। राजनीति में भी यह दृष्टिकोण सर्वथा अनुचित है। लेकिन उसमें न जा कर मैं केवल तीन साहित्यकारों के नाम लूँगा—दोस्तोवस्की, बायरन और ऑस्कर वाइल्ड। उनकी कृतियों से अलग, उनके निजी और सार्वजनिक जीवन के सम्बन्ध में सम्पूर्ण उपलब्ध जानकारी हासिल कर लेने के बाद अगर कोई उसी के आधार पर इनके साहित्यिक कृतित्व की आलोचना करने को तत्पर हो जाये, तो क्या नतीजा निकलेगा?

मैं समझता हूँ कि ऐसे दृष्टिकोण से लिखी गयी कोई समीक्षा किसी अच्छी पत्रिका को प्रकाशित नहीं करनी चाहिए।

यूँ दिनकर जी के बारे में अच्छी या बुरी राय दोनों है। यह अलग बात है। इसके बावजूद वे अच्छे या खराब कवि हो सकते हैं, 'उर्वशी' अच्छी या खराब काव्य-कृति हो सकती है।

—ओमप्रकाश दीपक

?

3

'उर्वशी' की समीक्षा तथा तत्सम्बन्धी पत्रादि को ऊपरी तौर पर ही देखा था, उस पर कोई टिप्पणी लिखने के विचार से नहीं, न अब भी ऐसा विचार है। यों उस 'टोन' में लिखी गयी समीक्षाएँ मुझे नहीं पसन्द आतीं—चाहे जितनी महत्त्वपूर्ण बात उनमें उठायी जाये। तथाकथित प्रगतिशील आलोचना के एक हिस्से की भी प्रमुख कमज़ोरी इस प्रकार की आलोचना रही है, जिससे उनकी बात बनी कम, बिगड़ी ही ज़्यादा। साहित्य की मूलतः एक सांस्कृतिक प्रक्रिया है और किसी कृति से अपनी असहमति प्रकट करते हुए भी यह एहतियात ज़रूरी है कि उत्तेजना में हमारा स्वर असांस्कृतिक न लगने लगे। दूसरे, मुझे यह भी लगा कि कहीं-कहीं आलोचना की धुन में ग़ैरज़रूरी बातों का सहारा लिया गया है जो 'उर्वशी' से अधिक समीक्षा को कमज़ोर साबित करती हैं।

—कुँवर नारायण

4

'उर्वशी काण्ड' पर अपनी बात संक्षेप में तीन हिस्सों में कहना चाहूँगा : (1) श्री भगवतशरण उपाध्याय की समीक्षा, (2) इस समीक्षा पर छपे पत्र और (3) इन दो की रोशनी में 'उर्वशी' की स्थिति और सम्भावना। पहली बातें पहले—

श्री भगवतशरण उपाध्याय की समीक्षा के बारे में जो बात मुझे बहुत पसन्द आयी थी वह उसकी प्रखरता थी—सीधी करारी चोट की शक्ति थी। आमतौर पर श्री उपाध्याय की उमर और हैसियत के साहित्यकार गोल-मोल शब्दों में लिखते हैं, ऐसे शब्दों में जो निरर्थक हो गये हैं। ऐसे माहौल में इस आलोचना की, अन्य बातों के अलावा, खरी और चुभती बातें अच्छी लगीं।

लेकिन यह समीक्षा जहाँ प्रखर लगी वहीं मत्सर से भी भरी लगी। मत्सर तो साफ़ है : किताब कितने दाम की है? बारह रुपये की कविता की किताब यूरोप में, यहाँ तक कि अमरीका में भी कहीं बिक सकती है? यह सब क्या है? श्री शैलेन्द्रनाथ श्रीवास्तव ने अपने पत्र में ('कल्पना', 140) में इसकी उचित ही टीका की है। लेकिन मत्सर का विकृत रूप उभरता है 'दिनकर' की 'भारतीय संस्कृति के चार अध्याय' के सिलसिले में। 'दिनकर' व्यक्ति को जान कर 'दिनकर' की कृति के बारे में श्री उपाध्याय को कुछ भी जानना बाक़ी नहीं रह जाता। और इस सिलसिले में वे एंगेल्स बनाम डूहरिंग की नज़ीर उद्धृत करते हैं। पहले तो अगर एंगेल्स ने सिर्फ़ डूहरिंग व्यक्ति को जान कर उसके कृतित्व की आलोचना की होती, तो यह ग़लत

बात होती और यह नज़ीर आलोचना का मानदण्ड नहीं ही बन पाती। लेकिन क्या सचमुच एंगेल्स जैसे 'वैज्ञानिक' समाजवादी ने यह भूल की है?

नहीं, ऐसा नहीं है। श्री उपाध्याय ने अपनी पुष्टि के लिए अर्द्ध-सत्य बल्कि चौथाई सत्य का सहारा लिया है जो सफ़ेद झूठ से भी बुरा है। तो सत्य क्या है?

फ्रेडरिक एंगेल्स की 'एण्टी-डूहरिंग' की जिस भूमिका का श्री उपाध्याय ज़िक्र करते हैं उसका सम्बन्धित अंश इस प्रकार है : एंगेल्स लिखते हैं कि जब वे इस पुस्तक का "आमुख पूरा कर रहे थे तब मुझे श्री डूहरिंग की भौतिकशास्त्र और रसायनशास्त्र के मौलिक नियमों पर एक 'आधिकारिक' पुस्तक की सूचना मिली। मुझे भौतिक और रसायन शास्त्र में अपने ज्ञान की अपूर्णता का एहसास है और फिर मैं डूहरिंग को जानता हूँ इसलिए इतना मैं अभी से कहे देता हूँ कि भौतिक और रसायनशास्त्र के उन नियमों का भी वही—होगा जो अर्थशास्त्र के नियमों का है। भौतिक फ्रेडरिक एंगेल्स, एण्टी-डूहरिंग, फ़ॉरेन ली पब्लिशिंग हाउस, मास्को, 1954, प्रिफ़ेस, पृ. 12"

स्पष्ट है कि एंगेल्स ने डूहरिंग की इस नयी रचना को नहीं देखा है। लेकिन उसने इसका खण्डन भी नहीं किया है। 'एण्टी-डूहरिंग' के तीन भाग क्रमशः (1) दर्शन, (2) अर्थशास्त्र और (3) समाजवाद विषयक मान्यताओं के खण्डन में लगे हैं, भौतिक और रसायनशास्त्र के नियमों के खण्डन में नहीं। और इन तीनों खण्डों में एंगेल्स ने डूहरिंग की तद्विषयक तीन महत्त्वपूर्ण रचनाओं से बार-बार उद्धरण दिये हैं। मैं यहाँ भूमिका के अध्याय 2 के सिर्फ़ एक, पृष्ठ 44 की ओर ही ध्यान आकृष्ट करूँ: 'श्री डूहरिंग क्या कहना चाहते हैं?' शीर्षक से यह अध्याय शुरू होता है और पहले ही पैरे में डूहरिंग की तीन रचनाओं का उल्लेख है। दूसरे पैरा में डूहरिंग की पहले उद्धृत रचना के पहले ही पृष्ठ से उद्धरण है। तीसरे पैरा की पहली ही पंक्ति में फिर डूहरिंग से ही एक उद्धरण है। अन्त में 'फुट नोट' में सम्पादक ने इन जर्मन रचनाओं के शीर्षक का अंग्रेज़ी रूपान्तर किया है : (1) 'कोर्स ऑफ़ फ़िलॉसफ़ी' 1875, (2) 'कोर्स ऑफ़ पॉलिटिकल एण्ड सोशल इकोनामी', 1876 और (3) 'क्रिटिकल हिस्ट्री ऑफ़ पॉलिटिकल इकोनामी एण्ड सोशलिज़्म', 1857।

स्थिति यह है। अब इस पर से कोई कैसे कह सकता है कि एंगेल्स ने 'डूहरिंग को पढ़ा नहीं है' और बिना पढ़े उसके विरोध में लिखने जा रहा है, क्योंकि वह 'लेखों से परे मानव को जानता है, आर-पार' जानता है।

अब इस पर कोई और टिप्पणी आवश्यक नहीं है।

वैसे, इसका महत्त्व न तो कार्य के रूप में है, न कारण के रूप में, बल्कि लक्षण के रूप में है—एक मारक रोग के लक्षण के रूप में। और श्री उपाध्याय का यह रोग कई साल पुराना लगता है : 'कुछ साल पूर्व जब कवि ने, संस्कृति के आचार्य

के रूप में यशोलाभ के लिए, अपने 'संस्कृति के चार अध्याय' के साथ हिन्दी के क्षेत्र में पदार्पण किया, तब 'नेशनल हेराल्ड' के सम्पादक चलपति राव के, 'हेरल्ड' में उसकी आलोचना लिखने के अनुरोध को मैंने अस्वीकार कर दिया।' इसका एक कारण यह था कि पण्डित जवाहरलाल नेहरू ने 'उस ग्रन्थ को पढ़े बग़ैर भूमिका लिखी' थी और इसलिए वह आलोचना उस 'महान् व्यक्तित्व' की नैतिकता की भी टीका होती। और दूसरे यह एंगेल्स वाली घटना याद आ गयी थी। इन कारणों से आलोचना लिखी नहीं गयी। काल-क्रम में दमित वासना मानसिक विकृति का कारण बनती है, ऐसा मनोविश्लेषण के जानकार बताते हैं। और शायद इसलिए उपाध्यायजी ने दिनकर की 'उर्वशी' के प्रथम चुम्बन में उसकी नाक ही काट ली है।

लेकिन मुझमें यह 'चुम्बन-चेतना' तो तब जगी जब जून की 'कल्पना' में इस आलोचना पर पत्रों का शोर उठा। तब जा कर मैं 'उर्वशी' की ओर बढ़ा, जैसे कभी पुरूरवा बढ़े होंगे। इसलिए निजी तौर पर मैं इन पत्रों का आभारी हूँ। और मेरे जैसे ही और भी होंगे ही। फिर, वैसे भी, अगर आलोचना या पत्रों में 'बेहूदगी' की भूलों के लिए दरवाज़ा बन्द करेंगे तो हमें भय है कि सत्य भी बाहर जायेगा। वैसे भी, 'अगर जंगल में सिर्फ़ वे ही पंछी गाते जो सबसे अच्छा गाते हैं, तो जंगल बहुत उदास होता।'

अब, अन्त में, 'उर्वशी' के बारे में मेरी अपनी स्थिति दो अतियों के बीच की है। एक अति पर हैं श्री उपाध्याय, तो दूसरी अति पर हैं श्री गोपाल राय और श्री शैलेन्द्रनाथ श्रीवास्तव। मुझे लगता है कि न 'उर्वशी' वैसी हल्की है जैसी श्री उपाध्याय की समीक्षा बताती है और न वैसी 'आखिरी' चीज़ है जैसा कि खास तौर पर पटना के श्री गोपाल राय के आक्रोश—भरे पत्र से लगता है।

कालिदास के 'विक्रमोर्वशीयम्' के अंकों में एक प्रगाढ़ परिपूर्ण काम की तृप्ति है। रवि बाबू की 'उर्वशी' में इस दिव्य नारी की फड़कती हुई जाँघों का मांसल सौन्दर्य है लेकिन फिर जैसे इस चिर षोडशी के प्रति एक व्यापक मानवीय सहानुभूति और करुणा इस काम-शरीर से मुक्त कर देती है। लेकिन 'दिनकर' की उर्वशी अपना अप्सरापन खोती है और वह मानुषी बन नहीं पाती। पुरूरवा अपना मनुष्यपन छोड़ना चाहता और देवत्व पा नहीं सकता है। इसलिए सब कुछ सूना-सूना-सा लगता है। वैसे यह सूनापन अपने में एक उपलब्धि होता। लेकिन अति विस्तार से यह उपलब्धि भी नष्ट हो गयी है।

खासतौर पर गन्धमादन पर्वत पर जो वर्ष बीता है वह तो थरथराती हुई वासना का वर्ष रहा होगा। वहाँ पुरूरवा और उर्वशी को इतनी लम्बी-चौड़ी बहस चलाने की तबीयत और फ़ुरसत कहाँ रही होगी, जो 'दिनकर' को है। अब 'दिनकर' को हो तो हो, पुरूरवा को नहीं है, उर्वशी को नहीं है, कालिदास को नहीं है। (देखिए : विक्रमोर्वशीयम्, अंक 4)

फिर भी एक बात है। अगर श्री उपाध्याय जैसे आलोचक यह समझते हों कि वे आलोचना से 'उर्वशी' को चिथड़ा कर देंगे तो यह आलोच के बूते के बाहर है, क्योंकि उर्वशी हमारी-आपकी प्रिया नहीं है, पुरूरवा की प्रिया है, 'ऋग्वेद' की प्रिया है, कालिदास की है और रवि ठाकुर की उर्वशी तो 'विश्व प्रेयसी' है। ऐसी उर्वशी पर 'दिनकर' की नज़र पड़ी है तो इसकी 'चर्चा' तो होगी। वैसे कौन जाने? अन्तिम फ़ैसला तो कालात्मा करेगा।

—कृष्णनाथ

5

'उर्वशी' पर भगवतशरण उपाध्याय के समीक्षा-लेख के सम्बन्ध में आपने मेरी प्रतिक्रिया पूछी है। इतना तो आप मानेंगे ही कि अब वस्तुएँ इतने सपाट रूप में सामने नहीं आतीं कि उन पर दो टूक राय दी जा सके। इसका तात्पर्य यह भी नहीं है कि 'हाँ' भी और 'ना' भी यानी कि तथाकथित समन्वय। अकसर-अकसर करके कहीं एक अन्य स्थिति पर भी व्यक्ति होता है। इस 'त्रिशंकुत्व' का अभिशप्त वरदान, लगता है कि, हम सबकी नियति बन गया है।

अस्तु, दिनकर की 'उर्वशी' विवाद का कम, प्रवाद का विषय अधिक रही है। उसके छपने के पहले से ले कर छपने के बाद तक कह कर, लिख कर, कान में फुसफुसा कर या सभा में चिंघाड़ कर बहुत कुछ कहा गया है। और इस सब में, कहना न होगा, प्रशंसा का ही स्वर मुख्य रहा है। सुमित्रानन्दन पन्त एवं बच्चन जैसे यशस्वी कृतिकारों से लेकर नगेन्द्र (एवं एक सीमा तक हजारीप्रसाद द्विवेदी तक) जैसे आचार्य समीक्षकों तक के उसकी प्रशंसा में स्वर लिखे-छपे रूप में मिलते रहे हैं। गो कि इनमें से एकाध से मैंने जब सीधे-सीधे प्रश्न किया तो उसकी भाषा, छन्द-योजना या मूल दृष्टि के प्रति उनके मन में कोई महत्त्व का भाव नहीं दिखा। दूसरी ओर, नवलेखन से सम्बन्धित अधिकांश व्यक्तियों ने 'उर्वशी' के विरुद्ध एक प्रकार का कानाफूसी आन्दोलन चला रखा था।

वस्तुतः सतह के नीचे-नीचे चलने वाले इस आन्दोलन ने 'उर्वशी' का जितना अवमूल्यन किया है, उतना ही उसकी अतिरिक्त प्रशंसा ने भी।

प्रश्न उठता है कि ऐसी असहज स्थिति क्यों उत्पन्न हुई। अगर आत्मप्रदर्शन न मानें तो 31 दिसम्बर, 1961 के धर्मयुग में 1961 की 'हिन्दी-आलोचना' का लेखा-जोखा प्रस्तुत करते हुए मैंने कहा था कि 'उर्वशी' की यह भयंकर प्रशंसा हिन्दी-आलोचना की निर्बलता का द्योतक है : "यह मानने को मैं तैयार नहीं कि इतने बड़े हिन्दी-प्रदेश के सभी पाठक-समीक्षक एक ही जैसी रुचि, संस्कारों या

प्रतिभा वाले हो गये हैं। फिर क्या असहमत होने वाले साहस नहीं जुटा पाते?" इस वाक्य को उद्धृत करने का सिर्फ़ इतना ही तात्पर्य है कि गद्‌गद स्तुति एवं कानाफूसी-आन्दोलन की सही पृष्ठभूमि पहचानी जा सके। तनिक विचार करने पर यह स्पष्ट हो जाता है कि ऐसा असहज व्यापार दिनकर की साहित्येतर स्थिति के कारण उत्पन्न हुआ। मुझे लगता है कि जब उपाध्यायजी ने ईमानदारी के स्तर पर आ कर बात करनी चाही, तो सबसे पहले इस साहित्येतर मूर्ति का खण्डन उनके लिए आवश्यक हो गया और परिणामस्वरूप अपनी समीक्षा का प्रारम्भिक अंश उन्हें लिखना पड़ा जो 'उर्वशी-समीक्षा' के सन्दर्भ में अप्रासंगिक है। गो कि इसी जगह पर उनसे एक चूक हो गयी है। इस मूर्ति-विखण्डन में उनमें कुछ शहीदाना जोश आ गया है और शहादत अपने—आप में एक असहज व्यापार है। तथा आलोचना असहज मनःस्थिति में नहीं लिखी जा सकती, और कुछ भले ही किया जा सके। कहना न होगा कि यह असन्तुलन इस पूरी समीक्षा में विद्यमान है। इस समीक्षा-लेख को पढ़ते समय मेरे मन में बराबर उस मूर्तिभंजक का रूप उभरता रहा है जो अगर सिर तोड़ने पर जुट गया, तो उसी को टूक-टूक करता गया और उसी बीच पैर या हाथ या पेट पर नज़र चली गयी तो उसे भी छोड़ कर उन्हें तोड़ने में जुट गया।

अपनी बात साफ़ करके कहूँ (क्योंकि रूपकों-उपमाओं की भाषा गद्य में बहुधा तार्किक हेत्वाभास उत्पन्न करती है) कि उपाध्यायजी ने पूरे 'उर्वशी' काव्य को एक दृष्टि की समग्रता, अन्तर्योजना, मूल्य-साँचे से सम्पृक्ति के आधार पर नहीं जाँचा। वे कभी तो कथा-स्रोतों की खोजबीन करके बहुत कुछ चोरी का माल साबित करने पर तुलते हैं तो कभी कवि के भाषा-सम्बन्धी अज्ञान का मज़ाक उड़ाने लगते हैं। कभी वे छन्द की चर्चा करते हैं और कभी असंगत बिम्ब-विधान की। उनकी समीक्षा-शैली पुरानी खानेदार आलोचना से कुछ बहुत भिन्न नहीं है। यहाँ आलोचना एवं आलोच्य में सवेदनागत धरातल की एक विचित्र एकता है। दोनों का ही भावबोध नया या आधुनिक किसी ओर से नहीं है। 'उर्वशीकार' अगर 'कामाध्यात्म' का वाग्जाल खड़ कर केवल वैयक्तिक कारणों को सामाजिक दर्शन का जामा पहनाना चाहता है तो उपाध्यायजी की समीक्षा में भी एक प्रभावाभिव्यंजक स्वर प्रमुखता से देखा जा सकता है। इसीलिए 'कल्पना' के सितम्बर '1963 अंक में उपाध्यायजी को दिनकर के मुक़ाबले दिनकर सोनवलकर की तारीफ़ करते देख कर तनिक भी आश्चर्य नहीं हुआ। काव्य-विवेक का बहुत परिचय उन्होंने पहले भी नहीं दिया।

इसका तात्पर्य यह नहीं कि मैं दिनकर को बड़ा कवि मानता हूँ या 'उर्वशी' को बड़ी रचना। दिनकर को पढ़ते समय मुझे हमेशा लगता रहा है कि वे खरे कवि नहीं हैं। काव्यानुभूति की कमी को वे अपने वक्तृत्व से पूरा करना चाहते हैं। और इस प्रक्रिया में वक्तृत्व अकसर रही-सही अनुभूति को भी पदच्युत कर काव्य की उपाधि स्वयं धारण कर लेता है। हिन्दी के अधिकांश अध्यापक और पाठक

इस वक्तृत्व-गुण को ही काव्य मानने का भ्रम पालते आये हैं (जय हो कवि-सम्मेलनों की : उनके द्वारा विकसित एवं गृहीत काव्य-बोध का एकमात्र यही रूप हो सकता है।)

उपाध्यायजी इस स्थानान्तरण-प्रक्रिया को लगभग दरकिनार कर गये हैं। इस पर उन्होंने ध्यान दिया होता तो तत्काल पता लग जाता कि 'उर्वशी' की समस्त कमज़ोरियों का मूल बिन्दु यही है। इसी कारण उर्वशी का चरित्र-निरूपण, मेरे एक लेखक-मित्र के शब्दों में, झाँसी की रानी उर्वशी बाई का हो गया है; यानी कि 'उर्वशी' प्रेम की अपेक्षा प्रेम की शब्द-तलवार अधिक भाँजती है। पढ़ते-पढ़ते ऐसा लगता रहा है कि सामने 'माइक्रोफ़ोन' ज़रूर रखा है और आमने-सामने दो चोटियों पर उर्वशी और पुरूरवा खड़े हो कर अपने ध्वनि-विस्तारक यन्त्रों पर धारा-प्रवाह बोलते चले जा रहे हैं और आवश्यकता पड़ जाती तो कामाध्यात्म ही नहीं, देशभक्ति एवं राष्ट्रीय संकट पर भी इसी गति से बोल जाते। चरित्र ही नहीं, काव्यरूप के प्रश्न को भी लिया जाए तो इसी दोष (या गुण?) का प्रभाव दिखेगा। आधा घण्टे के रेडियो-फ़ीचर (अनुसंधित्सु ज़रा रेडियो की फ़ाइलें उलटें-पलटें) को इसी भाषण-कला से फुला कर तथा मुद्रण-कला से फैला कर प्रस्तुत कर दिया गया है। अनुभूति के खरेपन के इस अभाव के कारण ही वे कथ्य के लिए उपयुक्त छन्द नहीं पा सके हैं। यह लम्बा छन्द वक्तव्य के ही अधिक अनुकूल हो सकता है—कोमल अनुभूतियों के नहीं। कहना न होगा कि जिस कवि को छन्द (यानी कि लय) की पहचान नहीं है, उसके कवि होने में सन्देह किया जा सकता है।

अगर खींच-खाँच कर इस अनुभूति की सत्ता को दिखाया भी जा सके तो 'उर्वशी' में कुछ वैसी वस्तु मिलेगी जिसे अंग्रेज़ी में 'रोमांटिक आयरनी' कहते हैं। 'उर्वशी' का विश्लेषण करके यह अच्छी तरह दिखाया जा सकता है कि इसीलिए अभिप्राय एवं प्रभाव, दोनों ही स्तरों पर हेत्वाभास विद्यमान हैं। उनमें वह तटस्थ जीवन-दृष्टि नहीं मिलेगी जो वस्तु को वस्तु की तरह देखती है तथा उनमें व्यक्तित्व की वह अद्वितीयता भी नहीं मिलेगी जो वस्तुओं को अप्रतिम ढंग से परखती एवं कहती है। इसीलिए मैं कहता हूँ कि 'उर्वशी' केवल वैयक्तिक कारण ों या विचारों के प्रतिपादन की चेष्टा है। वह किसी प्रकार का, आधुनिक संवेदना को सहारने वाला दर्शन नहीं। सम्भवतः इन्हीं कारणों से पुरानी पुराण-कथा को आधुनिक मन के लिए प्रसंगानुकूल एवं अर्थवान् भी नहीं बना सके। बिम्ब-विधान की तमाम असंगतियों या उबाने वाली एकरसता के मूल में भी ये ही तथ्य विद्यमान हैं।

कहना न होगा कि उपाध्यायजी ने 'उर्वशी' पर किसी ऐसी समग्र काव्य-दृष्टि से विचार नहीं किया है। वस्तुतः वे स्वयं भाषणबाज़ लेखक हैं। इस स्तर पर भी आलोच्य एवं आलोचना समान हैं। (अन्तर पाण्डित्य का अवश्य है) या शायद द्वि वेदीजी का यही कथन ठीक हो कि जब आलोच्य ही महान् नहीं है तो आलोचना कैसे महान् हो!

लीजिए, मैं भी लिखते-लिखते बहक गया। 'उर्वशी' समीक्षा पर अपने विचार कहते-कहते मैं 'उर्वशी' पर अपनी धारणा प्रकट करने लगा। इसके लिए क्षमा करेंगे। और चाहें तो मेरे ओर से केवल इतना लिख दें कि मुझे कृति एवं उसकी समीक्षा दोनों ही पसन्द नहीं आयीं। इसे यों भी कहा जा सकता है कि एक सामान्य कवि की सामान्य रचना की एक सामान्य समीक्षा 'कल्पना' में प्रकाशित हुई।

–देवीशंकर अवस्थी

6

मैंने श्री भगवतशरण उपाध्याय का 'उर्वशी' सम्बन्धी लेख और उसकी प्रतिक्रिया में प्रकाशित पत्र पुनः बहुत ग़ौर से पढ़े। कतिपय पत्र-लेखकों के इस आरोप से कि 'भगवतशरण उपाध्यायजी का लेख 'कुरुचिपूर्ण' अथवा 'निम्न प्रकार का है', मैं सहमत नहीं। न यही मुझे लगा कि इस लेख को छाप कर 'कल्पना' अपने स्तर से गिर गयी। उपाध्यायजी बहुधा आवेश में जिस प्रकार के आरोप लेखकों पर कर जाते हैं–उनकी तुलना में इस लेख में दिनकर जी के बारे में बातें करते समय उन्होंने बहुत संयम रखा है।

वास्तव में इस लेख की मुख्य कमी यह नहीं है कि उन्होंने 'उर्वशी' की समीक्षा निम्न स्तर से की, बल्कि कमी यह है कि उन्होंने एक काव्यकृति की समीक्षा उस मनोभूमि से की है जो काव्य की समीक्षा के उपयुक्त ही नहीं है। यही कारण है कि दोष गिनाने बैठे हैं तो 'उर्वशी' का मूल्य तक उनकी समीक्षा परिधि में अत्यन्त महत्त्वपूर्ण बन गया है। काव्यत्व वे किसे मानते हैं, उनकी कसौटी क्या है, इसके बारे में उनकी कोई निश्चित धारणाएँ नहीं प्रतीत होतीं। वे 'उर्वशी' की समीक्षा कभी इस प्रकार करते हैं मानो वे किसी इतिहास ग्रन्थ की जाँच कर रहे हैं, कभी इस प्रकार समीक्षा करते हैं मानो वे 'मार्केटिंग इन्स्पेक्टर' की भाँति जाँच रहे हों कि इसका मूल्य ठीक रखा गया है या नहीं, कभी कला-समीक्षक के रूप में चित्रों का विश्लेषण करते हैं। अगर इतने दायित्व एक साथ न ओढ़ कर उपाध्यायजी केवल काव्य-समीक्षक की दृष्टि से 'उर्वशी' की परख करते और काव्य में 'काव्यत्व' क्या है, इसकी एक कसौटी पहले स्वयं निर्धारित कर लेते तो उनका यह श्रम कहीं अधिक सार्थक होता।

उनकी इस समीक्षा में काव्यतेर मानदण्ड क्यों प्रमुख हो उठे, इसका मुझे एक कारण प्रतीत होता है। जिस समय 'उर्वशी' प्रकाशित हुई, उसके पहले से ही उसके सम्बन्ध में एक विचित्र प्रकार की धूम मचायी जाने लगी थी और प्रकाशित होते ही हिन्दी की छोटी-बड़ी अधिकांश पत्र-पत्रिकाओं में ऐसी समीक्षाएँ एक साथ प्रकाशित हुईं जिनमें काव्येतर मानदण्डों की प्रधानता थी। चाटुकारिता, निराधार फ़तवे और इतनी अतिरंजित प्रशंसाएँ जो कभी-कभी समझदार पाठकों को हास्यास्पद लगती थीं।

उपाध्यायजी ने अपने लेख में यह संकेत किया है कि इनमें से अधिकांश समीक्षाएँ पूर्व नियोजित थीं। यह सच है या नहीं, कहना कठिन है, किन्तु इतना अवश्य हुआ कि उस मूसलाधार समीक्षा-वृष्टि से आतंकित हो कर बहुत-से लोग 'उर्वशी' की अच्छाइयों और बुराइयों पर तटस्थ दृष्टि से सम्यक् विवेचन कर ही नहीं पाये। कुछ अन्य प्रकार की भी परिस्थितियाँ पैदा हो गयीं। यह जो समीक्षा का धुन्ध उस समय खड़ा किया गया उसमें लेखक के काव्येतर व्यक्तित्व (उसका रुतबा, उसका पद, उसकी सिफ़ारिशें कर सकने की क्षमता) आदि का अप्रत्यक्ष प्रभाव रहा हो, तो कोई आश्चर्य नहीं। एक दूसरा पक्ष और है। कुछ दिनों से प्रकाशन क्षेत्र में समीक्षा निष्पक्ष नीर-क्षीर विवेक न रह कर बिक्री के लिए विज्ञापन के रूप में भी पुरस्कृत की जाने लगी है। और कुछ प्रकाशकों ने इस बात का सचेत प्रयास किया है कि वे अप्रत्यक्ष ढंग से समीक्षा और विज्ञापन के पृथक् उपयोगों को घुला-मिला दें। इस कृति के प्रकाशित होते ही समीक्षाओं की जैसी बाढ़ आयी उससे कतिपय लोगों के मन में यह धारणा भी शायद उठी कि इसके पीछे प्रकाशक का हाथ है।

दुर्भाग्य की बात है कि एक महत्त्वपूर्ण कृति इस समीक्षात्मक धुन्ध के साथ पाठकों और काव्य रसिकों के समक्ष आयी। उसकी एक तीखी प्रतिक्रिया होनी स्वाभाविक थी। उपाध्यायजी के लेख में यदि काव्येतर कसौटियों का आधार लिया गया, और मूल्य तक को शामिल कर लिया गया, तो कोई अचरज की बात नहीं। इसके लिए वे दर्जनों स्वर ज़िम्मेदार हैं जो 'उर्वशी' के प्रकाशित होते ही एक 'कोरस' में गूँज उठे थे। उसकी एक ज़्यादा खतरनाक प्रतिक्रिया यह हुई थी कि साल भर के अन्दर जितनी ज़ोर से वह चर्चा उठी थी, उतनी ही तेज़ी से विलीन भी हो गयी। जिस कृति के बारे में 'कामायनी' को पछाड़ देने का दावा किया जाता था, उस कृति पर चर्चाएँ लिख कर, पढ़ कर और छाप कर लोग साल भर में ही थक गये और चुप हो कर बैठ गये।

भगवतशरण जी और 'कल्पना' को इस बात का श्रेय दिया जाना चाहिए कि कम से कम इस चुप्पी को तोड़ कर उन्होंने 'उर्वशी' पर पुनः चर्चा शुरू की। उपाध्यायजी के लेख से उस धुन्ध और आतंक के कटने में सहायता मिलती है और ब्याज-रूप में इसका प्रमाण भी कि काव्येतर कसौटी काव्य की समीक्षा के लिए कितनी खतरनाक चीज़ है। उससे जिस कृति को 'कामायनी' से आगे सिद्ध किया जा सकता है उसी कृति को अत्यन्त खोखली और निस्सार भी बताया जा सकता है। आशा है, यह चर्चा इस बात की प्रेरणा देगी कि लोग कृतियों को जाँचते समय लेखक के व्यक्तित्व, पद और महत्ता का विशेष ध्यान न रख कर अपना सारा ध्यान काव्य-कृति पर केन्द्रित करेंगे और प्रशंसा हो या निन्दा, दोनों ही के लिए काव्य समीक्षा की साहित्यिक कसौटियाँ अपनाएँगे।

—धर्मवीर भारती

7

आपका कृपापत्र मिला। 'उर्वशी' पर श्री भगवतशरण उपाध्याय के लेख और तत्सम्बन्धी प्रतिवादों के विषय में आप मेरी प्रतिक्रिया जानना चाहते हैं। सामान्यतः इस प्रकार के विवाद में पड़ना मुझे अच्छा नहीं लगता, फिर भी आपके आदेश का पालन कर रहा हूँ। संक्षेप में मेरे विचार इस प्रकार हैं—

श्री उपाध्याय के लेख में आक्रोश का स्वर प्रधान है, इसके विषय में दो मत नहीं हो सकते। कृति की सन्तुलित आलोचना की अपेक्षा कृतिकार की गर्हणा ही उसमें प्रमुख हो गयी है—और यह गर्हणा भी सर्वथा निर्बन्ध एवं निर्व्याज रूप में व्यक्त हुई है। इस प्रसंग में एक प्रश्न सहज ही उठता है—'ऐसा लेख क्यों लिखा गया?' और इसके अनेक वैकल्पिक उत्तर भी मेरे मन में आते हैं :—

1. 'उर्वशी' के काव्य-दोष : हो सकता है आलोचक को लगा हो कि 'उर्वशी' के अनेक प्रसंग अश्लील एवं ग्राम्य हैं; उसकी अभिव्यक्ति में कला का परिष्कार नहीं है; अथवा उसका प्रतिपाद्य ही निन्द्य है—वह वासना को उभारता है, ग़लत मूल्यों की स्थापना करता है। या फिर उसका मुद्रण-प्रकाशन ही अरुचिकर है—चित्र भोंडे हैं; मूल्य अधिक है आदि, आदि।
2. 'उर्वशी' के रचयिता के व्यक्ति-दोष : आलोचक दिनकर से रुष्ट है।
3. 'उर्वशी' का अतिशय प्रचार हुआ, इसलिए उसका प्रतिकार करने के लिए आलोचक ने इस प्रकार के विरोधी प्रचार की आवश्यकता का अनुभव किया।

कदाचित् सत्य का अंश इन सभी में हो, किन्तु लेख के विश्लेषण से स्पष्ट है कि दूसरा उत्तर ही अधिक संगत है। 'उर्वशी' की आलोचना में प्रवृत्त होने से पहले ही वह एंगेल्स के शब्दों का सहारा ले कर कह देता है कि 'मैं आदमी को जानता हूँ।' और इसका प्रमाण भी स्पष्ट है : 'उर्वशी' की आलोचना न नैतिक है और न शास्त्रीय। आलोचक 'उर्वशी' के लेखक—'आदमी' को जानता है।

'संस्कृति के चार अध्याय' के विषय में इस वाक्य का अर्थ अधिक स्पष्ट था—इतिहास दिनकर का विषय नहीं है अतः संस्कृति के इतिहास के साथ वे न्याय नहीं कर सकते। किन्तु प्रस्तुत प्रसंग में उसका क्या अर्थ हो सकता है? दिनकर अच्छी कविता नहीं कर सकते? या दिनकर 'उर्वशी' के विषय के साथ न्याय नहीं कर सकते? या दिनकर कवि की अपेक्षा राजनैतिक व्यक्ति अधिक हैं? खैर, अर्थ कुछ भी हो सकता है—निष्कर्ष यह है कि आलोचक दिनकर को नापसन्द करता है—'आदमी' को, और उसके परिणामस्वरूप लेखक को भी, क्योंकि जो आदमी अच्छा नहीं है, वह लेखक क्या अच्छा होगा?

इस आक्रोश के कारण अनेक हो सकते हैं—व्यक्तिगत, साहित्यिक, सामाजिक,

राजनीतिक, नैतिक आदि, आदि। किन्तु उनसे हमारा कोई सम्बन्ध नहीं। प्रश्न यह है कि क्या इस प्रकार के व्यक्तिगत आक्रोश को साहित्यिक मंच से व्यक्त करना उचित है? पर साहित्य-कर्म के आचार-शास्त्र का विवेचन मैं यहाँ नहीं करना चाहता। साहित्यकार भी व्यक्ति ही है और कभी-कभी उबल सकता है—व्यक्ति के लिए इस तरह का उबाल शोभन तो निश्चय ही नहीं है—फिर भी, शायद एकदम अस्वाभाविक नहीं कहा जा सकता।

किन्तु, इसके आगे प्रश्न उठता है पत्रिका का—पत्रिका में यह लेख क्यों प्रकाशित किया गया? इस प्रश्न के भी अनेक वैकल्पिक उत्तर दिये जा सकते हैं:—

1. 'उर्वशी' वस्तुतः निकृष्ट रचना है, अतः उसका वास्तविक मूल्यांकन प्रस्तुत करना पत्रिका का दायित्व है।
2. 'उर्वशी' का इतना अधिक प्रचार हुआ कि मत-सन्तुलन की रक्षा के लिए इस प्रकार का विस्फोट आवश्यक हो गया।
3. दिनकर के कृतित्व और महत्त्व के विषय में बढ़ती हुई भ्रान्ति (?) का निराकरण करने के लिए इस प्रकार का उग्र प्रयोग करना पड़ा।
4. पत्रिका स्वतन्त्र विचार-विनिमय की माध्यम है—श्री उपाध्याय हिन्दी के प्रतिष्ठित लेखक हैं, अतः उनके स्वतन्त्र विचारों के प्रकाशन पर प्रतिबन्ध क्यों हो और हस्तक्षेप क्यों किया जाये?

पहला विकल्प यदि ठीक है तब तो मैं समझता हूँ, कि प्रयत्न असफल ही रहा—क्योंकि 'उर्वशी' के दोष तो लेख को पढ़ कर प्रायः सामने आते ही नहीं और जिन दोषों का उद्घाटन किया भी गया है वे भी सन्तुलित तर्कणा के अभाव में पाठक के चित्त में प्रत्यय उत्पन्न नहीं कर पाते। दूसरा विकल्प यदि ग्राह्य है, तब भी प्रतिकार का यह उपाय अधिक प्रभावी नहीं है। ग़लत प्रचार का प्रतिरोध करने के लिए सीधा उसी पर वार करना ठीक होता—यदि आपको यह विश्वास हो जाता है कि कोई साहित्यकार अपने कृतित्व का प्रचार करने के लिए असाहित्यिक अथवा राजनीतिक उपायों का अवलम्बन करता है तो उचित यह है कि प्रमाण एकत्र कर उसके आधार पर इस प्रवृत्ति की भर्त्सना की जाये। किन्तु दूसरे के वास्तविक या अनुमानित दोषों का निराकरण हम अपने दोष से नहीं कर सकते। तीसरे विकल्प के विषय में भी यही सत्य है—यदि दिनकर का महत्त्व अपने कृतित्व के आधार पर बढ़ रहा है तब तो न कोई उसे रोक सकता है और न रोकना चाहिए। किन्तु यदि 'कल्पना' के सम्पादक-मण्डल का विचार यह है कि उनके कृतित्व का अतिमूल्यन किया जा रहा है, तब भी सन्तुलन स्थापित करने के लिए असन्तुलित उपायों का प्रयोग तो कारगर नहीं हो सकता। अब रहा चौथा विकल्प—लेखक के विचार-स्वातन्त्र्य का संरक्षण। इसका उत्तर यह है कि विचार-स्वातन्त्र्य की अभिव्यक्ति तो संयत भाषा में भी हो

सकती है—तीव्र से तीव्र आलोचना भी वस्तुपरक हो सकती है; किन्तु वह आलोचना तो शुरू ही 'आदमी' से होती है और अन्त तक 'उर्वशी' के माध्यम से 'आदमी' पर ही प्रहार करती रहती है। आदमी आदमी को नापसन्द हो सकता है, किन्तु संस्था को—पत्रिका को भी नापसन्द हो, यह बात गले नहीं उतरती। उपर्युक्त विकल्पों के अतिरिक्त दो विकल्प और भी सम्भव हैं—

(4) पत्रिका को समय-समय पर सनसनी पैदा करने के लिए भी कुछ न कुछ करते रहना चाहिए।

(5) 'कल्पना नव-लेखन की पत्रिका है और 'नवलेखन' की महत्त्व-प्रतिष्ठा में पुराने लेखकों के प्रति आक्रोश और विद्रोह लाभप्रद हो सकता है। परन्तु इन दोनों विकल्पों की कल्पना मैं 'कल्पना' के सन्दर्भ में नहीं करता।

ऐसी स्थिति में मैं समझ नहीं पाता कि 'कल्पना' में प्रकाशित 'उर्वशी' की आलोचना और तत्सम्बन्धी पत्रों के विषय में क्या सम्मति भेजूँ? मैं तो इस पूरे घटना-चक्र को ही दुर्भाग्यपूर्ण मानता हूँ।

अपना मत व्यक्त करने के स्थान पर मैं केवल अपनी कुछ शंकाएँ व्यक्त कर रहा हूँ।

—नगेन्द्र

पुनश्च : उक्त लेख के प्रतिवाद रूप में प्रकाशित पत्रों के विषय में मुझे अलग से कुछ नहीं कहना—वे भी उसी 'चक्र' के अंग हैं जिसका उल्लेख मैंने उपर्युक्त विश्लेषण में किया है।

—नगेन्द्र

8

हिन्दी साहित्य में सर्वाधिक दुःखद स्थिति पुस्तक-समीक्षा की ही है—सभी जागरूक लेखक-पाठक इस विषय में एकमत हैं। कुछ पहले तो यह सम्भावना थी ही नहीं कि अपेक्षित गम्भीरता से किसी कृति की समीक्षा हो सके। आगे कुछ सम्भावना हुई—तो दूसरी तरह की कठिनाइयाँ सामने आयीं। अब, अधिसंख्य लेखक चाहते हैं कि कृति की समीक्षा, उनके पक्ष में, उनके आदर्श के अनुसार ही की जाये। और फिर, समीक्षक यदि पूर्वाग्रहमुक्त और निर्मम हो कर किसी कृति की समीक्षा करता है (जैसा कि श्री भगवतशरण उपाध्याय ने 'कल्पना' में उर्वशी के सम्बन्ध में समीक्षात्मक निबन्ध लिखते हुए किया है) तो पाठक (या पाठकों के पत्र) 'आड़े' आते हैं। श्री उपाध्याय के विचारों से बहुत-से पक्षों पर असहमति हो सकती है (कहीं-कहीं भाषा मर्यादा के प्रश्न पर भी) पर पाठकों ने यशस्वी कवि दिनकर की रक्षा करने के लिए जो सतही प्रतिक्रियाएँ व्यक्त की हैं, वे केवल इसका परिचय देते हैं कि हिन्दी में 'समीक्षा' को

'साहित्यिक प्रशंसा' से अधिक मान्यता नहीं मिल सकी है।

–परमानन्द श्रीवास्तव

9

'कल्पना'-सम्पादक ने श्री भगवतशरण उपाध्याय के दिनकर की 'उर्वशी' पर लिखे लेख और उसके बाद उस पर छपे पत्रों पर मेरी प्रतिक्रिया और सम्मति माँगी है! स्पष्टतः ऐसी एकांगी और 'अरोचकी' आलोचना के नमूने छापने में सम्पादकों ने पत्रिका का स्तर गिराया है। यद्यपि दोनों पक्ष छाप कर अपनी न्याय-बुद्धि का परिचय भी दिया है। दिनकर की कविता में वक्तृत्व-गुण बहुत होता है, भगवतशरण के गद्य में भी वह गुण दुर्गुण की सीमा तक पहुँच जाता है। विशेषण-बहुलता तर्क और विवेक की कमी और वृथा-भावुकता (चाहे निन्दा में, चाहे स्तुति में) दरसाती है। हिन्दी आलोचना अब किशोर-प्रियता से आगे बढ़ आयी। और प्रौढ़ि के उदाहरण देखने हों तो 'आजकल' में नगेन्द्र ने और 'नई धारा' में नन्ददुलारे वाजपेयी ने 'उर्वशी' के दोष दिखाये हैं। उनसे उपाध्याय की आलोचना तुल्य है। लगता है उपाध्याय ने अपना गुस्सा (शायद 'परशुराम की प्रतीक्षा' पर) 'उर्वशी' पर उतारा है। 'उर्वशी' की अपनी खूबियाँ हैं; हिन्दी कविता का दर्जा उसने बढ़ाया है; गो व्यक्तिगत रूप से मैं 'कुरुक्षेत्र' को ही दिनकर की श्रेष्ठतम कृति मानता हूँ। अरविन्द-दर्शन की जो हल्की, शब्द-सतही झलक पन्त में मिलती थी, उससे कहीं अधिक अच्छी टीका दिनकर की 'उर्वशी' में है। अच्छे साहित्य के लिए हाथ-कंगन की तरह आरसी की जरूरत नहीं होनी चाहिए। 'उर्वशी'–प्रकाशकों ने कुछ विज्ञापन में अति की, भागवतशरण ने तो उस 'अतिमा' में माओ के ख्रुशोव पर गुस्से का-सा रंग भर दिया। यह सब प्रवृत्तियाँ, किसी किताब को चढ़ाने-गिराने की, अनिष्ट होती हैं। मुझे इस सारे विवाद के पीछे कोई साहित्यिक सिद्धान्त का प्रामाणिक आस्थापूर्ण स्वर नहीं दिखाई दिया। साहित्य में सात्विक रोष का महत्त्व मैं मानता हूँ पर (कम्युनिस्टी या तत्सम) कीचड़-उछाल अ-शिव है।

–प्रभाकर माचवे

10

आपका पहला पत्र नहीं मिला क्योंकि उसका पता ग़लत था। दूसरे का पता भी ग़लत था पर पोस्ट ऑफ़िस की कृपा से मिल गया। आपका पत्र मिलने के पूर्व ही मैं एक छोटा-सा पत्र भेज चुका हूँ और आशा करता हूँ कि उसे भी आप 'कल्पना' में छापेंगे। इधर 'कल्पना' ने जो रवैया अख़्तियार किया है वह पूर्णतः अमर्यादित, घिनौना और असाहित्यिक है। कृती कवियों-आलोचकों पर कायरतापूर्ण हमला करना उसका काम हो गया है। लगता है 'कल्पना' का सब कुछ चुक गया है और अब वह चटखारे

पर जी रही है। 'दिनकर' और डॉ. नगेन्द्र इस (पूर्व निश्चित?) योजना के शिकार हो चुके हैं। पता नहीं अगले अंकों में और किन लोगों पर कीचड़ उछाला जायेगा।

'उर्वशी' पर लिखी गयी पूरी समीक्षा पढ़ जाइये। दर्पोक्तियों तथा घिनौने अहं से पीड़ित समीक्षक ने अपने मनोविश्लेषण की अच्छी सामग्री प्रस्तुत की है। इस असाहित्यिक समीक्षा को देख कर इस निष्कर्ष पर पहुँचना पड़ता है कि यह किसी ऐसे व्यक्ति द्वारा प्रस्तुत की गयी है जो साहित्यिक अनुशासन से असंपृक्त रहा है। वह अपना क्षेत्र छोड़ कर कभी-कभी साहित्य के खेत में भी मुँह मारा करता है। 'उर्वशी' के काव्य-सौन्दर्य के सम्बन्ध में कहीं पर भी एक शब्द नहीं कहा गया है। उसने या तो यह निश्चय कर रखा है कि इस सम्बन्ध में मौन रहना है या उसे काव्य-सौन्दर्य का बोध ही नहीं है। एंगेल्स और मम्मट का चोंगा धारण किये हुए समीक्षक के साहित्यिक अनुशासन के सम्बन्ध में कुछ बातों का उल्लेख जरूरी है जिससे हिन्दी के पाठक-लेखक-सम्पादक गुमराह होने से बच जायें।

अन्य काव्यों की ही भाँति 'उर्वशी' के भी तीन पक्ष हैं जिनकी यहाँ चर्चा करना चाहूँगा—रूप, शब्द, तथा तथ्य। इन तीन पक्षों का उल्लेख इस नये मम्मट के नये 'काव्य प्रकाश' में हो तो हो, अन्यत्र कहीं नहीं मिलता। रूप शब्द का माने? इस शब्द से जो अर्थ गृहीत किया गया है, उससे साफ़ है कि समीक्षक साहित्य-जीवी प्राणी नहीं है। यहाँ रूप का अर्थ चित्र है, कथा है! आधुनिकता का दावा करने वाले समीक्षक की स्थिति स्वयं कितनी दयनीय है! 'शिल्प' और 'कथ्य' पर इतनी बहसों के बावजूद 'रूप' को असाहित्यिक अर्थ दे कर, साहित्यिक अर्थ परम्परा से उसे अलग कर, मनमाने अर्थों में प्रयुक्त करना कहाँ की समीक्षा है!

'अभिसार' पर भी अभिनव मम्मटीय टिप्पणी द्रष्टव्य है—'अभिसार रात के अँधेरे में हुआ करते थे, कभी-कभी शायद उजेली रात में भी, जैसा 'शुक्लाभिसारिका' शब्द से प्रकट है और तभी उसके छिपाव के कारण पति के प्रति भरत और वात्स्यायन की 'शठ' संज्ञा सार्थक होती थी।' अभिसारिका के तीन भेद माने गये हैं—स्वकीयाभिसारिका, परकीयाभिसारिका और सामान्याभिसारिका। परकीयाभिसारिका के तीन भेद होते हैं—(1) शुक्लाभिसारिका, (2) कृष्णाभिसारिका, (3) दिवाभिसारिका। दिवाभिसारिका का एक उदाहरण देखिए—

दिन को किंवार खोलि, कीन्हौ अभिसार
पै न जानि परी काहै, कहाँ जाति चली छल सी।
कहै 'पद्माकर' न नाकरी सिकोरै, जाहि
काँकरी पगन लगैं पंकज के दल सी।।
काभर सौ कानन, कपूर ऐसी धूरि लगै
पर से पहार, नदी लागति है नल सी।
घाम चाँदनी-सी लगै, चन्द सौ लगत रवि
मग मखतूल सौ, मही हू मखमल सी।।

यदि पद्माकर पुराने मालूम पड़ते हों तो हरिऔध का ही एक उदाहरण देखा जा सकता है—

दूर करन कामिनी चली, मदन जनित संताप।
तप-रितु तीखे तपन के, ताप कौन गिनि ताप।।

निभ्रान्तदिवाभिसार करने वाले नायक को 'शठ' की नहीं बल्कि 'धृष्ट' की संज्ञा प्राप्त होती है।

'यवन' और 'यवनिका' का जो अर्थ कीथ और बेवर को मालूम था, समीक्षक भी उसी को दुहरा रहा है।, 'संसार जानता है कि 'यवन' शब्द आयोनिया के ग्रीकों के लिए प्रयुक्त हुआ करता था और सिकन्दर से पहले के संस्कृत साहित्य में कम से कम उनके प्रभाव से प्रजनित 'स्टेजकर्टेन' यानी पर्दे के लिए 'यवनिका' शब्द का उल्लेख नहीं हुआ है।', आधुनिक खोजों ने कीथ और बेवर के इस भ्रम का पूर्णतः खण्डन कर दिया है। यह है समीक्षक का साहित्यिक अनुशासन। इसीलिए प्रसिद्ध आलोचक एफ. आर. लेविस ने अन्य अनुशासनों से शासित महानुभावों को सलाह दी है कि साहित्यिक क्षेत्र में काम करने के लिए उन्हें उसके अनुशासन से बँधना आवश्यक है।

शब्द-चर्चा की शैली अजीब 'काकुओं' से भरी है। भावों को व्यक्त करने में काकु का कितना महत्त्व है, इसे नाटक-संगीत प्रेमी सहज ही जानता है। इस बहाने समीक्षक ने अच्छा नाटक दिखाया है। कामदग्ध गवासीन पुंगव का निरीक्षण उसकी शक्ति का परिचायक है तो उसका उल्लेख उसकी परिष्कृत रुचि का। भारतीय संस्कृति के अध्येता को इससे अधिक महत्त्वपूर्ण अप्रस्तुत क्या मिलेगा? 'कुच-कलश' पर उसकी टिप्पणी उस ज़हर का परिणाम है जो ईर्ष्या से पैदा होती है। उसे हाथ में कैसे लिया जाता है इसे कवि समीक्षक से सीख लेगा।

जिस ढंग से जिस हवाले के साथ समीक्षा लिखी गयी है वह नितान्त वैयक्तिक और दम्भपूर्ण है। 'उर्वशी' की समीक्षा करते समय कथ्य और तथ्य की उपेक्षा कर आत्मविज्ञापन का जो तरीक़ा अपनाया गया है वह निम्नस्तरीय ढंग के आक्रमण के कारण और भी घिनौना हो गया है। पन्त जी ऐसे साधु कवि तथा कामायनीकार को कीचड़ भरे घाटों तक घसीट कर समीक्षक ने उन्हें भी अपनी पंक्ति में खड़ा करने का निंद्य प्रयास किया है।

इस आक्रोश, द्वेष और गाली-गलौज की भूल-भुलैया में 'उर्वशी' का साहित्यिक मूल्यांकन क़तई नहीं हो पाया है। 'उर्वशी' किस स्तर की रचना है, यहाँ पर यह विवेच्य नहीं है। पर इस विवेचन के समीक्षा का स्तर स्पष्ट हो जाता है। इसको छाप कर सम्पादक मण्डल ने अपनी जिस रुचि का परिचय दिया है उसके सम्बन्ध में चुप रह जाना ही श्रेयस्कर है।

—बच्चन सिंह

11

कृपा पत्र के लिए धन्यवाद! 'उर्वशी' विषयक वाद-विवाद की बात इधर मैंने कुछ सुनी तो थी, परन्तु उस विषय में पढ़ा कुछ नहीं। मैं कुछ कर सकने की स्थिति में नहीं हूँ। कृपा कर मुझे क्षमा कीजिए। इधर मेरी प्रवृत्ति नहीं।

—मैथिलीशरण गुप्त

12

आपने 'उर्वशी' पर भगवतशरण जी की समीक्षा तथा उसके विषय में कुछ पाठकों की प्रतिक्रियाओं के बारे में मेरी राय चाही है। मैं समझता हूँ, हिन्दी में कम ही इस प्रकार की समीक्षाएँ सामने आती हैं, और 'उर्वशी' के बारे में जो वातावरण बन गया था, उसको देखते तो इसका महत्त्व अधिक बढ़ जाता है। समसामयिक आलोचक का यह भारी दायित्व है कि वह किसी कृति को धुन्ध से निकाल कर उसके मूल्यांकन की सही दिशा का निर्देशन दे। प्रस्तुत समीक्षा में जहाँ कहीं किंचित् अतिव्याप्ति तथा अतिरंजना मुझे आभासित हुई है, वहाँ समीक्षक अपने दायित्व की ओर प्रवृत्त ही लगा है। वास्तव में कृति तथा कृतिकार के साथ उचित न्याय तभी हो सकता है, जब उनके मूल्यांकन की सही दृष्टि निर्धारित की जाये। साहित्य के मूल्यांकन में धुन्ध का वातावरण कभी हितकर (कृति की दृष्टि से) नहीं हो सकती।

'कल्पना' में छपने वाले पत्रों के बारे में मेरी राय से आप परिचित हैं। इधर इतना मैं मान गया हूँ कि ऐसे पत्रों तथा पत्रों के अंशों का उपयोग हो सकता है जिनसे किसी विषय में विचार-विनिमय में सहायता मिले। पर प्रायः होता इसके विरुद्ध है। समीक्षा सम्बन्धी प्रतिक्रियाओं के बारे में मैं यही कहना चाहूँगा कि हम लोगों को लेखक या समीक्षक की ईमानदारी पर शक करना छोड़ देना चाहिए; यह ग़लत और अन्यायपूर्ण तो है ही, साथ ही इससे चिन्तन और साहित्यिक आकलन कुण्ठित और बाधित होता है। अभिव्यक्ति और अनुभव की ईमानदारी अलग बात है। मूल्यांकन के बारे में मत-भेद हो सकते हैं, होने चाहिए, परन्तु उनका विवेचन तर्क, अनुभूति तथा प्रतिमानों के आधार पर किया जाना अपेक्षित है; आरोप तथा प्रत्यारोप के द्वारा बात न बनती है और न आगे बढ़ती है।

—रघुवंश

13

...'उर्वशी' की आलोचना पर कुछ कहे बग़ैर पत्र खत्म नहीं कर सकता। वह बहुत ताज़ी, ईमानदार और खरी आलोचना है और दिनकर जी को इस तरह का व्यवहार गुण भी करेगा पर और यह बहुत बड़ा पर है कि उस रचना को काव्य नहीं इतिहास का ग्रन्थ मान कर उसका मूल्य आँका जाना बिल्कुल अनर्गल बात है। ऐसा

भगवतशरण जी क्यों कर बैठे।

—रघुवीर सहाय

14

उपाध्यायजी ने 'उर्वशी' पर ऐसी तर्कसंगत आलोचना लिखी, इसका कारण यह है कि वे स्वयं 'उर्वशी' के चितेरे हैं। कथाकार के रूप में उन्हें उचित ख्याति न मिली, इसलिए आलोचना लिखते समय उनका किंचित् भावविह्वल हो जाना स्वाभाविक है।

दिनकर जी उदात्त भावनाओं के कवि हैं। उनके स्वरों में ढल कर उर्वशी की प्राचीन कथा सहज ही रीतिकालीन शृंगार परम्परा से ऊपर उठ गयी है। निराला जी के बाद मुझे किसी वर्तमान कवि की रचना में ऐसा मेघमन्द्र स्वर सुनने को नहीं मिला जैसा दिनकर की 'उर्वशी' में। इस काव्य में जीवन सम्बन्धी ऐसे अनेक प्रश्न प्रस्तुत किये गये हैं जिन्हें वर्तमान युग का कवि ही प्रस्तुत कर सकता था। 'उर्वशी' में नारी-सौन्दर्य के अभिनन्दन के अतिरिक्त मातृत्व की प्रतिष्ठा भी है। आज के कुण्ठावादी मरु प्रदेश में आस्था के ये स्वर मुझे अच्छे लगते हैं:-

चिन्तन कर यह जान कि तेरे
क्षण-क्षण की चिन्ता से,
दूर दूर तक के भविष्य का
मनुज जन्म लेता है।
उठा चरण यह सोच कि
तेरे पद के निक्षेपों की
आगामी युग के कानों में
ध्वनियाँ पहुँच रही हैं।

—रामविलास शर्मा

15

'कल्पना' में प्रकाशित भगवतशरण उपाध्याय द्वारा की हुई दिनकर कृत 'उर्वशी' की समीक्षा के बारे में पिछले दिनों काफ़ी चर्चा सुनी है। प्रायः आक्रोश-प्रदर्शन अधिक देखने को मिला है। यह स्थिति इस ओर संकेत करती है कि हिन्दी लेखन-पाठन के क्षेत्रों में खुशामद और चापलूसी का वातावरण कितना गहरा हो गया है। आज खुल कर कोई बात नहीं कहना चाहता, और यदि ऐसी कोई बात कही भी जाती है तो हमारे अनभ्यस्त कानों को मानो सुनने में भी डर लगने लगा है।

व्यक्तिगत रूप से मुझे भगवतशरण जी की समीक्षा पसन्द आयी। मेरा तो विचार है कि हिन्दी में यदि ऐसी निर्भीक और साहसपूर्ण समीक्षाएँ लिखी जायें तो

गतिरोध काफ़ी दूर तक टूट सकता है। यह ठीक है कि मैं (या कोई अन्य भी) समीक्षा की सभी स्थापनाएँ मानूँ (मानें), यह आवश्यक नहीं है। पर वह दूसरी बात है। हिन्दी को दरबारी संस्कृति के प्रभाव से बचाने के लिए निर्भीक और दो-टूक बात कहने वालों की बहुत ज़रूरत है। इसके बिना कोई भी नया और स्वस्थ चिन्तन विकसित नहीं हो सकता। भगवतशरण जी की समीक्षा को मैं इसी सन्दर्भ में देखता हूँ।

—रामस्वरूप चतुर्वेदी

16

पिछले दिनों 'उर्वशी' पर श्री भगवतशरण द्वारा लिखित समीक्षा मैंने पढ़ी थी तो मुझे लगा था शायद इस प्रकार की समीक्षा ही उस पुस्तक के लिए उपयुक्त है। वैसे मैं यह स्पष्ट बता देना चाहता हूँ कि श्री भगवतशरण उपाध्याय के और मेरे विचारों में ज़मीन-आसमान का अन्तर है। इसका कारण और परिचय भी हिन्दी के मेरे सहधर्मी लेखक जानते हैं। हमारी साहित्यिक और सांस्कृतिक दृष्टि और उसके आँकने के परिप्रेक्ष्य में ही अन्तर है किन्तु जहाँ तक 'उर्वशी' की समीक्षा का प्रश्न है, निश्चय ही उसे पढ़ कर मुझे लगा कि यदि मैं उसका मूल्यांकन करता तो शायद कुछ इसी तरह का होता। 'उर्वशी' का जितना प्रचार किया गया है उसकी तुलना में तो वह पुस्तक नगण्य और निम्नकोटि की है ही, साथ ही जो उसमें तथ्य एवं स्थापनाएँ दी हैं, उनकी प्रामाणिकता एवं उनके ऐतिहासिक बोध पर श्री भगवतशरण उपाध्याय ने जिस तर्कसंगत रूप में बहस उठायी है, वह प्रशंसनीय है।

यह हिन्दी के लिए बड़े दुर्भाग्य की बात है कि जब कभी भी कोई बात तीव्र एवम तीक्ष्ण ढंग से कही जाती है तो लोग बराबर उसका अर्थ व्यक्तिगत राग-द्वेष से जोड़ कर उसके महत्त्व को कम कर देते हैं। बात जो कही गयी है वह मीठी है या कड़वी है, तेज़ है या कुण्ठित है, इसका विश्लेषण तो होने लगता है किन्तु यह प्रश्न उठाना लोग भूल जाते हैं कि बात ग़लत है या सही है, सप्रमाण है या ग़ैर-ज़िम्मेदार है। ऐसा लगता है कि हिन्दी के आलोचक एवं पाठक इस युग में भी मध्यकालीन संस्कारों से लदे हुए हैं और यह समझते हैं कि 'अन्दाज़े बयाँ' ही सब कुछ है, 'हक़ीक़त, सत्य और निरावरण सत्य' का जैसे कोई मूल्य ही नहीं है। आलोचना या समीक्षा की शैली पर बहस होने लगती है और असली बहस को लोग अन्धे कुएँ में डाल देते हैं। जहाँ तक मैं समझता हूँ, श्री भगवतशरण उपाध्याय की समीक्षा के साथ हिन्दी के पाठक वर्ग एवं बौद्धिक वर्ग ने यही अन्याय किया है। सत्य की परख जब छूट जाये या उसकी क्षमता न रह जाये और उसके बदले 'शराफ़त' की दुहाई दे कर सत्य का गला दबाने का प्रयास किया जाये, तो वह घातक सिद्ध होता

है। मेरा अपना मत है कि इससे विकास की गति तो धीमी पड़ती ही है, साथ ही, मूल्य भी कृत्रिमता का रूप धारण करने लगते हैं।

'उर्वशी' में श्री दिनकर ने पुरानी शराब को दिल्ली में बैठ कर अपने चारों ओर के फैलते रेगिस्तान में ढालने की कोशिश की है, इसीलिए, उसकी गम्भीरता तो उनसे छूट गयी है, हाँ, उनकी अपनी बकवास उसमें अधिक आ गयी है। इतनी घिसी-पिटी कथा को लिखने के लिए जितना सूक्ष्म कलाकार होना चाहिए था, शायद वह दिनकर जी के व्यक्तित्व में नहीं था। फिर, उसमें आये हुए वर्णन ऐतिहासिक एवं पौराणिक सन्दर्भ, वास्तुकला, मूर्तिकला, शिल्प एवं अन्य वस्तुओं की प्रामाणिकता भी उनके निभाये नहीं निभ पायी है। फिर भी सम्पूर्ण ग्रन्थ में दिनकर जी यह भुलावा देने की चेष्टा करते हैं जैसे इस ग्रन्थ को लिखने में उन्होंने अपना सम्पूर्ण ज्ञान लगा दिया है। यदि उनकी इस अनावश्यक प्रस्तावना को श्री भगवतशरण जी ने कुछ तीखे ढंग से सप्रमाण ग़लत सिद्ध कर दिया है तो उसमें कौन-सा ऐसा अपराध हो गया है जो क्षमा नहीं किया जा सकता। क्या दिनकर जी की अल्पज्ञता से बड़ी अल्पज्ञता भगवतशरण जी की विवेचना को कहना संगत होगा? अभी तक किसी ने उनके द्वारा स्थापित विश्लेषण के तत्त्वों को गलत क्यों नहीं साबित किया? बहस की बात तो तब उठती जब श्री भगवतशरण उपाध्याय द्वारा उठाये गये तर्कों का कोई खण्डन करता और प्रमाण के साथ कोई यह कहता कि भगवतशरण जी ने अमुक-अमुक बातें ग़ैर-ज़िम्मेदारी से कहीं हैं या उसके समर्थन में जो प्रमाण दिये हैं वे ग़लत हैं, असली प्रमाण यह है।

मैं जब कभी भी व्यक्तिगत राग-द्वेष और आलोचना या समीक्षा की जिम्मेदारी, दोनों की तुलना करता हूँ तो मुझे लगता है कि शायद ही कोई आलोचक इतना घटिया हो कि पुस्तक की विवेचना या समीक्षा में व्यक्तिगत बात ले आये। लेकिन हमारे देश का दिमाग़ ही कुछ ऐसा बन गया है कि वह प्रपंच बुद्धि में ज़्यादा विश्वास करने लगा है और सत्य एवं तथ्य को समझना या उसको पकड़ना भूल जाता है। यह बात केवल कला और साहित्य के क्षेत्र में ही नहीं है। यह विषमता हमारे चरित्र का एक अंग बन गयी है। जो प्रतिष्ठित है, सम्मान पाता रहा है, उसकी आलोचना ठीक-ठीक हुई नहीं कि तुरन्त उस पर व्यक्तिगत राग-द्वेष का आरोप लगा। यह बात नेहरू की आलोचना या उनकी नीति की विवेचना के साथ उसी प्रकार लगा दी जाती है जिस प्रकार कि दिनकर की आलोचना के साथ। आज केवल इस एक कमी ने हमें अन्धविश्वासी, मूर्ख, श्रद्धालु और केवल मुसाहिब बना कर छोड़ दिया है। इसीलिए, जब कभी-कभी कोई विरला व्यक्ति मुसाहिबियत के खिलाफ़ बोलता है—चाहे वह लोहिया हों या भगवतशरण उपाध्याय, तो बात उठायी गयी बहस पर न हो कर व्यक्तिगत राग-द्वेष पर आ कर टिक जाती है। मैं समझता हूँ, हमें अपने

विवेक को अधिक जागरूक बना कर अपने दायित्व का निर्वाह करना चाहिए।

—लक्ष्मीकान्त वर्मा

17

'उर्वशी' महाकाव्य काम के अध्यात्मीकरण को प्रयोजन बना कर लिखा गया है। कुछ लोगों ने यह भी दावा किया है कि अरविन्द दर्शन का प्रभाव भी इस पर है। जो हो, मुझे तो यह काव्य आवश्यकता से अधिक उद्बाहु आकांक्षा का फल लगा। भारतीय परम्परा में इस उपाख्यान का महत्त्व काममूलक न हो कर, प्रतीक रूप में अग्नि साधनामूलक है। रूप, सृष्टि और काम में नियत सम्बन्ध नहीं है।

काम का अध्यात्मीकरण उतना ही थोथा प्रयोजन है, जितना तुलसी को कामग्रस्त सिद्ध करने के लिए 'रामचरितमानस' का मनोवैज्ञानिक अध्ययन। 'उर्वशी' को पढ़े एक वर्ष से ज़्यादा हुआ, मुझे तो लगा कि 'उर्वशी' के काम को प्रज्ञाहीन बनाने का उद्देश्य ही कवि के दिमाग़ में नहीं आया। पुरूरवा-उर्वशी उपाख्यान अग्नि-साधना का निदर्शन है। उर्वशी की सृष्टि के और आख्यान हैं; एक है नर-नारायण के द्वारा उर्वशी की सृष्टि, देवताओं द्वारा भेजी अप्सरा के सौन्दर्य को विनिन्दित करने के लिए। उर्वशी का अभिप्राय इन सभी उपाख्यानों-आख्यानों में महान् है। वह केवल नारी नहीं है, वह है सौन्दर्य की आद्या सृष्टि।

—विद्यानिवास मिश्र

18

'उर्वशी' पर भी भगवतशरण उपाध्याय की समीक्षा 'कल्पना' 138 में देखी। उस समय भी कुछ लिखने को चाहा, पर यह सोच कर कि यह आज के साहित्य-धर्म के विरुद्ध होगा, चुप रह गया। जब एक साहित्यकार दूसरे की बखिया उधेड़ रहा हो, चाहे सही या ग़लत, तो हमें चुप रहना चाहिए, यही आज का साहित्य-धर्म है। और फिर ऐसा करने वाला कहीं बुजुर्ग हो, तो और भी कठिनाई आ जाती है, क्योंकि ऐसे कुकाण्ड में नये लोगों का बोलना अनाधिकार चेष्टा भी मान लिया जा सकता है। अब आपका आग्रह है कि मैं इस पर अपनी सम्मति लिख ही भेजूँ, तो विवश हो कर ये चन्द पंक्तियाँ निवेदित कर रहा हूँ।

उपाध्यायजी हिन्दी के जाने-माने समीक्षाकार (समीक्षक नहीं) हैं। उनकी पुस्तक-समीक्षाएँ प्रायः ही जोशीली, विचारों को जगाने वाली और, साथ ही, कटुतापूर्ण हुआ करती हैं। यह समीक्षा भी इन गुणों से पूर्ण है। कटु कुछ अधिक है, वह शायद इसलिए कि इसमें व्यक्तिगत राग-द्वेष का आधार अधिक अपना लिया गया।

'उर्वशी' की समीक्षा काफ़ी जम कर लिखी गयी है। इसमें कहीं साहित्य जगत् में व्याप्त अनैतिकताओं की चर्चा है, कहीं इतिहास और काल विरुद्ध प्रयोगों के लिए खीझ और कड़ुवाहट, कहीं असाधु भाषा-प्रयोगों पर व्यंग्य, तो कहीं दूसरों की सामग्री (विशेष रूप से समीक्षक की) के अपहरण पर क्षोभ, कहीं दर्शन के मोह और उसके ऐतिहासिक विकास की परम्परा के अज्ञान पर वितृष्णा का भाव व्यक्त किया गया है। मैं स्वयं 'उर्वशी' को न तो 'रामचरितमानस' के बाद का शून्य भरने वाला साहित्य मानता हूँ और न तो 'कामायनी' से उत्तम कृति। पर क्या एक सामान्य कृति को इतना भी हक़ नहीं है कि वह समीक्षक से भद्र व्यवहार की आशा करे? इन सभी को दृष्टि में रख कर मैं कुछ प्रश्न सामने रख रहा हूँ, जो इस पूरे काण्ड पर सोचने-विचारने में पाठकों के लिए शायद सहायक हो सकें।

1. 'उर्वशी' की समीक्षा में अरविन्द आश्रम की संचारिणी शक्ति श्री माँ के पति का नाम बताने की उदारता क्यों? यदि समीक्षक को अरविन्द आश्रम की गतिविधि पसन्द नहीं है तो इस पर अलग से कुछ कहना क्या उचित न होता? और यदि केवल सूचना के लिए ही यह सूचना दी गयी है तो क्या यह नितान्त कुरुचिपूर्ण नहीं है?

2. 'संस्कृति के चार अध्याय' को 'चूहे का बिल' कहा गया है जिसमें दूसरे के अन्नों का हिमालय खड़ा किया गया है। यह प्रवृत्ति निन्दनीय है, पर क्या इस तरह के 'चूहा-विलिक' या शब्दकोषिक ज्ञान के प्रदर्शन का कार्य केवल दिनकर ने ही किया है, यदि नहीं तो समीक्षक के लिए इस पर अलग से विस्तार के साथ विचार करना क्या उचित न होगा?

3. यदि किसी भी प्रकार की 'मिठाई के लोभ' से इन्दुमती जैसे भोंडे उपन्यास पर होमर के काव्य का साधुवाद कर देने वाले की 'नैतिकता' से समीक्षक को ठेस लगी तो उसे 'किस मिठाई के लोभ के कारण' 'उस व्यक्ति' की नैतिकता को उघाड़ने में, संकोच का अनुभव हुआ, जिसने 'बिना पुस्तक पढ़े' 'संस्कृति के चार अध्याय' की यानी 'चूहे के बिल' की प्रशंसात्मक भूमिका लिखी थी?

4. दिनकर ने 'राजधानी' के राष्ट्रकवि का उत्तराधिकार स्वायत्त कर लिया है या नहीं, इस पर तो समीक्षक ही सोचें, पर "क्या बिहार को उपाधि-वितरण प्रवीण कह कर 'देशरत्न' और 'देशमान्य' आदि शब्दों के पीछे छिपे पुनीत इतिहास को कुत्सित करने का प्रयत्न करना प्रगतिशीलता का लक्षण है? प्रान्तीयता का प्रचार या उसके आधार पर फ़िकरेबाज़ी साहित्यकार के लिए शोभा की वस्तु कब से मान ली गयी? अथवा कहीं यह देशरत्न डॉ. राजेन्द्र प्रसाद की दूसरी पुण्यतिथि पर समीक्षक की श्रद्धांजलि तो नहीं है?"

5. समीक्षक ने बताया है कि दिनकर की 'चुम्बन-चेतना' बड़ी सजग है। उन्होंने 'चुम्बन की फुहारें' लिखा था, शायद चुम्बन की शीतलता द्योतित करने के लिए। इस पर श्री उपाध्याय ने अपने व्यक्तिगत निरीक्षण को वरीयता देते हुए लिखा है

'कि ऐसा करने से तो थूक की एक नीहारिका बन जाती है' और ऐसा किसी तरुणी के गाल पर कोई 'सभ्य व्यक्ति' नहीं, 'गवासीन पुंगव' ही छोड़ सकता है। क्या इस पद्धति से किसी भी बड़े से बड़े कवि को नाबदान में नहीं बैठाया जा सकता? 'चुम्बन की फुहारें' वाक्यांश जिस तल पर गिरा वह निस्सन्देह बहुत चमकीला था, किन्तु प्रतिक्रिया में उद्वेगों के कारण जो क्षेपण हुआ, इसमें क्या 'असीम कीचड़' और बदबू नहीं है। 'चुम्बन की फुहारें' का जो चित्र उपाध्यायजी ने खींचा है, वह क्या समीक्षा की सुरुचिपूर्णता पर ही प्रश्नचिह्न नहीं लगा देता?

6. इसमें शक नहीं कि समीक्षक ने 'उर्वशी' के काल-विरुद्ध दोषों की एक पूरी पाँत खड़ी कर दी है, और ये आरोप कई जगहों पर दुरुस्त और सही हैं। पर ऐसे ही आरोप शेक्सपियर के काव्य-नाटकों पर भी लगाये गये हैं। कालिदास और प्रसाद के दोषों की ओर विद्वान लेखक ने स्वयं संकेत कर दिया है। इसी निबन्ध में एक स्थान पर साहित्य में दर्शन के मोह की निन्दा करते हुए समीक्षक ने लिखा है—मुझे लगता है कि काव्य यदि दर्शन के कारण विशिष्ट है तो निश्चय ही उसका काव्यत्व निकृष्ट है, वैसे ही यदि दार्शनिक कृति अपने काव्य-गुण के कारण विशेष प्रशंसित है तो निश्चय ही उसका दर्शन निकृष्ट है। मैं समीक्षक की इस बात से पूर्णतः सहमत हूँ। इसीलिए उनसे प्रार्थना करूँगा कि यदि वे इतिहास में साहित्य और साहित्य में इतिहास को अनावश्यक रूप से मिलाने के प्रयत्न से विरत हो सकें, तो इससे हिन्दी का, और सबसे अधिक उनका लाभ होगा। मुझे मालूम है कि इस बात से वे बेहद रुष्ट होंगे, पर ऐसा करने से उन्हें अपनी आत्मा में व्याप्त कड़ुवाहट का ठीक-ठीक कारण ज्ञात हो जायेगा।

7. उन्होंने भाषा के साधु-असाधु प्रयोगों पर विचार करते समय मौलिक व्युत्पत्ति ढूँढ़ने का प्रयत्न भी किया है। उदाहरण के लिए वे 'छिगुनी' को भोजपुरी 'छीकुन' से निष्पन्न मानते हैं। छिगुनी का प्रयोग भोजपुर-क्षेत्रीय दिनकर ने ही नहीं, शौरसेनी सूरदास ने भी किया है। और इसकी व्युत्पत्ति षट् + अंगुलि [छठी अँगुली, कमज़ोर अर्थ में] अथवा क्षुद्र + अंगुलि से ही लगती है। षट् या क्षुद्र + अंग + उलि – ० ली = अंग+ऊनी= छिगुनी। भोजपुरी छीकुन या काशिका में सिटकुन आदि 'सट्' ध्वनि के अनुकरण पर बने। लपलपाती 'छीकुन' से यही ध्वनि निकलती है, इसलिए इसे ही पँछाह में 'सण्टी' भी कहते हैं। तद्भव-प्रेमी समीक्षक को पता नहीं 'मलिन' के तद्भव 'मलीन' से इतना क्रोध क्यों आ गया। तत्सम [पता नहीं समीक्षक ने तत्सम के 'म' को सर्वत्र हलन्त क्यों लिखा है, ऐसा आधे दर्जन बार इसी निबन्ध में हुआ है, एक स्थान पर रामचरितमानस में 'त्' को भी हलन्त लिखा गया है। यह सब कल्पना के मुद्रण का वैशिष्ट्य है या लेखक का?] मलिन की जगह दिनकर ने मलीन लिख दिया [मलीन की जगह मलिन नहीं, जैसा 'कल्पना' में छप गया है] तो इतनी नाराज़गी क्यों? तुलसी और सूर, दोनों ने कई बार 'मलीन' लिखा है, यथा

दोहावली 414, विनय पत्रिका, छन्द 262, मानस अयोध्या काण्ड 276/2, बालकाण्ड 278/8 तथा सूर ने 'अति मलीन वृषभान कुमारी आदि। शायद ये प्रयोग खाँ भाषा में बैठे नहीं। या यहाँ भी दोष द्वेष-चालित प्रवृत्ति की ही उपज है?

8. कुच को कलश कहने पर समीक्षक ने जो कुछ लिखा है, वह तो हास्यास्पद हो गया है। यदि वर्ण्य वस्तु के उपमानों के चुनने में नाप-तोल का ऐसा बन्धन रखा जायेगा, तब तो बड़ी मुश्किल हो जायेगी। संस्कृत में 'घटस्तनी' नायिका का वर्णन विरल नहीं है, और क्या इस आधार पर विद्यापति के 'कुच-कुम्भ' और सूर के 'कुच कलस प्रकट भये टूटी तरकि तनी' आदि वर्णनों को पंसारी की दूकान पर ले जा कर परीक्षण कराना होगा? ये वर्णन मातृपदीय नहीं हैं। प्रिय के आने पर स्वागत में थामे मंगल-कलश के रूप में ही प्रस्तुत किये गये हैं। तारों मण्डित शुक्ल द्वादशी के आकाश से कामदार नील वस्त्र की उपमा की निन्दा में भी यही प्रवृत्ति दिखाई पड़ती है। माना कि द्वादशी-चन्द्रमा से उद्दीप्त आकाश में नक्षत्रों की आभा क्षीण होती है, पर अभाव तो नहीं होता। क्या 'नील चीर पर चाँदी के बूटे' गिन कर कवि को द्वादशी चन्द्र वाले आकाश से उपमा देनी चाहिए? यह कठहुज्जती का बेहतरीन नमूना नहीं तो और क्या है?

9. इस समीक्षा का सबसे आपत्तिजनक पहलू व्यक्तिगत आक्षेपों का है। यद्यपि श्री उपाध्याय यह प्रयत्न करते हैं कि ये आरोप आलोचना के अंग जैसे ही मालूम हों; पर वे दोषों पर अपनी ओर से व्यंग्य करते समय ऐसे शब्दों का सहवर्ती प्रयोग करते हैं कि आरोप स्पष्टतः कृतिकार से जुड़ जाते हैं। कई स्थानों पर आरोप सीधे भी उछाले गये हैं। यथा, चूहे के बिल में विभिन्न अन्नों का हिमालय (पृ. 52); घाट बँधना केवल गधे के सम्बन्ध में ही सार्थक हो सकता है, या उस कुत्ते के सम्बन्ध में जो न घर का होता है न घाट का (पृ. 55); कवि की चुम्बन-चेतना बड़ी सजग है (पृ. 57); मिथ्या वासना में पुरूरवा बोलता है अपने, सम्भवतः दिनकर के रूप में (पृ. 58), आशा करता हूँ संस्कृत उद्धरणों की काव्यारम्भ में भरमार करने वाला कवि मूल को समझ लेगा, इससे इसका अर्थ बताने की मैं आवश्यकता नहीं समझता (पृ. 58); [गोया यह समीक्षा पाठकों को लक्ष्य करके नहीं, कवि को लक्ष्य करके लिखी गयी है]; यह राजधानी के 'मार्च-पास्ट' आदि का स्मारक है, जिसमें शामिल होने का इस प्रवासी कवि को पर्याप्त अवसर मिला करता है [पीकिंग के 'मार्च-पास्ट' का चारण-गान जब हिन्दी साहित्य में सह्य हो सकता है, तो एक भारतीय के राष्ट्रीय 'मार्च-पास्ट' में शामिल होने पर व्यंग्य क्यों?], कवि स्वयं नहीं जानता, मैं बताये देता हूँ [यदि क्रोध के समय आदमी अन्धा हो जाता है तो सम्भवतः आत्मप्रशंसा के समय मूढ़ हो जाता है, यह पंक्ति समीक्षक पहले खुद लिख चुका है] दिनकर ने अपने वृहन्नलासम्भव पुरूरवा की भाँति ही व्यभिचार किया है (पृ. 65), कवि ने नक़ाब हटाने का स्वयं कितना प्रयत्न किया है। समाज में (पृ. 66) कवि

के छलवाद (पृ. 66)। और इन सबके ऊपर मम्मट और हर्ष की उस जनश्रुति का उल्लेख जिसके अनुसार नैषधकार से मम्मट ने कहा था—"बेटे, तुम अब तक कहाँ थे? अगर तुमने अपनी रचना मुझे पहले ही दिखा दी होती तो मेरी कृति के दोष सम्बन्धी प्रकरण के उदाहरणों के लिए इतना परिश्रम न करना पड़ता।" (पृ. 61)

आशा है, हिन्दी का कोई पाठक कभी किसी साहित्यकार से यह न पूछेगा कि समीक्षक और कृतिकार दोनों की उम्र क्या है। वरना यह बताने की ग्लानि से मुक्त होना कठिन हो जायेगा कि हमारे ये दोनों ही सम्मानित बुज़ुर्ग लेखक 'पचासा' पार कर चुके हैं।

10. आलोचना के उपर्युक्त व्यक्तिगत-आक्षेप समीक्षक के पूरे व्यक्तित्व का पर्दाफ़ाश नहीं करते? उन्होंने आरम्भ में कहा था कि "महाभारत के अनैतिक कर्णधारों के समक्ष मेरी बिसात शायद मात्र विकर्ण की-सी है" पर निबन्ध समाप्त होते-होते प्रत्येक पाठक आश्चर्य से देखता है कि निस्पृह सत्यवादी विकर्ण के लघु व्यक्तित्व को समीक्षक के दुर्योधनी अहं का अजगर लील चुका है। यदि निबन्ध की अग्रभूमि (जिसका प्रयोग पृष्ठभूमि के स्थान पर चिन्त्य ढंग से किया गया है) में तपोपुंज दुर्वासा हैं तो पश्चभूमि में कृष्णाकाय भीमाकृत्या।

बन्धु, कल्पना को इस प्रकार के कृत्य या कृत्या से यदि आप भविष्य में उबारने का कुछ प्रबन्ध कर सकें, तो साहित्य-सेवा होगी। वरना 'कल्पना' के बारे में यह प्रवाद फैल रहा है कि वह 'स्कैण्डल' का पर्याय होती जा रही है। बस।

—शिव प्रसाद सिंह

19

आपके 18.9 के कृपा पत्र के लिए धन्यवाद! व्यस्तता के कारण शीघ्र उत्तर नहीं दे सका, क्षमा करें। 'कल्पना' मेरे पास तो आती नहीं, श्री बालकृष्ण राव जी के यहाँ से मैंने 'उर्वशी' की आलोचनाओं से सम्बद्ध प्रतियाँ मँगवायी थीं, पर श्री भगवतशरण जी वाली प्रति उनके यहाँ से कोई ले गया था। शेष दो 'कल्पना' के अंक, जून और जुलाई '63 के, उनसे मुझे उपलब्ध हो सके हैं। श्री उपाध्यायजी कलामर्मज्ञ हैं, 'उर्वशी' पर उनकी आलोचना पर टीका-टिप्पणी करना मुझे वैसे भी उचित नहीं प्रतीत होता। मैं स्वतन्त्र रूप से दिनकर की 'उर्वशी' के सम्बन्ध में इतना ही कह सकता हूँ कि 'उर्वशी' निश्चय ही इस युग की एक श्रेष्ठतम कृतियों में से है। लेखक जो कुछ कहना चाहता है, उसे वह कुशलतापूर्वक काव्योचित ढंग से कह सका—यही उसकी सिद्धि का प्रमाण है। उसे नाटक की दृष्टि से दोषपूर्ण पाना या व्यक्तिरुचि के अनुरूप उसके शब्दों एवं वाक्यांशों के प्रयोगों में यत्र-तत्र त्रुटियाँ पाना, मेरी दृष्टि में अधिक महत्त्व नहीं रखता। वैसे, दोष तो सभी कृतियों में मिल सकते हैं, चाहे वह रवीन्द्र की हो या कालिदास की। पूर्णता विकासोन्मुखी है,

अतः उसकी धारणा में कल्पना का भी स्थान रहता है। और कल्पना रुचि स्वभाव से प्रभावित होती है। मेरी दृष्टि में भाषा-सौष्ठव, काव्य-तत्त्व एवं रस-संयोजन की दृष्टि से दिनकर जी की 'उर्वशी' उनकी प्रतिभा के योग्य ही एक सिद्ध, प्रौढ़ रचना है जो हिन्दी-साहित्य में सदैव जीवित रहेगी। आपने मुझे 15 पंक्तियाँ दी हैं, उनके भीतर अपना आशय प्रकट करने का प्रयत्न किया है।

—सुमित्रानन्दन पन्त

परिशिष्ट

मूल्यों का टकराव : 'उर्वशी'-विवाद

नामवर सिंह

जनवरी 1964 की 'कल्पना' में प्रकाशित उर्वशी-परिचर्या ऐसा ऐतिहासिक दस्तावेज़ है जिससे समकालीन साहित्य में मूल्यों की सीधी टक्कर का पता चलता है। 'उर्वशी' के निमित्त इस चर्चा में विभिन्न पीढ़ियों और विचारों के इतने कवि-आलोचकों का भाग लेना एक घटना है। एक केन्द्र पर इतने प्रकार के विचारों की टकराहट के ऐसे अवसर कम ही आते हैं। "'कल्पना' 138 में श्री दिनकर की 'उर्वशी' पर श्री भगवतशरण उपाध्याय ने एक समीक्षा-लेख लिखा था। 'कल्पना' 140, 141 और 144 में उस पर कुछ पाठकों के पत्र प्रकाशित हुए। अन्यत्र प्रकाशित समीक्षाओं, उस समीक्षा और उस पर प्राप्त प्रतिक्रियाओं से हमें लगा कि हमारे **यहाँ साहित्य में जैसे कोई प्रतिमान ही नहीं** हैं और अगर हैं भी तो इतने वायवीय हैं कि हमारी पकड़ से बाहर हैं। किसी भी कृति के मूल्य के सम्बन्ध में जितने माथ उतने मत हो सकते हैं, लेकिन कोई-न-कोई इतनी निरपेक्ष कसौटी तो होनी ही चाहिए जिस पर उसे कसा जा सके और जिसे सब स्वीकार करें।...किसी भी कृति के सम्बन्ध में कम-से-कम इस बात पर मतैक्य तो होना ही चाहिए कि वह साहित्यिक कृति है या नहीं। मतभेद इस बात पर हो सकता है कि वह उत्कृष्ट है या नहीं।" सम्पादकीय टिप्पणी का यह अंश औसत पाठक की निराशा और आतुरता को बड़े बेबाक ढंग से प्रस्तुत करता है। जहाँ यह आम निराशा है कि हमारे यहाँ साहित्य में जैसे कोई प्रतिमान ही नहीं है, वहीं यह आतुरता भी है कि उत्कृष्टता के बारे में मतभेद की गुंजाइश होते हुए भी किसी कृति की साहित्यिकता के निर्णय के लिए कोई-न-कोई सर्वसम्मत प्रतिमान होना ही चाहिए। उर्वशी-परिचर्चा जैसे इन्हीं प्रश्नों का उत्तर है, इसलिए उसकी पड़ताल उपयोगी हो सकती है।

चर्चा में भाग लेने वाले प्रायः सभी लेखक इस बात पर एकमत दिखाई पड़ते हैं कि काव्य-कृति की आलोचना के लिए काव्येतर प्रतिमान इस्तेमाल न किया जाय। जिन्होंने श्री भगवतशरण उपाध्याय की समीक्षा के साथ कुछ बातों में अपनी सहमति

प्रकट की, उन्होंने भी इस तथ्य की ओर संकेत किया कि वह ठेठ साहित्यिक आलोचना नहीं है। मुक्तिबोध के अनुसार "वह बाहर से भीतर की ओर यात्रा है और इस प्रकार की यात्रा के जो खतरे होते हैं वे भी उसमें हैं।" इसलिए उनका सुझाव है कि "भगवतशरण जी बाहर से भीतर की यात्रा के पूर्व या अनन्तर, यदि सावधानी से भीतर से बाहर की यात्रा भी कर लेते तो उनकी आलोचना में कमज़ोरियाँ न आ पातीं।" रघुवीर सहाय की आपत्ति है कि "उस रचना को काव्य नहीं इतिहास का ग्रन्थ मानकर उसका मूल्य आँका जाना बिल्कुल अनर्गल बात है।" धर्मवीर भारती के अनुसार "वास्तव में उस लेख की कमी यह है कि उन्होंने एक काव्यकृति की समीक्षा उस मनोभूमि से की है जो काव्य की समीक्षा के उपयुक्त ही नहीं है।" दूसरे शब्दों में उसकी कसौटी 'काव्येतर' है। देवीशंकर अवस्थी एक आलोचक की दृष्टि से इस काव्येतर कसौटी की सीमाएँ उद्घाटित करते हुए कुछ और गहराई में जाकर कहते हैं कि "उपाध्यायजी ने पूरे 'उर्वशी' काव्य को एक दृष्टि की समग्रता, अन्तर्योजना, मूल्य-साँचे से सम्पृक्ति के आधार पर नहीं जाँचा। वे कभी तो कथा-स्रोतों की खोजबीन करके बहुत कुछ चोरी का माल साबित करने पर तुलते हैं तो कभी कवि के भाषा-सम्बन्धी अज्ञान का मज़ाक उड़ाने लगते हैं। कभी वे छन्द की चर्चा करते हैं तो कभी असंगत बिम्ब-विधान की। उनकी समीक्षा-शैली पुरानी खानेदार आलोचना से कुछ बहुत भिन्न नहीं है। यहाँ आलोचना एवं आलोच्य में संवेदनागत धरातल की एक विचित्र एकता है।" इस प्रकार उस आलोचना के प्रतिमान की असाहित्यिकता के साथ ही पद्धति अथवा शैली के पुरानेपन का उद्घाटन हुआ। इसलिए यह कहना ठीक नहीं है कि हमारे यहाँ साहित्य में जैसे कोई प्रतिमान ही नहीं है। कम-से-कम इस बात में सभी सतर्क हैं कि काव्य-कृति की समीक्षा काव्य-मूल्यों से ही की जाये, किसी काव्येतर मूल्य से नहीं।

किन्तु जब काव्य-मूल्यों की रक्षा का प्रश्न उठता है तो उसके साथ एक नैतिक दायित्व और जुड़ जाता है जो काव्य-मूल्यों को एक व्यापक मूल्य-प्रणाली से सम्बद्ध कर देता है और उर्वशी-परिचर्चा से स्पष्ट है कि जागरूक नये लेखक समस्या के इस पहलू के प्रति अत्यधिक सतर्क हैं। उदाहरण के लिए, इतनी दूर तक तो मुक्तिबोध और अज्ञेय, दोनों सहमत हैं कि भगवतशरण उपाध्याय की समीक्षा बहुत कुछ साहित्येतर है, किन्तु इसके बाद अज्ञेय की दृष्टि में जहाँ वह 'लेख छपने लायक नहीं था' मुक्तिबोध उसे 'अत्यन्त उपयोगी' मानते हैं, क्योंकि "सामाजिक प्रतिष्ठा और प्रभाव के परिचालन द्वारा साहित्यिक प्रतिष्ठा और प्रभाव के विकास और प्रसार के दृश्य हिन्दी में खूब ही हैं, रहे हैं। ऐसी स्थिति में दम्भ और आडम्बर का उद्घाटन और निराकरण करना भी एक कार्य हो जाता है।"

कहना न होगा कि काव्य-मूल्यों की शुद्धता के बारे में मुक्तिबोध को उतनी ही आस्था है जितनी अज्ञेय को; फिर भी दोनों की दृष्टियों में यदि अन्तर है तो

ज़ाहिर है कि उसका स्रोत कहीं और होगा। अज्ञेय के लिए जो लेख 'दूषित दृष्टि' और 'द्वेषभरी मनोवृत्ति' का परिचायक है उसे मुक्तिबोध व्यापक सामाजिक परिप्रेक्ष्य में रखकर देखते हुए यह कहते हैं कि "सामाजिक प्रतिष्ठा के ज़ोर से साहित्यिक प्रतिष्ठा प्राप्त करने के जो आडम्बरपूर्ण दृश्य हमें यत्र-तत्र दिखाई देते हैं, उनसे विचलित होकर वह आलोचना प्रस्तुत की गयी है। इसीलिए भगवतशरण जी के लेख का अपना अतिरिक्त महत्त्व है।" अज्ञेय जिसे एक व्यक्ति की मनोवैज्ञानिक व्याधि समझकर सन्तोष कर लेते हैं मुक्तिबोध उसी को सामाजिक व्याधि के रूप में देखकर मूल्य-निर्णय देते हैं। इस प्रश्न पर लेखकों में स्पष्टतः दो वर्ग हो जाते हैं—यहाँ तक कि पीढ़ियों का भेद भी मिट जाता है। लेखकों का एक वर्ग वह है जो सुरुचि, संयम, सन्तुलन और भद्रता के नाम पर भगवतशरण उपाध्याय के लेख की भर्त्सना करता है और दूसरा वर्ग वह है जो ईमानदारी, सच्चाई, साहस और खरेपन के लिए उस लेख को सामाजिक दृष्टि से अत्यन्त उपयोगी मानता है। एक ओर अज्ञेय, नगेन्द्र, कुँवर नारायण, शिवप्रसाद सिंह आदि हैं तो दूसरी ओर मुक्तिबोध, रघुवीरसहाय, धर्मवीर भारती, रघुवंश, रामस्वरूप चतुर्वेदी, लक्ष्मीकान्त वर्मा, देवीशंकर अवस्थी आदि। स्पष्ट है कि स्वयं नयी कविता के अन्दर ही इस प्रश्न पर दो दल हो गये और उनमें से एक हिस्सा सुरुचि के नाम पर तथाकथित प्रस्थापित दल (इस्टैब्लिशमेण्ट) के साथ मिल गया। इसके साथ यह भी उल्लेखनीय है कि प्रस्थापित दल के श्री मैथिलीशरण गुप्त, श्री सुमित्रानन्दन पन्त प्रभृति वरिष्ठ कवि इस प्रश्न पर एकदम मौन हैं। एक की दृष्टि में सारा प्रश्न सुरुचि और सन्तुलन का है तो दूसरे की दृष्टि में लेखक की नैतिकता का। स्पष्टतः बुनियादी मतभेद प्रश्न की वास्तविक प्रकृति—प्रश्न को निरूपित करने के सन्दर्भ और उसकी भाषा का है। कहना न होगा कि आपाततः तुच्छ प्रतीत होने वाला यह मतभेद मूल्य-सम्बन्धी दो भिन्न दृष्टियों का गहरा अन्तर है। एक ओर कुँवर नारायण का कहना है कि "यों उस 'टोन' में लिखी गयी समीक्षाएँ मुझे नहीं पसन्द आतीं—चाहे जितनी महत्त्वपूर्ण बात उसमें उठायी जाये"; क्योंकि वह स्वर 'असांस्कृतिक' है। दूसरी ओर रघुवीरसहाय की राय में "वह बहुत ताज़ी, ईमानदार और खरी आलोचना है और दिनकर जी को इस तरह का व्यवहार गुण भी करेगा।"

मूल्य-बोध के स्तर पर इन दोनों दृष्टियों में जो अन्तर है उसे लक्ष्मीकान्त वर्मा ने स्पष्ट करते हुए कहा है कि "यह हिन्दी के लिए बड़े दुर्भाग्य की बात है कि जब कभी भी कोई बात तीव्र एवं तीक्ष्ण ढंग से कही जाती है तो लोग बराबर उसका अर्थ व्यक्तिगत राग-द्वेष से जोड़कर उसके महत्त्व को कम कर देते हैं। बात जो कही गयी है मीठी है या कड़वी है, तेज़ है या कुण्ठित है, इसका विश्लेषण तो होने लगता है किन्तु यह प्रश्न उठाना लोग भूल जाते हैं कि बात गलत है या सही है, सप्रमाण है या गैरज़िम्मेदार है।...सत्य की परख जब छूट जाये या उसकी क्षमता न

रह जाये और उसके बदले 'शराफत' की दुहाई देकर सत्य का गला दबाने का प्रयास किया जाये, तो वह घातक सिद्ध होता है। मेरा अपना मत है कि इससे विकास की गति तो धीमी पड़ती ही है, साथ ही मूल्य भी कृत्रिमता का रूप धारण करने लगते हैं।" कहना न होगा कि इस प्रसंग में सुरुचि के विरुद्ध सत्य को प्रस्तुत करके जागरूक नये लेखकों ने काव्यविषयक मूल्यांकन को नैतिकता का एक नया आयाम प्रदान किया जिसमें निहित अर्थापत्तियाँ काफ़ी दूरगामी हैं। इस तीखे मूल्यबोध को देखते हुए क्या यह कहना संगत है कि हमारे यहाँ साहित्य में जैसे कोई प्रतिमान ही नहीं है? क्या पुराने प्रतिमानों की कृत्रिमता को विस्थापित करके नये प्रतिमानों को प्रतिष्ठित करने का यह प्रयास नहीं है? निस्सन्देह मूल्यगत संक्रमण के इस युग में नये मूल्यों की पूरी प्रतिष्ठा के पूर्व वातावरण में कुछ तो धुन्ध रहेगी ही, किन्तु उसे मूल्य-हीनता कहना संगत नहीं है।

कुछ लोगों के लिए यह मूल्यगत मतभेद काव्य के लिए अप्रासंगिक अथवा काव्येतर हो सकता है किन्तु जैसा कि मुक्तिबोध ने इसी प्रसंग में दिखलाया है, उक्त साहित्येतर आडम्बर स्वयं रचना के साथ प्रगाढ़ भाव से सम्बद्ध है। "'उर्वशी' में स्वाभाविकता के स्थान पर शब्दजाल और आडम्बर होने के कारण दिनकर जी के प्रति इस प्रकार के सन्देह की पुष्टि होती है।" यह कथन नये जागरूक लेखकों के उस सुसंगत मूल्यबोध का सूचक है जिसके अनुसार काव्य-मूल्य किसी लेखक के जाने-अनजाने उसके सम्पूर्ण जीवन-मूल्यों की प्रणाली का आविभाज्य अंग है। इसीलिए आकस्मिक नहीं कि स्वयं काव्यकृति के मूल्यांकन में भी मूल्यों की यह टकराहट परिलक्षित होती है।

'उर्वशी' एक काव्यकृति है—सम्भवतः सफल एवं महत्त्वपूर्ण काव्यकृति है, इससे किसी को बहस नहीं है; बहस है तो उसके महत्त्व को लेकर। आलोचकों का एक वर्ग ऐसा है जो उसे 'रामचरितमानस' के बाद 'कामायनी' के समकक्ष नहीं तो उससे कुछ ही घटकर मानता है और यदि छायावादोत्तर कविता के सन्दर्भ में 'उर्वशी' के मूल्यांकन का प्रश्न उठे तो वे उसे असंदिग्ध भाव से इस दौर की सर्वोत्कृष्ट कृति घोषित कर दें। किन्तु स्पष्ट है कि 'महत्त्व' का प्रश्न मूल्यों से सम्बद्ध है इसलिए नये मूल्यों की खोज और निर्माण में रत नये सर्जक यदि 'उर्वशी' के उस महत्त्व के सामने प्रश्नचिह्न लगाते हैं तो यह मूल्यगत अराजकता के प्रसार का प्रयास नहीं बल्कि पुराने और नये मूल्यों का सर्जनात्मक टकराव है।

परिचर्चा में भाग लेने वाले अन्य लेखकों को छोड़कर यदि केवल 'तार-सप्तक' के कवियों के विचारों तक ही अपने को सीमित रखें तो अत्यन्त रोचक तथ्य उपलब्ध होते हैं। अज्ञेय को 'उर्वशी' के काव्यगुण पर कुछ कहने की आवश्यकता प्रतीत नहीं हुई, किन्तु संयोग से 'तारसप्तक' के पाँच कवियों ने उस पर अपना मत व्यक्त किया है—रामविलास शर्मा, प्रभाकर माचवे, नेमिचन्द्र जैन, भारतभूषण अग्रवाल और

मुक्तिबोध। इनमें केवल रामविलास शर्मा और भारतभूषण अग्रवाल को 'उर्वशी' पसन्द आयी और महत्त्वपूर्ण भी लगी। रामविलास शर्मा के अनुसार "दिनकर जी उदात्त भावनाओं के कवि हैं। उनके स्वरों में ढलकर उर्वशी की प्राचीन कथा सहज ही रीतिकालीन शृंगार-परम्परा से ऊपर उठ गयी है। निराला जी के बाद मुझे किसी वर्तमान कवि की रचना में ऐसा मेघमन्द्र स्वर सुनने को नहीं मिला जैसा दिनकर की 'उर्वशी' में। इस काव्य में जीवन-सम्बन्धी ऐसे अनेक प्रश्न प्रस्तुत किये गये हैं जिन्हें वर्तमान युग का कवि ही प्रस्तुत कर सकता था। 'उर्वशी' में नारी-सौन्दर्य के अभिनन्दन के अतिरिक्त मातृत्व की प्रतिष्ठा भी है। आज के कुण्ठावादी मरुप्रदेश में आस्था के ये स्वर मुझे अच्छे लगते हैं—

चिन्तन कर यह जान कि तेरे
क्षण-क्षण की चिन्ता से,
दूर-दूर तक के भविष्य का
मनुज जन्म लेता है
उठा चरण यह सोच कि
तेरे पद के निक्षेपों की
आगामी युग के कानों में
वनियाँ पहुँच रही हैं।''

भारतभूषण अग्रवाल को 'उर्वशी' इसलिए महत्त्वपूर्ण लगती है कि "प्रणयकाव्य होते हुए भी 'उर्वशी' में लुजलुजी कोमलता नहीं है, उसमें ओज का विलक्षण सम्मिश्रण है। यह प्रमाण है कि कवि प्रणय-कथा कहने नहीं बैठा है, नया सन्देश देने आया है।...नारी जीवन का कोई भी पक्ष उसकी दृष्टि से नहीं छूटा है।" इस प्रकार "यह एक प्रौढ़ कवि की प्रौढ़ कृति है जो हिन्दी-काव्य की प्रौढ़ता की घोषणा करती है।" यही नहीं बल्कि भारतभूषण अग्रवाल की दृष्टि में समसामयिक हिन्दी काव्य के चार उल्लेखनीय प्रबन्धकाव्य 'कुरुक्षेत्र', 'अन्धायुग', 'कनुप्रिया' और 'उर्वशी' में "शिल्प और काव्यत्व की दृष्टि से 'उर्वशी' इनमें अन्यतम है।"

इसके विपरीत प्रभाकर माचवे और नेमिचन्द्र जैन को दिनकर की 'उर्वशी' की अपेक्षा 'कुरुक्षेत्र' पसन्द है। नेमिचन्द्र जैन की राय में 'कुरुक्षेत्र' की तुलना में उर्वशी बहुत ही अक्षम और दुर्बल है। माचवे को दिनकर की कविता में केवल एक विशेषता दिखाई पड़ती है—वक्तृत्व-गुण। नेमिचन्द्र जैन की दृष्टि में "इस पंचांकी नाटक का तीसरा अंक केन्द्र ही नहीं, उसका सारभाग है" जिसमें मार्मिक स्थल विपुल हैं; फिर भी "कुल मिलाकर 'उर्वशी' में अनावश्यक और अनर्गल की मात्रा बहुत अधिक है। उसमें आन्तरिक असंगति, अस्पष्टता, उद्‌देश्य तथा उसके कार्यान्वित होने में शिथिलता, भावगत तथा रूपगत, दोनों प्रकार की मिथ्या स्फीति, छोटी बात को बढ़ाकर कहने, भारी-भरकम बनाने और विस्तार देने की प्रवृत्ति इतनी अधिक है

कि उसकी बहुत-सी मार्मिकता और सुन्दरता मरु-प्रदेश की धारा की भाँति विलीन रहती है।" यही नहीं बल्कि रामविलास शर्मा और भारतभूषण अग्रवाल के मत के सर्वथा विपरीत नेमिचन्द्र जैन का यह दृढ़ मत है कि "'उर्वशी' आधुनिक चेतना का काव्य नहीं है।"

मुक्तिबोध की बुनियादी आपत्ति दिनकर की काव्यभाषा पर है जिसमें माचवे को 'वक्तृत्व गुण' दिखाई पड़ता है और रामविलास शर्मा को निराला के बाद 'मेघमन्द्र स्वर' सुनाई पड़ता है। भाषा के प्रति अपनी संवेदनशीलता का परिचय देते हुए मुक्तिबोध लिखते हैं कि पुरूरवा और उर्वशी "वागाडम्बर द्वारा, शब्द सुख द्वारा, रति-सुख का पुनः-पुनः बोध करते से, सांस्कृतिक ध्वनियों और प्रतिध्वनियों का निनाद करते हैं, मानो पुरूरवा और उर्वशी के रति-कक्ष में भोंपू लगे हों, जो शहर और बाजार में रति-कक्ष के आडम्बरपूर्ण कामात्मक संलाप का प्रसारण-विस्तारण कर रहे हों।" इसका कारण "बलात् उत्तेजित कल्पना" है; इसलिए "प्रयास-सिद्ध होने के कारण वह भाषा को भी आयास-सिद्ध और जड़ बना देती है।" इस प्रकार मुक्तिबोध काव्य-भाषा से अपना विश्लेषण आरम्भ करके 'उर्वशी' की रचना-प्रक्रिया की बारीकियों में प्रवेश करते हैं और वागाडम्बर के मूल स्रोत को खोज निकालते हैं। निष्कर्षस्वरूप "उर्वशी का मूल दोष यह है कि वह एक कृत्रिम मनोविज्ञान पर आधारित काव्य है।" वास्तविकता यह है कि "वे कामात्मक मनोरति और संवेदनाओं में डूबना-उतराना चाहते हैं; साथ ही इस गतिविधि को सांस्कृतिक-आध्यात्मिक श्रेष्ठत्व प्रदान कर, उस श्रेष्ठत्व का प्रतिपादन करना चाहते हैं। अतएव, उन्हें काव्यात्मक स्थिति के बाहर जाकर भी सोचना पड़ता है। इसीलिए भाषा में बोझिल गुण हैं, विचित्र-विचित्र प्रयोग हैं, शब्दों की तोड़-मरोड़ है, ठूँस-ठाँस है। भाषा का अनायास प्रांजल, निर्मल, सरल, चपल प्रवाह देखने को भी नहीं मिलता। भाषा भी समारोहपूर्वक चलती है, वृहत् आयोजन के साथ; इसलिए उसकी प्रदीर्घ पंक्तियों में सांस्कृतिक ध्वनियों और प्रतिध्वनियों का निनाद है, और बहुत से स्थानों पर अर्थ की वायवीय शून्यताएँ हैं।"

मुक्तिबोध ने 'उर्वशी' की जो आलोचना की है उसके पीछे नयी कविता का आत्मसजग भावबोध है और प्रकारान्तर से 'उर्वशी' की आलोचना में उस नये भावबोध की ही विभिन्न छायाएँ प्रकट हुई हैं। 'उर्वशी' के निमित्त स्वयं 'तार-सप्तक' के प्रयोगशील कवियों के काव्य-बोध के बहुरंगी स्तरों का उद्घाटन हो जाता है और पता चलता है कि किसके बोध में पिछली रूपानियत का कितना रंग अवशिष्ट है। 'उर्वशी' की आलोचना के प्रसंग में यदि रामविलास शर्मा एक छोर पर हैं और मुक्तिबोध दूसरे छोर पर—तो केवल संयोग की बात नहीं है। अन्तर भाषा-बोध का ही नहीं, बल्कि मूल्यबोध का भी है। एक के लिए जो भाषा उदात्त है, दूसरे के लिए कोरा वागाडम्बर है। एक को जहाँ आस्था का स्वर सुनाई देता है, दूसरे को थोथी दार्शनिकता। दोनों ही 'तारसप्तक' कवि हैं और साथ ही प्रगतिशील विचारधारा से

सम्बद्ध भी, फिर भी काव्यबोध में इतना अन्तर! स्पष्ट ही यह व्यक्तिगत रुचि-भेदमात्र नहीं बल्कि दो भिन्न सुसंगत मूल्य-प्रणालियों का अन्तर है, जिनके सीधे टकराव में सार्थक एवं प्रसंगानुकूल मूल्यों के विकास की सम्भावना निहित है। सम्प्रति नयी पीढ़ी ने मुक्तिबोध में रचनात्मक सम्भावना का पुनराविष्कार कर प्रमाणित कर दिया है कि उस टकराहट में मुक्तिबोध की ही दिशा ठीक थी।

('कविता के नये प्रतिमान' से)

❑ ❑

'उर्वशी' के प्रथम संस्करण से...

भाई श्री बदरी विशाल पित्ती को सादर
दिनकर
१२. ३. ६१

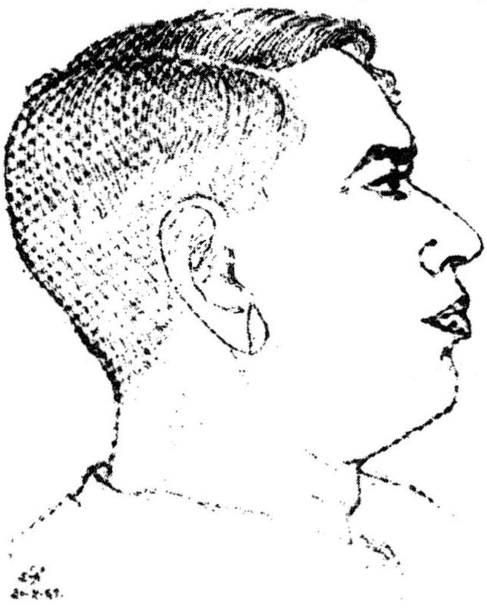

राष्ट्रकवि रामधारी सिंह 'दिनकर'

आवरण – श्री ज्योतीश भट्टाचार्य

कवि का रेखाचित्र – श्री इन्द्र दुगड़

अन्तः सज्जा

1. श्री उपेन्द्र महारथी (चार मौलिक चित्र)
2. श्री ज्योतीश भट्टाचार्य (प्राचीन प्रस्तर-मूर्तियों की प्रतिकृतियाँ और एक मौलिक चित्र)

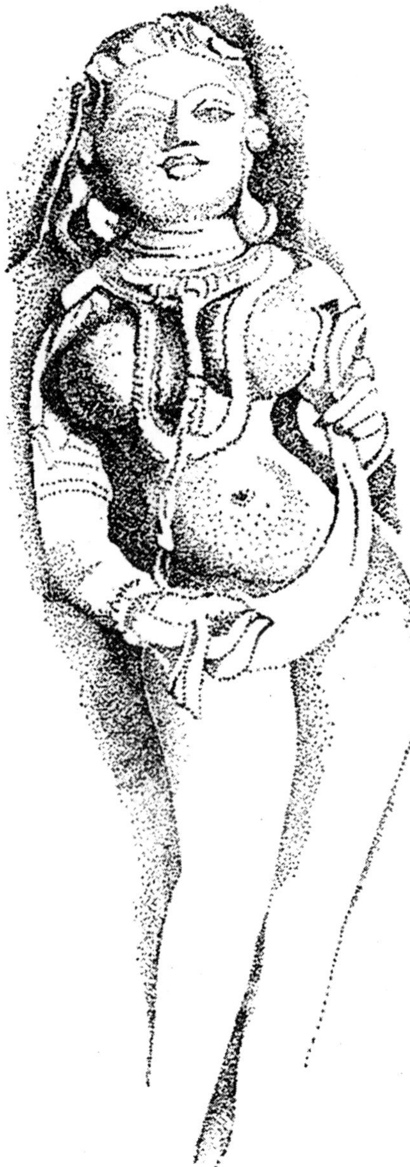

देवों की रण-क्लान्ति मदिर नयनों से हरनेवाली।

गलती है हिमशिला, सत्य है, गठन देह की खोकर;
पर, हो जाती वह असीम कितनी पयस्विनी होकर।

नारी ही वह महासेतु जिस पर अदृश्य से चल कर
नये जीव, नव प्राण दृश्य जग में आते रहते हैं।

सच है, कभी-कभी तन से भी मिलतीं रागमयी हम।

सत्य ही रहता नहीं यह ज्ञान,
तुम कविता, कुसुम या कामिनी हो।

महाशून्य का उत्स हमारे मन का भी उद्गम है,
बहती है चेतना काल के आदि मूल को छू कर।

रोम-रोम में वृक्ष, तरंगित, फेनिल हरियाली पर
चढ़ी हुई आकाश-ओर मैं कहाँ उड़ी जाती हूँ?

और वक्ष के कुसुम-कुंज, सुरभित विश्राम-भवन ये,
जहाँ मृत्यु के पथिक ठहर कर श्रान्ति दूर करते हैं।

नारायण की महा कल्पना से, एकायन मन से।

प्रस्तराचरण कर भंग,
तोड़ तम को उन्मत्त उभरती हूँ।

काम-लोल कटि के कंपन, भौंहों के संचालन से

विपद्व्याधिनी भी जीवन में तुझ को कहीं मिली थी?

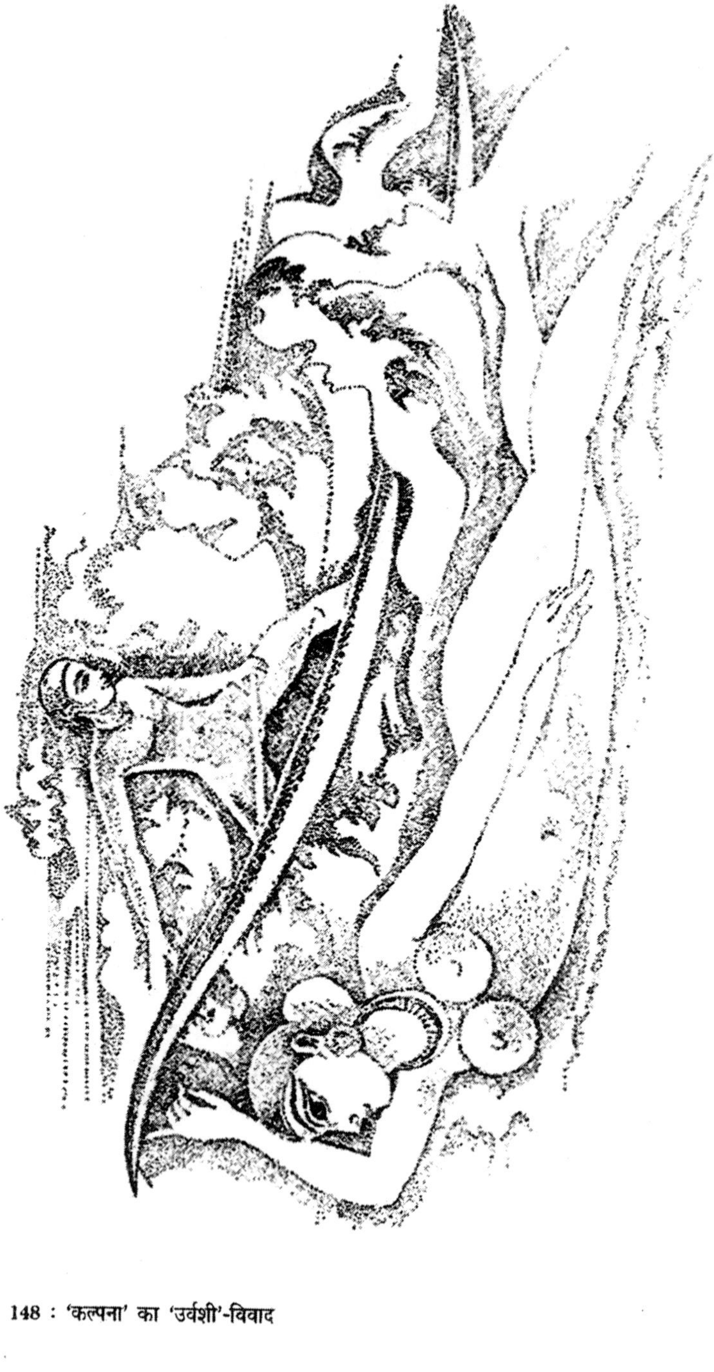

छिगुनी पर धारे समुद्र को ऊँचा किये हुए है।